经济管理类核心课程系列规划教材

ACCOUNTING
会计学

（第二版）

主　编　王业可　高　云

副主编　杨隽萍　周俊杰　黄俊军　全　晨

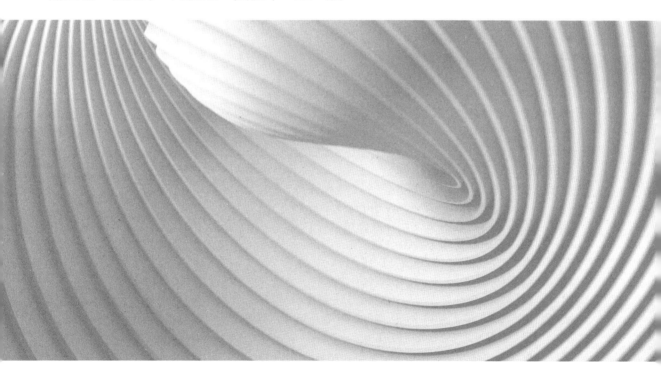

ZHEJIANG UNIVERSITY PRESS
浙江大学出版社

图书在版编目(CIP)数据

会计学 / 王业可,高云主编. —2版. —杭州:
浙江大学出版社,2020.7
ISBN 978-7-308-19778-6

Ⅰ.①会… Ⅱ.①王…②高… Ⅲ.①会计学—高等
学校—教材 Ⅳ.①F230

中国版本图书馆 CIP 数据核字(2020)第 083897 号

会计学(第二版)

主　编　王业可　高　云
副主编　杨隽萍　周俊杰　黄俊军　全　晨

责任编辑　朱　玲
责任校对　高士吟　汪　潇
封面设计　春天书装
出版发行　浙江大学出版社
　　　　　(杭州市天目山路 148 号　邮政编码 310007)
　　　　　(网址:http://www.zjupress.com)
排　　版　杭州朝曦图文设计有限公司
印　　刷　杭州高腾印务有限公司
开　　本　787mm×1092mm　1/16
印　　张　15.5
字　　数　386 千
版 印 次　2020 年 7 月第 2 版　2020 年 7 月第 1 次印刷
书　　号　ISBN 978-7-308-19778-6
定　　价　45.00 元

浙江大学出版社市场运营中心联系方式:0571－88925591;http://zjdxcbs.tmall.com

第二版前言

会计学是会计专业入门的必修课程,也是经济类和管理类专业的专业基础课程,会计作为国际商业语言,是从事经济管理工作必须掌握的专业知识。第一版教材自2014年出版以来,深得广大读者的厚爱,已重印多次。随着会计改革的深入发展,会计理论也在不断发展,并且日臻完善。特别是从2014年开始,国际财务报告准则开始新一轮的改革,为保持我国会计准则与国际财务报告准则的持续、深入趋同,提高财务报表列报质量和会计信息透明度,进一步完善我国企业会计准则体系,六年来,财政部对会计准则进行了大规模修订:相继对12项会计准则进行了修订,又新发布了4项准则和1项补充规定,同时相应修订了财务报表的格式。我们在教学和教材使用过程中也发现原教材存在的一些问题,因此,很有必要对原教材重新进行修订。

本教材是在第一版教材的基础上修订而成的,教材的特点可概括如下:

(1)内容新颖。本教材以财政部最新制订和修订的《企业会计准则》为依据,着重体现新会计准则精神,将新会计准则中涉及的基本理论和理念变化融入相关章节,同时注意吸收近年来财会教学研究成果;对第一版中一些陈旧的内容进行了较大范围的删减和修订,增加了一些新的知识和内容,以体现时代感。

(2)结构合理。本教材既延续了第一版内容中的可取之处,又充分考虑了学科的发展方向,并以我国会计环境为背景,对第一版中的相关章节进行了调整,以使教材的结构更趋合理。

(3)适用面宽。本教材在调整结构和内容时,既照顾了经济管理类专业的广泛适用性,也考虑了会计专业的基础需要,同时兼顾了 MBA 课程的相关要求。

(4)通俗易懂。本教材每一章起始有学习目标和引例,引例通常选用故事或事件来引入基本概念及介绍相关原理,帮助学习者形成清晰的学习思路;每一章结束有本章小节、关键词、习题以及附录,方便学习者进一步学习;文中以图表的形式对每一章知识点进行归纳和总结;对于重点、难点问题设置学习目标等以引起学习者的重视。本教材的版式简洁、直观、生动、有趣,各个板块的内容搭配合理。

(5)体系完整。会计学课程,对于会计专业的学生来说,是其接触专业学习的第一门课程,是所有专业课程的基础。对经济类和管理类专业的学生来说,会计知识是必备的专业基础知识,在其知识体系中占有很重要的地位。因此,本教材的编写,在内容上更加注重体系的完整性和知识的饱满度,能够为学习者后续的专业学习和未来职业发展奠定专业基础。

本教材的修订由浙江理工大学会计系多位教师共同完成,其中王业可、高云担任主编,杨隽萍、周俊杰、黄俊军、全晨担任副主编。各章具体修订分工如下:第一章,覃予,冯圆,高云;第二章,冯圆,覃予,王业可,周俊杰;第三章,全晨,胡舟丽,刘洪彬;第四章,全晨,王芹,吴旷涧;第五章,王业可,刘慧,王立慧;第六章,周俊杰,王业可,姜亚斐;第七章,高云,黄俊军,张艳彦;第八章,陶宝山,杨隽萍,张颖新;第九章,肖敏,杨隽萍,黄玉梅。修订过程中,会计系的其他教师也积极参与,提出了很多宝贵意见,在此深表感谢!

本教材存在的不当、疏漏甚至错误之处,欢迎读者批评指正,在此向各位读者致以诚挚的谢意!

编 者

2020 年 5 月

前　言

　　会计学是一门既古老又年轻的学科,它是以货币为主要的计量单位,对一个企业、单位、组织或团体的经济活动进行反映,在对相应信息的收集、分类、综合、分析和解释的基础上形成有助于决策的信息系统,有效地管理经济的一门应用学科。可以说,它是社会学科的重要组成部分,是一门重要的管理学科。会计学是人们对会计这一实践活动的认识加以系统化和条理化,形成的一整套会计知识体系,包括会计学基础、财务会计、管理会计、成本会计等内容。

　　随着我国社会经济的发展和日渐融入国际经济环境,会计越来越重要。会计作为商业语言,为每一个商业人员日常的商务活动中所必需;会计作为管理的利器,为每一个管理者日常经营管理中所运用。懂得会计甚至成了每一个人的必然需要,对于经济类和管理类专业的学生来说,懂得会计更是至关重要。

　　因此,会计学课程成为教育部确定的高等院校经济类和管理类专业的核心课程之一,也为其他各类专业所选修。结合经济类和管理类专业以及其他专业对会计学知识的需要,本书在满足对会计专业基础知识学习的基础上,更加注重对会计知识的完整了解和应用,试图使学生通过本书的学习,能较为全面地了解会计学内容,为他们了解和掌握会计学的必要知识架起一座桥梁。

　　本书的特点如下:

　　(1)较强的针对性。本书主要针对经济类和管理类专业教学需要而编写。我们调研发现,由于受传统会计专业思维惯性的影响,非会计专业的会计学课程在实际教学中容易开设成基础会计学课程,严重影响了非会计专业学生系统、全面掌握会计专业知识的需要。针对这一情况,我们组织会计学课程教师立项研究,系统研究非会计专业会计学课程的教学内容、方式与方法,使课堂教学更有针对性。

　　(2)较强的新颖性。本书根据目前市场上对经济类和管理类人才的要求进行编写,在内容上着重体现最新会计准则、法规及我国会计改革的新成果,奉行教材内容与会计改革同步、会计理论与实务密切交融,有较强新颖性。

　　(3)较强的实用性。本书设计上注重理论和实践相结合,突出会计理论与实务密切交融、案例设计与会计决策联动的原则,重点突出、涉及面广,各专业可以根据专业及学时要求有选择地进行讲授,具有较强的实用性。

本书可作为高校经济类和管理类相关专业的教学用书,也可作为成人高校的教材。另外,本书也适用于企业管理人员、财务人员,以及期望获取、更新会计知识的相关人员使用和参考。

厚德致远,博学敦行。本书是由浙江理工大学会计系老师经过多次建设性的讨论并进而勤奋耕耘的结果。本书由王业可、高云任主编,杨隽萍、覃予、山焕任副主编。参加本书编写的人员分工如下:第一章,高云,杨隽萍;第二章,山焕,全晨;第三章,覃予,徐璐;第四章,王业可,姜亚斐,冯圆;第五章,高云,刘慧,周俊杰;第六章,黄俊军,张艳彦;第七章,黄玉梅,张颖新;第八章,覃予,黄玉梅,张颖新。

限于水平和时间,本书难免有不妥、疏漏甚至错误之处,诚挚欢迎读者不吝赐教。

编　者

2014 年 5 月

目　录

会
计
学

第一章　会计概述

通过本章学习,要求理解和掌握:

1.会计的产生和发展;

2.会计的含义和职能;

3.会计的目标。

【引例】　一提到会计,可能每个同学都会马上联想到企业单位的财务部门或会计部门,里面忙忙碌碌的会计人员,手里拿着计算器或算盘,有的会计人员手里熟练地数着现金,有的会计人员不停地翻阅发票、凭证、账本和报表,尤其到了月底更加繁忙。可是你知道会计是做什么的,到底是什么样的分工,最终的目的是什么,在企业中的角色是什么吗?

会计,对现代经济社会中的每个人来讲是既陌生又熟悉的。资产、负债、净利润、现金流量等会计名词,大家在日常生活中似乎经常听到,但是,会计似乎又是技术性很强的领域,只有专业会计师才能够算得准、理得清。实际上,几乎每个人每天都在进行会计工作,都是在和会计概念、会计信息打交道。不论你是管理一个企业,还是从事信贷或投资,都要利用会计信息,对公司经营状况和业绩做出更加理性的判断。会计的作用不言而喻。

在现代经济社会中,会计是一门通用的商业语言。因为有了会计,各种经济事务才可以在企业内部或者企业之间、企业与政府等机构之间进行交流。当企业和另外一家企业打交道时,要借助于会计语言;当企业和银行打交道时,也要使用会计语言;当企业和政府打交道时,同样要使用会计语言。企业用了多少资产,欠了多少债务,拥有多少权益,有多少收入,用去多少费用,获得多少利润等这些问题,都需要借助会计来说明。会计中对资产、负债、费用、收入、利润等要素进行了统一严格的定义,这样我们在使用这些语言时,就可以相互理解,不致发生歧义。因此,社会所有阶层和所有行业的人员都需要懂一些会计知识:企业的管理层随时需要利用会计报表了解和解决企业的许多日常问题;贷款给企业的银行要利用会计报表掌握企业偿还债务能力的信息;股票或债券的持有人或者是准备投资股票或债券的潜在投资人,主要关注被投资企业的财务状况和盈利情况,关心企业的市盈率是多少,资产报酬率是多少,流动比率、速动比率、资金周转率是多少,等等。本章作为开篇,将对什么是会计、谁需要会计信息、会计能够提供什么信息等问题加以介绍。

第一节　会计的产生和发展

会计是随生产发展和社会进步而出现的一种应用技术,会计的产生和发展经历了很长的历史时期。

一、会计的产生

会计具有悠久的历史,大约距今3000年前就已经存在原始的会计记录。约在公元前1000年,世界上一些经济、文化发达的国家和地区就已经出现了专职会计。据我国《周礼》记载,在我国西周(公元前1066—前770年)"会计"一词就已出现,并设置核算宫廷收支的官职——司会,采用"以参互考日成,以月要考月成,以岁会考岁成"的办法,定期对宫廷的收支实行"月计"和"岁会"。特别是到了唐宋时期,其农业、手工业和商业都呈现出空前的繁荣,是我国封建社会的鼎盛时期。适应于经济发展的会计在核算方法和技术方面也取得了长足的发展。其突出的成就就是发明了"四柱清册",把我国传统的单式簿记提高到一个较为科学的高度。在长期的生产实践中人们逐渐认识到,为了合理配置有限的资源,必须对生产过程中的劳动耗费和劳动成果进行有效的反映和监督,以使相关方面了解和控制生产,使生产目标得以顺利实现。正是基于此,以计量、记录、报告经济活动为主要内容的会计行为才得以产生并不断发展。

二、会计的发展

(一)古代会计

会计从其产生到复式簿记应用这段时间,也就是从奴隶制时代到封建时代末期,在会计发展史上是古代会计阶段。在这段时间内,由于生产力水平比较低,商品经济尚不发达,货币关系还未全面展开,因而会计的发展比较缓慢。这一阶段的主要成就是建立了一套适应于自然经济管理要求的会计组织制度,并逐步建立了单式簿记的方法体系。在此期间,古埃及、中国、古巴比伦、古印度和古希腊等国家,都先后形成了各具特色的单式簿记体系,为经济和社会的发展做出了巨大的贡献。

需要指出的是,尽管在古代会计阶段,许多现代会计中人们熟知的概念和思想已经初露端倪,但是从严格意义上讲,这还不能够称之为会计。因为在这个阶段,会计所具有的专门的方法、职能等还未形成;会计还没有从生产中明显分离出来,还只是作为生产的一个附带部分而存在。

(二)近代会计

12世纪到15世纪的西欧,资本主义经济得到迅速发展,为适应经济的发展,产生了借贷复式簿记。复式簿记方法的产生和广泛应用揭开了会计由古代阶段迈向近代阶段发展的序幕。1494年,意大利数学家卢卡·帕乔利出版了《算术、几何、比及比例概要》一书,其中第九篇《簿记论》,系统地介绍了复式记账方法,并给予了理论上的阐述。这是近代会计的奠基之作。在以后的几百年时间里,通过对《簿记论》的传播和研究,借贷复式记账方法传播到欧洲各国、美洲及世界各地。在此基础上，经会计工作者和广大学者的不断改进发展，最终形成了科学的复式簿记体系。实践已证明，只有复式簿记才能对经济活动进行科学、全面的记录，也只有复式簿记才能使会计与统计相区别，并带动会计方法的发展。

适应资本主义经济和产业经济的发展，近代会计的发展非常迅速，主要表现在以下五个方面：①簿记组织与簿记的法律制度逐步建立并不断取得进展；②通过对簿记理论与审计理论的研究，到19世纪中叶，簿记理论与审计理论已经定型成熟；③在复式记账和早期成本会计的基础上，到20世纪30年代前后，传统财务会计与管理会计形成；④20世纪中叶，会计学科开始建立，形成包括会计学原理、财务会计、管理会计、成本会计和审计学在内的学科体系；⑤公共会计事业得到发展，确立了公共会计师的社会地位，并使公共会计师的作用不断扩大。1854年世界上第一个会计师协会——英国的爱丁堡会计师公会成立，成为近代会计发展史上的第二个里程碑。

从近代会计的发展不难看出，近代会计具有两个特点：一是商品经济的发展使得会计有可能充分地运用货币形式，对经济活动进行计量、记录和报告；二是会计的记录采取了复式记账，已经形成了一个严密的账户体系。

（三）现代会计

大约从20世纪30年代以后，基于资本市场和现代企业的需要，一方面，社会对会计规范提出了越来越多的要求，以美国为代表，会计逐步进入了一个GAAP（Generally Accepted Accounting Principle，公认会计原则）的形成阶段，标志着现代财务会计逐步形成；另一方面，为适应科学管理的需要，现代管理会计也开始逐步形成和发展。现代企业会计逐渐形成两个分支：财务会计和管理会计。[①] 前者主要面向市场为外部利益相关者加工并传递信息，规范成为其突出特征；后者主要服务于企业内部的经济决策，和现代科学管理方法相结合是其重要特点。进入20世纪60年代以后，以现代会计原理、现代财务会计、现代管理会计与现代审计为主体的现代会计体系逐步发展形成。

从会计的发展过程中我们可以看出：

第一，会计的发展表明会计发展同人们管理经济、讲求经济效益紧密联系在一起。随着生产力水平的不断发展、管理水平的提高以及人们对经济效益的追求，相应地对会计提出了新的要求，这就是会计发展的原动力。在这种动力的推动下，会计的发展已经走过了一条从简单到复杂、从低级到高级、从不完善到逐步完善的道路，并且随着经济的进一步发展，会计也会有新的发展。

第二，会计是对生产过程的控制和观念的总结，因此，许多方法都依存于生产技术和组织，会计具有很强的技术性。生产是在一定的社会经济条件和一定的经济环境下进行的，社会经济环境的变化将对会计产生多方面的影响，因而各地的会计并不完全一样。但是，会计的发展是以社会生产的发展为背景，以当时的科学技术水平为前提条件的，会计的发展对社会生产的发展有着十分明显的反馈作用。社会生产越发展，会计就越重要。生产过程越是按社会的规模进行，越是失去纯粹个人的性质，作为对过程的控制和观念总结的簿记就越是必要；因此，簿记对资本主义生产比对手工业和农民的分散生产更为必要，对公有生产比对资本主义生产更为必要。

---

① 详见本章附录：财务会计的规范和管理会计的发展。

第三，随着知识进步和科学技术发展，一方面为会计的进一步发展提供了更加广阔的视野和技术保障，另一方面对会计工作在处理和提供相关信息的数量、质量、速度和时效等方面也提出了更高的要求。由于计算机和网络技术的广泛应用，会计将由核算型向核算管理型转移，会计的很大一部分工作将是积极参与企业的经营管理，会计将向会计控制、会计决策、会计分析和会计考评方向发展，并且随着客观环境的变化和知识经济的发展，人力资源会计、环境保护会计、社会保障会计以及无形资产会计等将成为会计进一步研究的领域，会计将向着交叉学科的方向发展，而且会计信息的分析与利用将成为会计学研究的主要内容。未来的会计将是一种包括事前预测决策、事中核算控制、事后分析考评的会计核算和会计信息管理系统。

三、现代会计学的分支

现代会计的一个重要特征就是会计分为管理会计和财务会计两大分支。大约从 20 世纪 30 年代以后，基于资本市场和现代企业管理的需要，现代企业会计逐渐形成两个分支：财务会计和管理会计。财务会计主要侧重于向企业外部关系人提供有关企业财务状况、经营成果和现金流量情况等信息；管理会计主要侧重于向企业内部管理者提供进行经营规划、经营管理、预测决策所需的相关信息。财务会计侧重于过去信息，为外部有关各方提供所需数据；管理会计侧重于未来信息，为内部管理部门提供数据。两者同源异流，它们总是分工合作地发挥着作用。

财务会计与管理会计的区别主要表现在：

(1)财务会计侧重于对企业外部利益相关者提供会计信息，而管理会计侧重于为企业内部经营管理提供会计信息。

(2)财务会计强调过去，而管理会计强调未来。

(3)财务会计受"公认会计原则"的制约，而管理会计则不受"公认会计原则"的制约。

(4)财务会计注重可证实性和货币性信息，而管理会计较少强调可证实性，并强调货币性信息和非货币性信息、数量信息与质量信息并重。

(5)财务会计以会计主体为核心，而管理会计强调多位的主体观念(如企业、企业内部的分厂、车间甚至个人等)。

(6)管理会计是一门综合性交叉学科，与财务会计相比，它更多地涉及其他相关学科，如管理学、统计学、决策科学、行为科学等。

总而言之，会计是生产发展到一定历史阶段的产物，它的产生经历了一个由低级到高级、由简单到复杂、由不完善到逐步完善的过程。

第二节　会计的含义、特征和职能

一、会计的含义

会计的含义，亦即会计的本质，对会计进行考察的角度不同，就会表现为不同的认识，产生不同的表述方式。我国会计理论界对会计含义的理解主要有两种代表性的观点：一是信息系统论，即认为会计是一个运用货币单位对经济业务进行确认、计量、记录和报告的信息系统；二是管理活动论，即认为会计是通过收集、处理和利用经济信息，对经济活动进行规划、组织、控制和指导，促使人们权衡利弊得失，讲求经济效果的一种管理活动。下面分别加以说明。

（一）会计是一个信息系统

会计是对经济活动过程中占有的财产物资和发生的劳动耗费的原始数据进行加工，产生信息，供人们了解和管理经济活动之用。信息是会计工作所产生的结果。从这一点来看，会计是一个信息系统。

会计自产生以来，就一直与记账、算账、报账密不可分。从刻契记事、绘图记事等单式记账到复式记账的发展历程，从填制凭证、登记账簿到编制报表的整个会计处理程序和方法，无不与记账发生关系，这些都是会计提供信息的最具体表现。此外，会计的发展经历了古代会计、近代会计和现代会计三个阶段。虽然在不同的发展阶段，会计具有不同的特点和水平，但其最基本的目标始终都是为使用者提供其决策所需要的经济信息，尤其是财务信息，这一点在现代会计中表现得最为充分。

会计从取得经济活动的原始数据到将信息传输给使用者，需要经过确认、计量、记录、报告四个环节。

确认是指按照会计规范将某一项目作为会计要素正式地列入会计报表的过程。在会计确认环节，涉及是否应该记录某项经济活动的原始数据、作为什么要素记录以及何时记录三个问题。凡是符合确认标准的经济活动的原始数据，均应在会计报表中予以确认。例如，顺达实业股份有限公司[①] 2019 年 9 月 10 日，销售商品一批，货款为 200 万元，当日收到现金 80 万元，双方约定余款 120 万元在 11 月 10 日一次结清。对这项销售业务涉及的货款、收入的现金、未结算货款等原始数据，会计人员经确认：①需要记录；②应分别作为销售收入、现金、应收账款记录；③在 2019 年 9 月 10 日记录。

计量是指对经过确认的经济活动原始数据，以货币或其他度量单位衡量其对会计要素在数量上的影响和结果的过程。在会计计量环节，涉及如何计量以及以多少度量单位进行记录的问题。在上例中，销售收入、现金、应收账款应分别计量为：①销售收入 200 万元；②现金 80 万元；③应收账款 120 万元。

记录是指运用会计特有的方法，对经过确认和计量的经济活动原始数据在会计凭证、账簿等会计信息载体上加以记录的过程。在上例中，应当运用复式记账方法，分别进行如下记录：①编制会计凭证；②登记销售收入、现金、应收账款明细账；③登记总账。

报告是指将会计确认、计量、记录的结果，以会计报表的形式提供给会计信息使用者的过程。报告是会计信息系统的最终环节，也是会计确认、计量、记录的目的。

（二）会计是一种管理活动

会计的特点是主要用货币量度对企业生产经营过程中占用的财产物资和发生的劳动耗费进行系统的确认、计量、记录和报告。确认、计量、记录和报告本身不是目的，而是会计所用的手段。凭借这些手段，达到从一个特定的侧面管好一个企业的生产经营，提高经济

---

① 为表述方便，本书后文所指的"顺达""顺达实业""顺达实业公司"均指顺达实业股份有限公司。

效益的目的。从这一点来看,会计是一种管理活动。

企业生产经营的最根本目的是追求利润的最大化。为了达到这一目的,企业必须进行科学、有效的管理。企业的管理过程一般包括规划、组织、实施和控制四个阶段。在管理的每一个阶段,会计除了为管理提供信息外,还直接参与其中,尤其是从资金和成本角度。

规划是管理活动的开始,管理人员应确定企业目标和策略,草拟和选择方案,编制实施计划和预算。在该阶段,会计人员一方面需要为草拟和选择方案、编制计划和预算提供信息,另一方面需要参与分析各种方案、计划和预算的可行性和利弊得失,为最终确定规划献计献策。

组织是为完成规划而优化各项资源的组合,并按时配置这些资源,包括机构设置、职责分配、人力培养、资金调度、团队协调等。在这个阶段,会计人员需要协助管理当局将规划分解为财务指标,筹措和调度资金,控制资金使用成本等。

实施是规划的执行过程,具体表现为融资、投资和经营活动的开展。在这个阶段,会计人员需要具体办理并控制各项资源的流入、流出和配置,如收支资金、发放工资、控制成本等,此外还需要向管理人员反映规划实施的偏差。

控制主要是检查规划执行情况,辨识潜在风险,分析差异原因,并对政治实施活动进行监督。在该阶段,会计人员需要分析融资、投资和经营活动情况同计划的差异和原因,比较企业总体财务状况、经营成果同计划的差异和原因,并同管理人员一起制定对策等。

随着生产与经营活动的进一步发展,会计已由简单的记录和计算,逐渐发展成为以货币为单位来综合地核算和监督经济活动过程的一种价值管理活动。会计的概念可以表述为:会计是以货币为主要计量单位,以凭证为依据,采用专门的技术方法,对一定主体的经济活动进行全面、综合、连续、系统地核算与监督,并向有关方面提供会计信息的一种经济管理活动。

二、会计的基本特征

(一)会计以货币为主要计量单位

会计对经济活动过程中使用的财产物资、发生的劳动耗费及劳动成果等以货币作为主要计量单位,进行系统的记录、计算、分析和考核,以达到加强经济管理的目的。

(二)会计拥有一系列专门方法

会计在对经济活动进行核算、监督和分析时,形成了一整套有别于其他工作的独特方法。包括设置会计科目、复式记账、填制和审核会计凭证、登记账簿、成本核算、财产清查、编制财务会计报告等核算方法。会计最基础性的工作就是运用这些方法,并结合其他技术和方法的运用实现会计工作的目的。

(三)会计具有核算和监督的基本职能

会计一方面要按照会计法规制度的要求,对经济活动进行确认、计量和报告,另一方面要对业务活动的合法性、合理性进行审查,因此,会计核算是会计工作的基础,会计监督是会计工作质量的保证。会计核算和会计监督贯穿于会计工作的全过程,是会计工作最基本的职能,也是会计管理活动的重要表现形式。

三、会计的基本职能

会计的职能是指会计在经济管理过程中所具有的功能。它是伴随着会计的产生而产生,随着会计的发展而发展的。在生产力水平较低下的时代,会计的主要职能在于简单的计量、记录,以反映为主;而在生产力水平较发达、管理水平较高的今天,记账、算账、报账已远远不能满足经济管理的需要,发挥会计的经济监督作用便成为会计的另一项重要职能。会计的基本职能包括以下两个方面:

(一)会计的核算职能

会计核算职能也称反映职能,是会计最基本的职能,它贯穿于经济活动的全过程。它是指会计以货币为主要计量单位,通过确认、计量、记录、报告等环节,对特定对象(或称特定主体)的经济活动进行记账、算账、报账,为各有关方面提供会计信息的功能。记账是指对特定对象的经济活动采用一定的记账方法,在账簿中进行登记;算账是指在记账基础上,对企业单位一定时期的收入、费用(成本)、利润和一定日期的资产、负债、所有者权益进行计算(就行政、事业单位而言,则是对一定时期的收入、支出、结余和一定日期的资产、负债、净资产进行计算);报账是指在算账基础上,对企业单位的财务状况、经营成果和现金流量情况(就行政、事业单位而言,则是对其经费收入、经费支出、经费结余及其财务状况),以会计报表的形式向有关方面进行报告。由此可见,会计工作的全过程都离不开真实、完整的记录,因而会计核算是会计工作的基础,是会计的基本职能。

(二)会计的监督职能

会计监督是指利用会计信息,通过专门的方法对经济业务活动实施控制。会计监督的标准是国家颁布的法令、法规、制度和客观经济规律。会计监督的目的是控制企业经济活动按照预定的目标进行。会计监督具有以下特点:

(1)会计监督主要是通过价值指标进行。会计监督的基础是会计核算资料,而会计核算资料是以货币为计量手段,因此会计监督也必然要通过价值指标来进行。

(2)会计监督要对单位经济活动的全过程进行监督。全过程的监督包括事前、事中、事后监督。会计监督首先是事后监督,对已经发生或已经完成的经济活动以及相应的核算资料进行审查、分析,并提出改进意见。但是,如果只有事后监督,很难保证经济活动按照预定的目标进行,因此需要对正在发生的经济活动进行事中监督,以纠正经济活动过程中发生的偏差和失误,促使经济活动按照预定的目标和规定进行。为了适应竞争激烈的市场经济,企业必须加强预见性管理,会计监督也必然向事前发展,在经济活动开展之前就对经济活动是否符合有关法令、政策的规定,是否符合客观经济规律等进行审查,以减少经营风险。

会计核算与监督是会计的两个基本职能,它们之间相互依存,缺一不可。首先,会计核算资料是会计监督的基础,虽然会计监督也可能使用其他一些资料,但主要的还是会计核算资料,因此只有在对经济业务进行正确核算的基础上,才能为会计监督提供可靠的信息资料。其次,会计监督的内容除了对经济活动的监督,还包括对会计核算工作的监督,要求会计核算依据国家的有关法令、法规、规章制度等进行,通过会计监督提高会计核算工作的质量。最后,会计核算也不能与会计监督断然分开,如果不进行会计监督,会计核算的意义将受到影响。

随着经济和会计的发展,会计的其他职能如预测、决策、分析、考核等,也逐渐表现出来,并且随着经济的进一步发展,这些职能的作用也会越来越重要。但会计的基本职能只能是核算和监督,其他职能都是在核算和监督的基础上发挥作用的。

四、会计的核算方法

为实现会计核算职能,应运用会计核算的七种方法,主要包括如下方面。

(一)设置会计科目和账户

设置会计科目和账户是对会计的具体内容进行分类核算和监督的一种专门方法。由于会计的内容是复杂多样的,要对其进行系统核算和经常监督,就必须按照经济内容和管理要求,分别设置会计科目和账户,进行分类登记,以便为经营管理提供所需要的信息和指标。

(二)复式记账

复式记账是通过两个或两个以上相对应的会计科目,平衡地记录每一项经济业务的一种专门方法。采用复式记账法,要求对资金的增减变动分别在两个或两个以上的关联会计科目中进行登记,以全面、相互联系地核算资金的增减变动情况。

(三)填制和审核会计凭证

会计凭证是记录经济业务,明确经济责任,作为记账依据的书面证明。填制和审核会计凭证,能够为会计记录提供完整、真实的原始资料,还可以监督国家财经制度和预算的执行情况。

(四)登记账簿

登记账簿是将审核无误的记账凭证,在账簿上进行连续、完整地记录和核算的一种专门方法。登记账簿时,要按照账户的核算内容对经济业务进行分别核算,还要按照时间先后,对经济业务进行序时核算,以便为经济管理提供系统、完整、全面的会计信息。

(五)成本计算

成本计算是按一定对象归集经营过程中所发生的各种费用,借以确定各个对象的总成本和单位成本的一种专门方法。成本是考核生产经营管理水平的一项重要经济指标。通过成本计算,可以全面、具体地核算和监督各个经营过程中的费用支出情况,促使企业加强经济核算,改善经营管理,提高经济效益。

(六)财产清查

财产清查是通过实物盘点、核对账目等方法查明单位财产物资和资金实有数额的一种专门方法。通过财产清查,一方面可以查明财产物资和资金的实有数,另一方面可以检查各种物资的储存保管情况以及各种往来款项的结算情况。在清查中如发现账实不符现象,应查明原因,加以处理,做到账实相符。

(七)编制会计报表

编制会计报表是以特定表格的形式,定期并总括地反映企业、行政事业单位的经济活动情况和结果的一种专门方法。会计报表主要以账簿中的记录为依据,经过一定形式的加工整理而产生一套完整的核算指标,用来考核、分析财务计划和预算执行情况以及编制下期财务和预算的重要依据。

以上会计核算的七种方法,虽各有特定的含义和作用,但并不是独立的,而是相互联系,相互依存,彼此制约的。它们构成了一个完整的方法体系。在会计核算中,应正确地运用这些方法。一般在经济业务发生后,按规定的手续填制和审核凭证,并应用复式记账法在有关账簿中进行登记;一定期末还要对生产经营过程中发生的费用进行成本计算和财产清查,在账证、账账、账实相符的基础上,根据账簿记录编制会计报表。

第三节　会计的目标

一、会计目标的两种观点

会计目标,是指人们通过会计工作所预期达到的目的。会计目标就是为了满足人类社会经济活动的需要。会计目标主要的观点有决策有用和受托责任两种观点。

决策有用观认为,会计的目标是为了向决策者提供有用的信息,来帮助他们做出合理的决策。个人和单位在参与经济活动中,不可避免地要做出各种决策。任何一种决策都需要信息的支持,决策者要在详细了解所面临的各种方案后,才能通过比较分析找到最佳的方案。会计正是一种可以提供决策有用信息的系统。在现代社会中,会计可以为各种信息决策者提供信息。

受托责任观认为,会计的目标是为了向委托人报告受托责任的履行情况。在经济活动中,经常存在着委托人和代理人的关系。委托人将某些责任交付给代理人承担,由代理人具体开展经济活动,然后再将经济活动的过程和结果向委托人报告。当经营管理者不直接由所有者担任时,经营管理者有义务履行责任,并且定期向所有者报告,他们可以定期编制财务状况、经营成果和现金流量的财务报告,汇报所有者财产的保值和增值情况以及受托责任的完成情况。

《企业会计准则——基本准则》明确了我国财务的目标是向财务报告使用者提供决策有用的信息,并反映企业管理层受托责任的履行情况。具体来说就是:财务报告目标要求满足投资者等财务报告使用者决策的需要,体现为财务报告的决策有用观;财务报告目标要求反映企业管理层受托责任的履行情况,体现为财务报告的受托责任观。财务报告的决策有用观和受托责任观是统一的,投资者出资委托企业管理层经营,希望获得更多的投资回报,实现股东财富的最大化,从而进行可持续投资;企业管理层接受投资者的委托从事生产经营活动,努力实现资产安全完整,保值增值,防范风险,促进企业可持续发展,就能够更好地持续履行受托责任,为投资者提供回报,为社会创造价值,从而达成企业经营者的目标。

从作为一个信息系统的角度来看,会计的目标就是向会计信息使用者提供有助于经济决策的会计信息。这就涉及与会计目标相关的两个问题:谁是会计信息的使用者? 会计能提供什么样的信息?

二、会计信息的使用者

企业会计报告有很多使用者(见图 1-1),其中有的处于企业内部,如企业内部各层次的管理人员、企业的职工;有的处于企业外部,如企业的投资人或潜在投资人、债权人、企业的客户和供应商、直接管理企业的政府部门、国家财政和计划部门、一般公众等。以下分别加以说明。

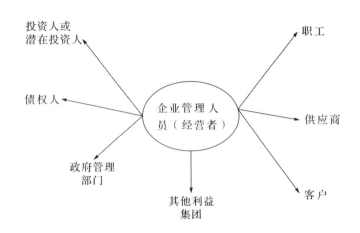

图 1-1　企业会计报告使用者关系

（一）投资人或潜在投资人

对于上市公司来说投资者包括现有的持股者，也包括那些愿意购买股票的潜在投资者。对于投资人或潜在投资人，在做出投资决策时，需要了解和掌握企业的经营状况、投资回报、企业发展前景等有关信息。假定你持有顺达实业公司 10 000 股股票，买入价每股 4.5元，那么你最关心的是这个股票会涨价吗，它的价值是多少？5 元应该卖掉了吗？是否应该卖掉顺达的股票而买入另外一家呢？回答这些问题当然需要多方面的信息，包括国家宏观经济政策、投资者的心理预期等都会对股价产生影响，但是，上市公司会计报表所披露的信息应该是投资者评价上市公司业绩的最主要信息来源。通过会计报表信息，投资者可以了解和掌握管理当局所保管及运用的经济资源的情况、企业支付股息红利及还本付息的能力、企业资产的增值及现金流量的大小，以便评估管理当局达到经营目标的能力、投资的内存风险和投资报酬，适时改变投资方向或更换经理人。具体地讲，已投资股票的股东需要利用会计信息及其他信息决定是否继续持有该股票或是将其出售，潜在投资者需要决定是否购买股票，购买哪家企业的股票，以及以何种价格买进。一般认为，当某一上市公司的会计报表对外公布后，证券市场中的投资者能够迅速地利用会计报表中的新信息做出投资决策，从而引发该上市公司的股票价格发生变动。

影响证券市场价格的因素有很多，除了会计信息外还有国家宏观经济政策、投资者的心理预期、政治因素等，不过，股票价格总是以一种公正的方式对上市公司的各种财务事项做出反应。一个理性的投资者应主要借助会计信息做出决策。现在许多证券分析师和咨询机构通过综合分析，往往可以从财务报告中获取更多有用的信息，并在进行行情分析时加入他们的咨询意见或建议，为普通投资者的决策提供参考。

（二）债权人

银行和其他债权人为企业提供贷款和其他信用，需要了解和掌握企业是否能够定期付息，是否能够偿还到期贷款和债务等有关财务信息。假如顺达实业公司希望新建一条生产线，扩大生产规模，开发新的产品，为此，需要一笔资金。经公司董事会批准，该公司拟向商业银行借款 800 万元，期限 5 年。商业银行在接到顺达实业公司的贷款申请后，就需要对顺达实业公司的经营状况进行评估，需要考虑以下问题：公司的财务状况是否良好？公司的长期经营能力如何？贷款到期时，公司是否有充分的现金偿债？即银行及其他贷款人需要了解企业资产的流动性(短期偿债能力)及长期偿债能力。银行需要进一步评价顺达的未来现金流量信息,因为有时候,虽然企业获利情况非常良好,但因扩充过度,资金冻结在非流动资产上,周转不灵;有时,企业的现金流入虽超过现金流出,但因为时间上不能配合,也可能周转不灵。企业资产若失去流动性,不仅债权人权益受到影响,投资者的收益亦无着落。这些都需要银行借助于会计信息。

(三)政府管理部门

政府机构包括中央政府和地方政府,它们要进行宏观管理和控制,要对产品、金融和资本等各类市场进行监督和调节。这种调节作用表现在宏观管理部门,要考核国民经济总体运行情况,监督国民经济运行状况,从而制定正确合理有效的调控和管理措施,促进国民经济协调有序的发展。税务部门要以会计信息为依据向企业征税,保证国家财政收入。统计部门要汇总分析各单位、各行业、各地区的经营情况和发展趋势。这些在很大程度上需要会计系统提供的信息。

(四)公司管理当局

公司管理当局需要大量的会计信息。公司管理当局在经营中需要了解和掌握企业的财务信息,包括资产的运用和分布状况,财务成本和经营活动状况,资本的运营状况,公司经营的业绩等。公司管理当局不仅需要借助于会计信息对日常经营活动进行管理和控制,还需要借助于会计信息进行科学的经营决策与管理决策。例如,前面提到的顺达实业公司,当要新建一条生产线,在决定开发这一项目之前,公司管理当局就必须讨论如下问题:这一生产线项目的前期开发成本是多少? 这条生产线的生产能力如何? 市场潜力有多大? 在多长时期内能为公司带来盈利? 可能的盈利水平有多高?

(五)供应商及客户

对于顺达实业公司的材料供应商来说,顺达实业经营的稳定持久显然具有重要意义,这不仅保证了企业有一个稳定的客户,同时也保证了它的销售资金的回笼。因此供应商往往需要借助于会计了解它的客户的经营状况,以便制订其产销计划和赊销策略等。对于顺达实业的客户来说,需要借助于会计信息来确定顺达的产品供应是否稳定,特别是如果他们预先支付货款的话,需要借助于会计信息确定顺达的财务状况是否可靠。作为客户关注顺达的会计信息有时候会非常重要,如果顺达实业公司因经营不善突然停产或因其他原因不能再采购它所生产的材料,那么这种突然中断采购的行为极有可能导致生产活动的瘫痪。

(六)企业职工和其他利益集团

企业职工和其他利益集团依赖于企业或与企业有一定的联系,需要获得企业稳健发展和获利能力的资料。具体来讲,企业职工需要了解企业目标的实现、能提供的报酬、企业发展的前景、对自己的吸引力等。社会公众关心企业可能以哪种方式对当地做出贡献,如给当地提供就业机会的能力、对环境的保护情况等。

显然,会计信息的使用者对会计信息的要求不同,各有侧重,但他们有一个共同的关注点,那就是:

(1)企业特定时点的财务状况的信息;

(2)企业特定会计期间的经营成果的信息;

(3)企业特定会计期间的现金流入、现金流出及企业现金净流量的信息。

三、会计能提供的信息

如前所述,会计是一个信息系统,它主要向信息使用者提供有助于各种决策的财务信息,作为财务信息载体的财务报告,是综合反映企业一定时期的财务状况、经营成果及现金流量情况的书面报告文件。财务报告主体一般为资产负债表、利润表和现金流量表,为了使报表使用者更好地理解会计报表,企业还编制基本会计报表的附表、附注和财务情况说明书。要想懂得会计语言,懂得运用会计信息,那就要学会运用会计报表,会计报表告诉了我们会计能提供什么信息。

(一)关于企业财务状况的信息

企业财务状况是反映企业经营实力的重要方面,也是企业营运状况分析的重要内容。企业财务状况分析在于了解企业偿债能力;了解企业在某一特定时日所拥有的经济资源(资产),这些经济资源上的权利(负债与所有者权益)及其结构情况的信息,即企业在一定时日的财务状况的信息。这一类信息是通过资产负债表来提供的。

现在让我们来看一下顺达实业公司 2019 年 12 月 31 日的资产负债表(见表 1-1)。

表 1-1 顺达实业公司资产负债表(简化)

2019 年 12 月 31 日

单位:元

资　产		负债和所有者权益	
流动资产:		流动负债:	
货币资金	260 000	应付账款	1 090 000
应收账款	550 000	非流动负债:	
存货	2 380 000	长期借款	1 800 000
流动资产合计:	3 190 000	负债合计:	2 890 000
		所有者权益	
非流动资产:		股本(20 万股)	2 500 000
固定资产	2 600 000	留存收益	400 000
		所有者权益合计:	2 900 000
资产总额	5 790 000	负债和所有者权益总额	5 790 000

通过这张资产负债表,信息使用者可以了解到顺达实业 2019 年 12 月 31 日资产总额为 5 790 000 元,负债总额为 2 890 000 元,所有者权益合计为 2 900 000 元,负债与资产的比例不足 1/2。该公司流动资产 3 190 000 元,流动负债 1 090 000 元,流动资产金额接近流动负债金额的 3 倍,看起来公司的短期偿债能力是比较强的。但是该公司库存现金加应收账款两项共计 810 000 元,比应付账款要少很多,可以看出公司如需即时还债,则存在很大问题。这就是顺达实业当前所面临的部分财务状况。

(二)关于企业经营成果的信息

经营成果是企业在一定期间内生产经营活动的结果,即利润,它是通过企业在一个特定时期内获取的收入减去相应发生的费用得到的。会计通过利润表提供企业在一个特定时期关于经营成果的信息,显示企业经营者的经营业绩,反映企业获利能力的大小及其发展趋势,显示企业的成功程度。因此,利润表提供的经营成果的信息备受投资者及其他报表使用者的关注。

我们再来看看顺达实业公司 2019 年的利润表(见表 1-2)。

表 1-2 顺达实业股份有限公司利润表(简化)

2019 年 单位:元

营业收入	4 590 000
减:营业成本	3 880 000
期间费用	96 500
营业利润	613 500
加:营业外收支净额	10 000
利润总额	623 500
减:所得税费用	155 875
净利润	467 625

通过这张利润表,信息使用者可以了解到公司在 2019 年的经营成果,并对企业经营情况做出评价。特别是如果和前期利润比较,还能推测该公司未来收益,预测公司未来的经营业绩。

(三)关于企业现金流量的信息

通常情况下,报表使用者比较关注企业的获利情况,并且往往以获得利润的多少作为衡量标准,企业获利多少在一定程度上表明了企业具有一定的现金支付能力。但是,企业一定期间内获得的利润并不代表企业真正具有偿债或支付能力。在某些情况下,虽然企业利润表上反映的经营业绩很可观,但财务也可能会很困难,不能偿还到期债务;还有些企业虽然利润表上反映的经营成果并不可观,但却有足够的偿付能力。现金流量表(见表 1-3)能够说明企业一定期间内现金流入和流出的原因,说明企业的偿债能力和支付股利的能力。

表 1-3 顺达实业股份有限公司现金流量表(简化)

2019 年 单位:元

项 目	本期金额	上期金额
一、经营活动产生的净现金流量	120 000	
二、投资活动产生的净现金流量	−50 000	
三、筹资活动产生的净现金流量	110 000	
四、汇率变动对现金及现金等价物的影响		
五、现金及现金等价物净增加额	80 000	

通过这张现金流量表,信息使用者可以了解到顺达实业公司在 2019 年度经营活动、投资活动、筹资活动等方面的现金流入量、流出量以及净现金流量,其净现金流量合计金额,即现金及现金等价物净增加额,表示的是 2019 年年末与 2019 年年初现金及现金等价物的差额。

(四)表外信息和非货币信息

会计报表是提供会计信息的主要方式,其揭示的特点是货币化。但是会计信息的计量并非只具有单一的属性,信息的揭示并非只能局限于报表,那些难以确认不能以货币量化的信息,会计也能够通过表外信息在一定程度上提供。

本章小结

会计是一个对经济业务以货币进行确认、计量、报告和分析的信息系统;会计又是通过收集、处理和利用经济信息,对经济活动进行规划、组织、控制和指导,促使人们权衡利弊得失,讲求经济效果的一种管理活动。

会计的目标是向使用者提供有助于经济决策的会计信息,主要包括财务状况、经营成果和现金流量方面的信息。投资人、债权人、政府管理部门、企业管理当局和其他相关利益集团是会计信息的使用者。

关键词

会计 accounting

确认 recognition

记录 recording

会计信息 accounting information

经营成果 income

会计目标 accounting objective

计量 measurement

报告 reporting

财务状况 financial position

现金流量 cash flow

思考题

1.会计能提供哪些信息? 为谁提供这些信息?

2.什么叫会计? 会计的基本特征有哪些?

3.举例说明会计信息对会计信息使用者的作用。

4.会计有哪些基本职能? 它们相互之间有什么关系?

会计学

附 录

财务会计的规范和管理会计的发展

20 世纪初期开始,财务会计和管理会计的分野成为会计发展史上的里程碑。从此便开始了财务会计的规范和管理会计的发展历程。

一、财务会计的规范

财务会计又称"外部报告会计",主要是对企业已经发生的交易或事项,通过确认、计量、记录和报告等程序进行加工处理,并借助于财务报表,主要向企业外部的利益集团提供以财务信息为主的经济信息系统。财务会计发展的过程就是财务会计如何规范的过程。

（一）美国公认会计原则（GAAP）的进程

20 世纪 30 年代以前，美国会计处于自由放任阶段，缺乏统一的规范。当时会计界也已注意到有规范的必要，在 1890 年 10 月，由早期著名会计学家查尔斯·E. 斯普拉格（Charles E. Sprague）在美国会计师协会（American Institute of Accountants, AIA）的年会上提出"会计原则"的术语。由于当时美国缺乏一套恰当的财务报表规范体系，企业财务报表弄虚作假之风盛行，社会公众对企业所提供的财务报表产生严重的疑虑，破坏了金融市场的稳定。这被认为是诱发 1929—1933 年美国经济危机的主要原因之一，企业纷纷破产倒闭，投资人和债权人损失惨重。提高社会大众对企业财务报表的信心，改进财务报表的编制显得异常迫切。于是，美国政府于 1933 年制定《证券法》，1934 年制定《证券交易法》，并在联邦政府中设立"证券交易委员会"（Securities and Exchange Commission, SEC），负责整顿证券市场并规范上市公司对外提供财务信息的质量。SEC 随后委托美国会计职业界制定规则，从此，开启了美国公认会计原则（GAAP）有序化和权威支持的进程。

1. 1939—1959 年，会计程序委员会（Committee on Accounting Procedure, CAP）时期

这段时期，AIA 组成一个 21 人的会计程序委员会（CAP），负责美国 GAAP 的制定。共发布了 51 份的《会计研究公报》（ARBs），现存的 ARBs 由 43—51 号的 9 份会计文献组成。ARBs 中的备选方案过多和缺乏预见性、CAP 的成员大多为注册会计师且其兼职性质为会计界所诟病。

2. 1959—1973 年，会计原则委员会（Accounting Principles Board, APB）时期

针对 CAP 的缺点，AICPA［1957 年，AIA 更名为美国注册会计师协会（American Institute of Certified Public Accountants）］另成立一个 18 人的会计原则委员会（APB），成为在此时期内美国 GAAP 的制定机构。它所制定的会计文献是 31 份《会计原则委员会意见书》（APB opinions）和 4 份《会计原则委员会报告》（APB statements）。为加强制定有关 GAAP 的会计理论研究，AICPA 成立了一个会计研究部，开始对财务会计概念框架做研究。基本上，APB 时期在缩小备选方案形成的矛盾方面具有较大的贡献（相较于 CAP 时期而言），APB 由于能提供优选方法且能坚持自己的见解，工作效率比 CAP 有所提升。然而，APB 时期也有几个问题待解决：①GAAP 和政策之间的矛盾；②会计原则委员会（APB）和会计研究部之间的矛盾；③APB 成员大多为注册会计师且仍具兼职性质，故其制定的 GAAP 就带有局限性且和客户的利益关系受到质疑。因此，GAAP 的制定机构必须再进行一次改革。

3. 1973 年到现在，财务会计准则委员会（Financial Accounting Standards Board, FASB）时期

1973 年，FASB 正式成立，自此它完全取代了 APB 的地位，由它来全面负责美国会计准则的制定工作。与 APB 不同的是，FASB 不是美国注册会计师协会的下属机构，其成员亦不全部来自会计职业界，而是由多方面的代表组成，它大致包括了会计职业界、工商界、会计学术界和政府部门等的代表，因此它对于会计职业界来说，具有相对独立的地位。FASB 发布了以下四个公告：

（1）"财务会计准则公告"（Statements of Financial Accounting Standards）。其中有相当大一部分是为了修订或补充以前发布的 APB 意见书、会计研究公报。

（2）"财务会计准则委员会解释"（FASB Interpretations）。主要是对已发布的 FASB 公告、APB 意见书以及会计研究公报等做出解释。

（3）"财务会计准则委员会技术公报"（FASB Technical Bulletins）。主要是 FASB 工作

人员对财务会计和财务报告问题所发行的指导性材料。

（4）"财务会计概念公告"（Statements of Financial Accounting Concepts，SFAC）。SFAC 提出了财务会计概念框架，由会计目标和一系列会计基本概念构成，它可以用来评估、修正既有的会计准则，指导制定新的会计准则，在缺乏会计准则的领域起到基本的规范作用，为会计准则制定提供一个合理的理由并增加财务报表的可理解性和可比性。主要是会计理论的指导，实务并没有纳入 GAAP 体系。

4. 美国 GAAP 层次的认定

美国的 GAAP 从 20 世纪 30 年代开始，历经多年发展，在逐步演进的过程中，所累积的会计规范文档十分丰富，但对 GAAP 的含义始终不够明确，这种情况经常造成注册会计师在运用 GAAP 提出查账报告（审计报告）的表达意见时形成困扰。为此，美国审计准则委员会在 1992 年公布了《审计准则公告》第 69 号（Statement of Audit Standards No. 69），将 GAAP 的规范文件分成五个层次，以利于注册会计师在审计时有所遵循。

第一层次，包括：①FASB 的公告即财务会计准则（SFAss 或 FAss）和财务会计准则解释（FASB interpretations）；②APB 的意见书（APB opinions 或简称 APBos）；③CAP 的会计研究公报（ARBs）。

第二层次，包括：①FASB 的业务公告（technical bulletins）；②AICPA 的行业审计和会计指南（industry audit and accounting guides）；③AICPA 的立场公告（statement of position）。

第三层次，包括：①FASB 的紧急问题工作组的一致意见（consensus positions of the FASB emerging issues task force）；②AICPA 的实务公告（practice bulletins）

第四层次，包括：①AICPA 的会计解释（AICPA interpretations）；②AICPA 的问题与解答（questions & answers published by FASB）；③FASB 工作组出版的问题与解答被广泛认可的相关的行业会计实务。

第五层次，主要是会计文献，包括：①FASB 的概念公告（FASB concepts）；②APB 的公告（APB statements）；③AICPA 的有关会计问题的论文；④国际会计准则（IASs）；⑤政府会计委员会的准则公告（GASB statements）、解释（GASB interpretations）和业务公告；⑥其他职业团体、会计法规制定机构的文档；⑦会计教科书（text book，handbooks，articles）。

曾几何时，美国会计准则并没有一个完备而系统的体系，而是散落在各种权威团体颁布的文件之中。由于 GAAP 并没有在一个系统的文件或者汇编之中，因此对于美国的会计界人士来说，查找会计准则是殊为不易的。即使查到了，还要顾及该条目是否与更高效力层级文件中的条款有冲突，这一实际情况，给美国会计人员的工作带来了很大的麻烦。好在 2009 年 6 月，这些文件基本都被整理收录进美国财务会计准则委员会（FASB）会计准则汇编（Accounting Standards Codification）之中，划分为权威性和非权威性两种。

不可否认，美国的财务会计工作相对比较规范，不仅建立了全世界第一份 GAAP，而且在其 GAAP 不断完善和发展的过程中，引领了世界各国会计准则的制定方向和内容，有其足以自豪之处（这是历史特定阶段的产物），直到现在，这个角色也未曾改变。

（二）国际会计准则

国际会计准则（International Accounting Standards，IAS）由国际会计准则委员会（International Accounting Standards Committee，IASC）于 1973 年至 2000 年间发布。在

2001年,国际会计准则理事会(International Accounting Standards Board,IASB)取代了国际会计准则委员会。自此,国际会计准则理事会对部分国际会计准则做出了修订,并提议对其他国际会计准则进行修订,以新的国际财务报告准则(International Financial Reports Standards,IFRS)取代某些国际会计准则,对原国际会计准则未涵盖的议题则采纳或提议了新的国际财务报告准则。国际会计准则委员会和国际会计准则理事会均发布了准则的解释公告。只有当财务报表遵循了每一项适用的准则和相应解释公告的所有要求时,才能声称该财务报表遵循了国际财务报告准则。

1. 国际会计准则的产生和发展过程

1973年6月,来自澳大利亚、加拿大、法国、联邦德国、日本、墨西哥、荷兰、英国、美国的16个职业会计师团体,在英国伦敦成立了国际会计准则委员会(IASC)。1973年成立的国际会计准则委员会(IASC),旨在制定全球通用的国际会计准则。到2001年改组为国际会计准则理事会(IASB)时,共颁布了41项IAS(国际会计准则)和24项解释公告。然而,其近30年的劳动成果却面临着不被采用的窘境。因为IASC是民间机构,对各国执行IAS并没有强制约束力。所以,它只得要求成员机构所在国率先遵守,但不少成员机构所在国仍未认真执行这一要求。其原因一是有些国家的准则由政府制定,政府未形成将准则制定权让位于民间的思想;二是如果一个国家接受(尤其是完全接受)它,准则制定机构将面临解散的风险。

2000年12月,IASC执行委员会在确定新的组织结构时,将原来负责准则制定的IASC改组为IASB。国际会计准则理事会基金会作为非营利的独立的法律实体,负责任命准则制定委员会、常设解释委员会和咨询委员会的成员,监督这些机构的工作,并为其筹集资金。常设解释委员会是从原组织结构中继承过来的,制定委员会是为一些重要准则制定项目提供建议而由有关专家组成的专门委员会,咨询委员会主要向基金会和准则制定委员会提供各种咨询意见。

2001年4月,IASB召开第一次会议。会议决定接收现有的国际会计准则和解释书,若不修改或终止正式文件,这些准则和解释书仍将有效,会议还商讨了IASB的工作议程和一些其他问题。2001年5月,IASB会见了与国际会计准则委员会有正式联系的国家的准则制定机构的主席,这些国家包括澳大利亚、新西兰、加拿大、法国、德国、日本、英国以及美国。国际会计准则委员会试图与这些国家的准则制定机构建立合作关系并确定统一的发展目标,在获得国际权威组织的明确支持后,IASC/IASB对采用IAS/IFRS表明了苛刻的态度。IASC/IASB明确表示:如果一个国家声称采用的是国际会计准则,那么它必须保证采用全部准则,否则,就不能算采用了国际会计准则。2004年9月在布鲁塞尔,IASB主席针对欧盟就IFRS的应用发表了书面声明。他强调,尽管IASB认识到欧盟认可所有IASB准则所面临的挑战,但是对IASB准则的部分批准采用,将面临破坏准则内在完整性和一致性的风险,并将使得准则的一致运用面临更多的困难,由此可见IASB态度的强硬。

IASB虽然无权强制一个国家接受IAS/IFRS,但从发展趋势看,IAS/IFRS的采用必将经历从自愿制到准入制的过渡。在IASB积极寻求国际认同的初始阶段不积极加入,那么当其发展成为全球权威的会计组织,IFRS成为全球会计公约时,再想取得准入资格可能就要付出很大代价,基于这一考虑,许多国家纷纷与IFRS趋同。

2. IAS/IFRS的国际趋同

从2005年1月1日起,欧盟要求其上市公司按IFRS编制合并会计报表。欧洲委员会新任负责境内市场和服务的委员查理·麦克里维,早在2004年12月就强调了IFRS对该统一市场的重要性,指出IFRS对于实现会计准则的全球趋同是重要的一步。过渡期,欧盟为了消除先行一步的不利影响,推行了一种叫作"等价标准"的变通方法,即选定美国、日本、加拿大会计标准作为IFRS的等价标准。

2004年9月,SEC首席会计师唐纳德·尼科尔森说,如果IASB能够继续保持目前的独立地位并制定和发布高质量的会计准则,而且能够形成一套良好的程序,SEC将来有一定可能取消在美国资本市场筹资必须按美国准则编制会计报告的规定。此举大大推动了IFRS在国际上的采用。2004年11月,FASB发布的《FASB公告第151号——存货成本》,其中的一些规定就采用了与IAS2中类似的措辞。这表明,《FASB公告第151号——存货成本》的发布是FASB努力提高跨国财务报告可比性的举措,也是FASB与IASB通力合作,以实现一套高质量会计准则的重要步骤。2005年1月,唐纳德·尼科尔森又提到,SEC可能适当放松对使用IFRS的境外上市申请者的要求,从目前要求按照GAAP调整前三年的会计报表,减为按照GAAP调整前两年的会计报表。

除欧盟、美国外,世界上其他一些国家也在纷纷走国际趋同之路。俄罗斯的公司虽然目前实行俄罗斯、美国和国际多准则制度,但2004年就要求具有子公司的本国公司按IFRS编制财务报告,要求采用美国公认会计原则的公司于2008年采用IFRS。英国2004年12月2日发布了5项与IFRS趋同的英国财务报告准则(FRS),并且对IAS39全盘接受,而非有保留地采用。新西兰几乎照搬IFRS。乌拉圭要求所有上市公司自2004年6月1日起的会计年度必须采用IFRS。爱尔兰2004年3月15日通过立法,允许所有爱尔兰公司在其合并财务报表和单独财务报表中使用IFRS。意大利则分类采用IFRS。目前,95%的国家和地区公开承诺要采用IFRS作为统一的全球会计准则,超过80%的国家和地区基本所有的上市公司都已经采用了IFRS。

国际会计准则趋同的目的是等效。等效是指企业在实施国际财务报告准则的国家或地区上市,财务报表不再进行调整,即使调整也只对个别项目做出说明或者编制极少项目的调节表,无须再按国际财务报告准则进行全面转换。

尽管中国会计准则和IFRS并不完全对应,但在很大程度上已经非常接近了。

中国会计改革从改革开放开始,更是经历了一条向国际会计准则借鉴、接轨、趋同和等效之路。

(三)中国会计的会计规范:制度规范到准则规范,特色化到国际趋同

从民国时期开始,会计先贤出国学习国外会计规则,制定了我国的会计制度。北洋政府曾于1914年颁布《会计法》,嗣后又颁布一些如《国有铁路会计条例》等专业会计法规。国民党政府于1931年成立主计处以后,陆续制定了一些会计法规,主要有《会计法》《会计师法》《决算法》《公有营业会计制度设计要点》等,同时在《公司法》《所得税法》等法规中,也有关于会计方面的规定。

中华人民共和国成立后,即在财政部内设了管理全国会计制度的机构——会计制度处(1950年9月改为会计制度司,1979年改为会计事务管理司),并确定会计立法应贯彻"统一领导、分级管理"的原则。随着计划经济体制的逐步确立,我国制定并实施了与计划经济体制相适应的各行业会计制度,形成了严格的会计制度规范。

从20世纪80年代初开始,随着我国改革开放的深入发展,会计改革不断深化,我国会

计规范体系不断完善,到 21 世纪初形成了三个层次的会计法规体系:①会计法律,即《会计法》,它是调整我国经济生活中会计关系的法律规范,《会计法》是会计法律制度中层次最高的法律规范,是制定其他会计法规的依据,也是指导会计工作的最高准则。②会计行政法规,它是调整经济生活中某些方面会计关系的法律规范。会计行政法规由国务院制定发布或者国务院有关部门拟订,经国务院批准发布,制定依据是《会计法》。如 1990 年 12 月 31 日国务院发布的《总会计师条例》,1992 年 11 月 16 日国务院批准、同月 30 日财政部发布的《企业会计准则》和大行业会计制度,2000 年财政部发布的《企业会计制度》等。③会计规章,是指由主管全国会计工作的行政部门——财政部就会计工作中某些方面内容所制定的规范性文件。国务院有关部门根据其职责制定的会计方面的规范性文件,如实施国家统一的会计制度的具体办法等,也属于会计规章,但必须报财政部审核批准。一直到 2006 年以后企业会计制度逐步退出为止,我国企业会计规范更多地以制度规范为主。

企业会计规范积极努力地向国际会计借鉴、接轨、趋同,标志性的发展主要有:①1982 年,加入国际会计和报告标准政府间专家工作组。②借鉴国际会计的内容,1985 年,财政部发布《中外合资经营企业会计制度》。③1988 年,财政部成立会计准则研究组,着手研究我国实施会计准则的可能性。④1992 年,财政部颁布"两则两制"(即《企业财务通则》和《企业会计准则》、《大行业财务制度》和《大行业会计制度》),实现了我国会计的模式性转换,标志着我国会计规范从满足计划经济的需要向如何适应社会主义市场经济的发展需要转变;聘请国际会计公司帮助拟定准则,并于 1997 年加入国际会计师联合会和国际会计准则委员会(观察员),开始主动同国际惯例接轨。⑤为了加强股份制企业的会计工作,维护投资者和债权人的合法权益,1993 年,财政部发布《股份试点企业会计制度》,会计如何同国际惯例接轨迈出实质性的步伐。⑥1998 年,成立财政部会计准则委员会[①],成为我国会计准则规范的组织保证。⑦从 2000 年财政部颁布企业会计制度到 2006 年我国企业会计准则体系"一个基本准则加 38 个具体准则(1+38)"的颁布实施,基本实现了我国会计规范与国际财务报告准则的趋同。这个过程同时也标志着我国会计规范逐步实现了从制度规范向准则规范的转变。

2014 年 7 月 23 日,财政部发布关于修改《企业会计准则——基本准则》的决定:为了适应我国企业和资本市场发展的实际需要,实现我国企业会计准则与国际财务报告准则的持续趋同,经财政部部务会议决定,将《企业会计准则——基本准则》第四十二条第五项修改为"(五)公允价值。在公允价值计量下,资产和负债按照市场参与者在计量日发生的有序交易中,出售资产所能收到或者转移负债所需支付的价格计量"。本决定自发布之日起施

---

① 1998 年 10 月成立的财政部会计准则委员会(China Accounting Standards Committee,CASC)是中国会计准则制定的咨询机构,旨在为制定和完善中国的会计准则提供咨询意见和建议。会计准则委员会一直致力于为我国会计准则的建设提供支持,组织举办了多次会计准则国际、国内研讨会,通过各种方式积极参与会计的国际协调、交流与合作,为会计准则的建立和完善提供了大量具有建设性的咨询意见,发挥了积极的作用。

2003 年,会计准则委员会成功地进行了换届改组。改组后的财政部会计准则委员会共有委员 22 人,由财政部聘任,分别来自政府有关部门、会计理论界、会计职业团体、中介机构和企业界等。会计准则委员会办公室作为委员会的办事机构,承担委员会的日常工作。委员会办公室设在财政部会计司,办公室主任由财政部会计司司长担任。改组后的会计准则委员会下设三个专业委员会:会计理论专业委员会、企业会计专业委员会、政府及非营利组织会计专业委员会。与此同时,财政部制定并发布了《会计准则制定程序》和《财政部会计准则委员会工作大纲》,将会计准则的制定和会计准则委员会的工作纳入制度化的轨道。会计准则委员会聘请了 160 名咨询专家,协助会计准则委员会开展工作。咨询专家来自会计理论界、会计中介机构、政府有关部门、会计职业团体、证券交易所和企业界,具有广泛的代表性。会计准则委员会组建若干研究组,在会计准则委员会及其办公室的领导下开展咨询工作,具体包括:会计理论组、国际协调组、企业会计组、金融会计组、政府会计及非营利组织会计组,等等。研究组设主持人(或组长)一名,成员若干名,原则上从委员会聘请的会计准则咨询专家中选定。

行,《企业会计准则——基本准则》根据本决定做相应修改,重新公布。2014年印发39号准则、40号准则、41号准则(2014年7月1日起执行),并开始逐步对2006年颁发的部分具体准则进行修订,2017年印发42号准则等,标志着我国会计规范进一步实现了准则规范和向国际财务报告准则的进一步趋同,为下一步与国际财务报告准则等效奠定了坚实的基础。

我国企业会计准则体系的构成:

(1)《企业会计准则——基本准则》:由财政部发布于2006年2月15日,文号为中华人民共和国财政部部令第33号,属于财政部部门规章,自2007年1月1日起施行。2014年7月23日重新修订公布。

(2)《企业会计准则——具体准则》:由财政部发布于2006年2月15日,文号为财会[2006]3号,属于财政部规范性文件,共38号。2014年印发39号准则、40号准则、41号准则(2014年7月1日起执行),2017年印发42号准则,并从2014年开始逐步对2006年颁发的部分具体准则做了修订。

(3)《企业会计准则——应用指南》:发布于2006年10月30日,属于规范性文件,自2007年1月1日起在上市公司范围内施行,鼓励其他企业执行。

(4)为了深入贯彻实施企业会计准则,解决执行中出现的问题,更好地实现企业会计准则持续趋同和等效,财政部对发布的准则制定了《企业会计准则解释》。

(5)财政部为解决执行企业会计准则的实施过程中所出现的问题,做了其他规范,如2019年,为解决执行企业会计准则的企业在财务报告编制中的实际问题,规范企业财务报表列报,提高会计信息质量,针对2019年1月1日起分阶段实施的《企业会计准则第21号——租赁》(财会[2018]35号),以及企业会计准则实施中的有关情况,财政部对一般企业财务报表格式进行了修订。

二、管理会计的形成和发展

管理会计又称"内部报告会计",它是指以企业现在和未来的资金运动为对象,以提高经济效益为目的,以为企业内部管理者提供经营管理决策的科学依据为目标而进行的经济管理活动。它是从传统会计中分离并发展起来的现代会计的一个分支。

(一)管理会计的形成

当人们的思想和行为开始由成本计量和成本记录方面转向成本控制方面的时候,创立管理会计便处于萌芽阶段。"管理会计形成的历史根源的确来自成本控制思想及其相关理论的产生,以及成本控制行为的发生,并且此后管理会计的演进也正是由此顺流而下,在20世纪前期奠定了管理会计的发展基础。"

近代社会,当公司的生产经营制度取代了家庭生产经营制度,并且占据统治地位以后,企业的经济管理工作便进入了一个新的时代。同时,正如马克斯·韦伯所指出的:"以合理的资本会计制度作为公司的管理标准,是资本主义企业存在最起码的先决条件。"正是在此阶段,会计在企业中的管理功能越来越突出,尤其是进入20世纪之后,人们已经认识到会计是企业经济管理工作中的一个重要组成部分。会计的管理功能最初集中体现在成本管理方面。到19世纪下半期,特别是在19世纪最后的20年,工业化大生产格局已经处于形成过程当中,在此期间,公司里业主、经营主持者和管理人员都逐渐地认识到产品固定成本增加对公司盈利的影响在日益扩大,并且这已经成为一个必须研究和处理好的重要问题。因此,从19世纪到20世纪,人们已经逐步集中精力研究和解决这一方面的问题。到20世纪初期,随着工业化大生产基本格局的形成,大多数公司的组织规模一直处在不断扩张之中,规模大的公司,特别是那些在工业中具有不同垄断组织特征的大公司,已经开始在经济发达的国家中处于支配的地位。在工业公司中重型机器设备在资产中所占的比重越来越大,产品的制造程序亦日趋复杂,于是人们又开始研究、解决产品成本形成过程中的间接费用的分配问题。同时,经济竞争日益激烈和一系列成本问题的集中,促使人们从总的方面考虑对产品制造成本的全方位控制问题。这时,对成本控制的必要性与紧迫性,不仅在会计师中有了明确的认识,而且在工程师中也有了明确的认识,甚至在对一些与工程技术相关联的成本问题的认识方面,工程师比起会计师有着更深刻的体会。

（二）管理会计的发展

自从会计学科产生之后,管理会计得到迅速的发展。管理会计的发展历程大致可以分以下几个阶段。

1.西方管理会计的发展

（1）追求效率的管理会计时代（20世纪初到20世纪50年代）

管理会计的发展源于1911年西方管理理论中古典学派的代表人物——泰罗出版的著名的《科学管理原理》。伴随着泰罗科学管理理论在实践中的广泛应用,"标准成本""预算控制"和"差异分析"等这些与泰罗的科学管理直接相联系的技术方法开始被引进到管理会计中来。与此同时,会计学术界也开始涉及管理会计有关问题的研究。以标准成本、预算控制和差异分析为主要内容的管理会计,其基本点是在企业的战略、方向等重大问题已经确定的前提下,协助企业解决在执行过程中如何提高生产效率和生产经济效果问题。尽管如此,有关企业管理的全局、企业与外部关系等问题还没有在管理会计体系中得到应有的反映。这个时期的管理会计追求的是"效率",它强调的是把事情做好。

（2）追求效益的管理会计时代（20世纪50年代至20世纪80年代）

从20世纪50年代开始,西方国家进入了所谓战后期。这时的西方国家经济发展出现了许多新的特点。面对突如其来的新形势,战前曾风靡一时的"科学管理学说"就显得非常被动,其重局部、轻整体的根本性缺陷暴露无遗,并不能与之相适应。现代管理科学的形成和发展,对管理会计的发展,在理论上起着奠基和指导的作用,在方法上赋予现代化的管理方法和技术,使其面貌焕然一新。

（3）追求价值创造的管理会计时代（20世纪80年代）

进入20世纪80年代,由于"信息经济学"和"代理理论"的引进,管理会计又有新的发展。在西方管理会计的发展历程中,管理会计的研究存在两大流派:传统学派和创新学派。传统学派主张从早期的标准成本、预算控制和差异分析的立场出发,一切以成本为中心,重视历史经验的积累,在总结历史经验的基础上加以发展,并就如何提高企业经营管理水平和提高经济效益提出了一些新课题。创新学派主张尽可能采用诸如数学和行为科学等相关学科的理论与方法研究管理会计问题。他们强调全面创新,偏好数学模型,依靠计算机技术解决预测、分析和决策所面临的复杂问题。

纵观20世纪90年代以前管理会计发展历程,现代管理会计沿着"效率→效益→价值链优化"的轨迹发展。这个发展轨迹基本上围绕"价值增值"这个主题而展开。

（4）追求与环境相适应的管理会计时代（20世纪90年代）

进入20世纪90年代,变化是当今世界经济环境的主要特征。基于环境的变化,管理会计信息搜集的任务从管理会计人员转移到这些信息的使用者上,保证了企业能以一种及时的方式搜集相关信息,并据此做出反应。

(5) 专业管理会计团体的成立标志着现代管理会计进入了成熟期

在管理会计的发展历史中,不仅管理会计的实践内容及其特征发生了较大的变化,其应用范围日益扩大,作用越来越明显,越来越受到重视,而且一些国家还相继成立了专业的管理会计团体,这标志着现代管理会计进入了成熟期。

早在20世纪50年代,美国会计学会就设立了管理会计委员会。1969年,全美会计师协会(National Association of Accountants,NAA)成立了专门研究管理会计问题的高级委员会管理会计实务委员会(Management Accounting Practices Committee,MAPC),陆续颁布了一系列指导管理会计实务的公告(Statements on Management Accountings,SMAs),以"促进管理会计师的职业化和提高会计学的教学水平",在这些公告中,涉及管理会计目标、术语、概念、惯例与方法、会计活动管理等诸多方面内容。这些团体大多出版专业性刊物,如《管理会计》月刊,并在全世界发行。现在已有许多国家出版发行管理会计专业杂志。1972年,美国管理会计协会主持、举办了全美第一届执业管理会计师资格考试;几乎与此同时,英国也安排了类似的考试。从此,西方出现了有别于"注册会计师(CPA)"的"执业管理会计师(certified management accountant,CMA)"职业。

2. 我国管理会计的发展①

我国是从20世纪70年代末80年代初开始向发达国家学习引进有关管理会计理论的。我国管理会计的发展大致经历了以下发展阶段:

(1) 宣传介绍阶段。这段时期大致为3~5年。在这个阶段,我国会计理论工作者积极从事外文管理会计教材的翻译、编译工作,1979年由机械工业部组织翻译出版了第一部《管理会计》教材;国家有关部门委托国内著名专家、教授编写的用于各类财经院校教学使用的两部《管理会计》教材于1982年前后与读者见面;后又大量出版了有关管理会计的普及性读物;财政部、国家教委先后在厦门大学、上海财经学院(现上海财经大学)和大连工学院(现大连理工大学)等院校举办全国性的管理会计师资培训班和有关讲座,聘请外国学者来华主讲管理会计课程。

(2) 吸收消化阶段。大约从1983年起,我国会计学界多次掀起学习管理会计、应用管理会计、建立具有中国特色的管理会计体系的热潮。在全国范围内,许多会计工作者积极参与"洋为中用,吸收消化管理会计"的活动,有的单位成功地运用管理会计的方法解决了一些实际问题,初步尝到了甜头。但是,由于当时我国经济体制改革的许多措施尚未到位,尤其是我国财务会计管理体制仍旧沿用计划经济模式的那套办法,到后期,管理会计中国化的问题实际上难以取得重大突破,甚至出现了怀疑管理会计能否在中国行得通的思潮,管理会计的发展出现了滑坡。

(3) 改革创新阶段。从党中央做出大力发展我国社会主义市场经济决策,特别是1993年财务会计管理体制转轨变型,会计界开始走上与国际惯例接轨的道路以来,良好的宏观环境为管理会计在中国的发展创造了新的契机。迅速掌握能够适应市场经济发展需要的经济管理知识,借鉴发达国家管理会计的成功经验来指导新形势下的会计工作,不仅是广

---

① 吴大军.管理会计.5版.大连:东北财经大学,2018.

大会计工作者的迫切要求,而且已变成他们的自觉行动。社会主义市场经济的大环境、现代企业制度的建立健全,以及新的宏观会计管理机制,为管理会计开辟了前所未有的用武之地。目前,已有许多有识之士不再满足于照抄照搬外国书本上现成的结论,而是从我国实际出发,通过调查研究管理会计在我国企业应用的案例等方式,积极探索一条在实践中行之有效的中国式管理会计之路,以便切实加强企业内部管理机制,提高经济效益。从此,我国进入了管理会计改革创新和良性循环的新发展阶段。

(4)全面推进阶段。进入 21 世纪第二个 10 年,管理会计在我国得到全面推进,相关理论研究与推广进入了黄金期。党的十八届三中全会对全面深化改革做出了总体部署,在会计领域贯彻落实全面深化改革要求,非常重要的一项内容就是要大力加强管理会计工作,强化管理会计应用。财政部作为国家的会计主管部门,为此做了大量工作,并取得了丰硕成果。2012 年 2 月召开的全国会计管理工作会上提出建设"会计强国"的宏伟目标。2013年《企业产品成本核算制度》的发布,拉开了管理会计体系建设的序幕。根据《会计改革与发展"十二五"规划纲要》,在总结我国管理会计理论发展与实践经验的基础上,2014 年 1 月印发《财政部关于全面推进管理会计体系建设的指导意见(征求意见稿)》;经过广泛征求意见和修订,该指导意见于 2014 年 10 月正式印发,在全国范围部署推进。2014 年 3 月,财政部启动了首届管理会计咨询专家选聘工作;2016 年 6 月,又公开选聘第二届管理会计咨询专家。为指导单位管理会计实践应用和加强管理会计体系建设,制定发布《管理会计基本指引》的任务被纳入《财政部会计司 2016 年工作要点》。《管理会计基本指引》于 2016 年 6月正式发布。2016 年 10 月,财政部制定发布《会计改革与发展"十三五"规划纲要》,明确了推进管理会计广泛应用的三大具体任务:①加强管理会计指引体系建设;②推进管理会计广泛应用;③提升会计工作管理效能。确立了"2018 年年底前基本形成以管理会计基本指引为统领、以管理会计应用指引为具体指导、以管理会计案例示范为补充的管理会计指引体系"的目标。

3.管理会计体系的构建

我国的管理会计指引体系包括三个部分:基本指引、应用指引、案例。管理会计指引体系以管理会计基本指引为统领、以管理会计应用指引为具体指导、以管理会计案例示范为补充。企业要实现新的发展,必须有效运用管理会计,不断提高管理水平和创新能力,实现从投资拉动型向创新驱动型转型、从粗放增长型向集约发展型转型、从重规模速度向重质量效益转型、从立足国内发展向提升国际竞争力转型、从低成本优势领先向综合实力提升转型,着力提高企业的资源利用效率,改变产品低附加值、产能过剩、高端产品供给不足的现状,提升产业整体素质,促进经济结构调整和产业结构升级。

管理会计的主要作用有以下三个方面:①成本性态分析。进行成本性态分析,有助于企业从数量上具体掌握成本与业务量之间的规律性联系,为充分挖掘内部潜力、实现最优管理和提高经济效益提供有价值的资料。②CVP 分析(cost-volume-profit anglysis.量本利分析)。CVP 分析是管理会计中一项重要分析法,其在正确进行决策分析和有效控制等方面具有广阔用途。③投资决策。投资决策需要考虑的重要因素:货币的时间价值、投资的风险价值。我国的管理会计指引体系认为管理会计有四个构成要素:应用环境、管理会计活动、工具方法、信息与报告(见图 1-2)。

管理会计主体应在分析管理会计应用环境的基础上,合理运用管理会计工具方法,全

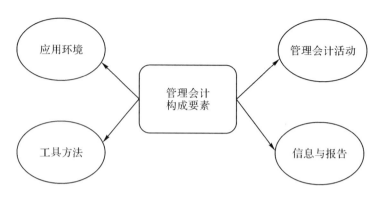

图 1-2　管理会计构成要素

面开展管理会计活动，并提供有用信息，生成管理会计报告，支持单位决策，推动单位实现战略规划。

为顺应时代的发展，满足我国经济转型的需要，财政部近年来为积极推动会计行业转型，推动传统的核算会计向管理会计转型，连续发布了一些重要文件：

2014 年 10 月 27 日，颁发《关于全面推进管理会计体系建设的指导意见》（财会［2014］27 号）；

2016 年 6 月 22 日，颁发《管理会计基本指引》（财会［2016］10 号）；

2016 年 10 月 8 日，颁发《会计改革与发展"十三五"规划纲要》（财会［2016］19 号）；

2017 年 9 月 29 日，颁发《管理会计应用指引第 100 号——战略管理》等 22 项管理会计应用指引（财会［2017］24 号）；

2018 年 8 月 17 日，颁发《管理会计应用指引第 202 号——零基预算》等 7 项管理会计应用指引（财会［2018］22 号）。

第二章　会计概念结构与会计职业道德

学习目标

通过本章学习,要求理解和掌握:

1. 会计基本假设和会计的记账基础;

2. 财务会计信息的质量特征;

3. 会计职业道德。

【引例】 张艺是贵州省思南县社会保险事业局的会计兼出纳,2016 年 7 月才参加工作,工作不到一年,她就利用职务之便贪污了 40 余万元民生领域资金,到案发时还不过 25 岁。最终张艺被判刑一年六个月,并处罚金人民币 10 万元。同学们,既然选择了会计行业,就要坚守住道德底线。

第一节　会计基本假设

会计基本假设就是对会计核算所处时间、空间环境等所做的合理假定,是企业会计确认、计量和报告的前提。会计基本假设是组织会计核算工作应当明确的前提条件,是建立会计原则的基础,也是进行会计实务的必要条件,所以又叫会计核算的基本前提,一般包括会计主体、持续经营、会计分期和货币计量四个基本假设。

会计假设不是一成不变的,由于它们本身是会计人员在有限的事实和观察的基础上做出的判断,随着经济环境的变化,会计假设也需要不断地修正。在通货膨胀时代,对币值稳定的假设的否定产生了物价变动会计或现时成本会计;在信息时代,会计主体假设的外延被扩展。持续经营假设不再适用于所有企业,对清算会计的运用渐增。当货币计量假设不足以满足人们对信息的需求,人力资源会计应运而生。衍生金融工具显示人们为保持币值稳定而做出的努力。权责发生制假设为会计假设增添了新的内容。

一、会计主体

会计主体又称会计实体、会计个体,它是指会计人员所核算和监督的特定单位。会计主体假设要求会计人员只能核算和监督所在主体的经济业务。这一基本假设的主要意义在于:一是将特定主体的经济活动与该主体所有者及职工个人的经济活动区别开来;二是将该主体的经济活动与其他单位的经济活动区别开来,从而界定了从事会计工作和提供会

计信息的空间范围,同时说明某会计主体的会计信息仅与该会计主体的整体活动和成果相关。

应当注意的是,会计主体与法律主体(法人)并非是对等的概念,法人可作为会计主体,但会计主体不一定是法人。例如,由自然人所创办的独资与合伙企业不具有法人资格,这类企业的财产和债务在法律上被视为业主或合伙人的财产和债务,但在会计核算上必须将其作为会计主体,以便将企业的经济活动与其所有者个人的经济活动以及其他实体的经济活动区别开来。又如企业集团由若干具有法人资格的企业组成,各个企业既是独立的会计主体也是法律主体,但为了反映整个集团的财务状况、经营成果及现金流量情况,还应编制该集团的合并会计报表,企业集团是会计主体,但通常不是一个独立的法人。

二、持续经营

持续经营是指会计主体可以在预见的未来,根据正常的经营方针和既定的经营目标持续经营下去。即在可预见的未来,该会计主体不会破产清算,所持有的资产将正常营运,所负有的债务将正常偿还。这一套基本假设的主要意义在于:它可使会计原则建立在非清算基础之上,从而为解决很多常见的资产计价和收益确认问题提供了基础。当然,任何企业都存在破产的可能性,一旦进入破产清算,持续经营基础就将为清算基础所取代,从而使这一假设不复存在。但这不会影响持续经营假设在大多数正常经营企业的会计核算中发挥作用,企业必须以持续经营基础做假定前提。

三、会计分期

根据持续经营假设,企业的生产经营活动将持续不断地经营下去。为了及时获得会计信息,充分发挥会计的核算和监督职能,应当合理地划分会计期间,即进行会计分期。所谓会计分期,就是将企业的经营活动人为划分成若干个相等的时间间隔,以便确认某个会计期间的收入、费用、利润,确认某个会计期末的资产、负债、所有者权益,编制财务会计报告。

会计期间分为年度和中期。中期是指短于一个完整的会计年度的报告期间。通常中期包括半年度、季度、月度。年度、半年度、季度和月度均按公历起讫日期确定。这一基本假设的主要意义在于:界定了会计信息的时间段落,为分期结算账目和编制财务会计报告,贯彻落实权责发生制等原则奠定了理论和务实基础。

四、货币计量

货币计量是指在会计核算中,以货币作为统一计量单位。根据《中华人民共和国会计法》(简称《会计法》)的规定,会计核算以人民币为记账本位币。业务收支以人民币以外的货币为主的企业,也可以选择人民币以外的货币作为记账本位币,但编制的财务会计报告应当折算为人民币反映。境外企业向国内有关部门报送财务会计报告,应当折算为人民币反映。这一基本假设的主体主要意义在于:确认了以货币为主要的、统一的计量单位,同其他三项基本假设一起,为各项会计原则的确立奠定了基础。

上述会计核算的四项基本假设,具有相互依存、相互补充的关系。会计主体确立了会计核算的空间范围,持续经营与会计分期确定了会计核算的时间长度,而货币计量则为会计核算提供了必要手段。没有会计主体,就不会有持续经营;没有持续经营,就不会有会计分期;没有货币计量,就不会有现代会计。

第二节　会计记账基础

在会计主体的经济活动中,经济业务的发生和货币的收支不是完全一致的,即存在着现金流动与经济活动的分离。由此而产生两个确认和记录会计要素的标准,一个标准是以取得收款权利或付款责任作为记录收入或费用的依据,称为权责发生制;另一个标准是根据货币收到或实际支付用来作为收入与费用确认和记录的依据,称为收付实现制。《企业会计准则——基本准则》规定:企业应当以权责发生制为基础进行会计确认、计量和报告。

一、权责发生制

权责发生制是对企业发生的交易和事项进行会计确认、计量和报告的基础。权责发生制是指凡是企业当期已经实现的收入和已经发生或应当负担的费用,无论款项是否收付,都应当确认为当期的收入和费用并计入利润表;凡是不属于当期已经实现的收入和已经发生或应当负担的费用,即使款项已经在当期收付,也不能确认为当期的收入和费用。

在权责发生制原则下,收入确认的标准为应收,应收作为确认当期收入的标准,是指企业已经获取了交易或事项发生以后的收款权利。凡是当期已经实现的收入,无论款项是否收到,都应当确认为当期的收入。费用确认的标准为应付,应付作为确认当期费用的标准,是指凡是当期已经发生或应当负担的费用,无论款项是否支付,都应当确认为当期的费用。

二、收付实现制

与权责发生制原则相对应的是收付实现制原则。收付实现制,也称现金制,它是以现金实际收到或付出的时间为标准来记录收入的实现或费用的发生。按照收付实现制,收入和费用的归属期间将与现金收支行为的发生与否紧密联系在一起。换言之,现金收支行为在其发生的期间全部记作收入和费用,而不考虑与现金收支行为相连的经济业务实质上是否发生。收付实现制对未收取的收入和未支付的费用,均不列入当期损益,也不入账,不能公正地表达主体各期的经营成果。因此,实际的会计工作中,除了企业编制现金流量表,以及行政事业单位与一些规模极小的零售业等外,一般不用它作为记账的基础。

三、两种会计核算方法的区别

权责发生制与收付实现制的根本差别在于,它是以权利或责任的发生与否为标准来确认收入和费用,即凡是收取一项收入的权利已经具备,不论企业是否取得这项收入上的现金,都应该确认;同样,只要主体已承担某项费用的义务,即使与该项义务相关联的现金支出行为尚未发生,也应入账并确认为费用。按照这一描述,权责发生制和收付实现制是两个截然相反的记账基础,前者以权利或责任的发生与否为标准来记录经济业务并确认收入和费用,后者则是以现金的收付行为是否发生为依据确认收入与费用。

在企业日常的经济活动中,有关收入与费用等经济业务的发生与现金收支行为的发生总是不一致的,有的现金收支行为先于经济业务而发生,有的经济业务则先于现金收支行为而发生。而权责发生制又是根据经济业务的发生与否来确认收入与费用的发生,因此会形成相对的预收、预付、应收、应付等会计项目。这也是权责发生制会计基础的一大特色。由于权责发生制按经济业务是否真正发生为标准来确认收入和费用,它能够恰当地反映具体某一会计期间主体的经营成果,因而,绝大部分企业都按这一基础记账。

四、权责发生制的局限性

尽管权责发生制是较为合理的记账基础,但如果企业在日常的会计工作中,对每项业务都按权责发生制来记录,将会带来很多的麻烦。例如,企业购入一台固定资产,该项设备可以使用 5 年,按照权责发生制,就应当将这台设备的成本平均地分摊到每年中去。试想,在设备购入之初,就将后 5 年的会计分录全部编制完毕,这显然是不现实的。即便电算化条件允许这样做,也存在一个问题:从本会计期间角度出发,如何报告未来若干个会计期间之后的费用情况? 为了避免此类麻烦,平时对一些交易活动采取按现金收支活动发生的时日记录的方法。例如,利息收入和利息费用理论上是随时间的推移而发生的,但企业如果每天都记录增加的利息收入或费用,不仅烦琐、工作量大,而且也没有这个必要。通常,企业是在收到利息收入或支付利息费用时,才予以记录;又如,企业购入一台设备,长期使用。在购入时,按该项资产的实际成本记入"固定资产"账户,当该项设备全部耗用后,就全部转为费用。但企业不可能在平时的会计工作中,每天都计算设备的耗用数,这样做既烦琐,也无必要。较为合理的做法是到每期期末计算利润时,根据该资产的实际耗用情况计算并记录应转作费用的部分。

正是由于平时对部分业务按现金收支的行为予以入账,因此,每个会计期的期末都应该按权责发生制予以调整,以便合理地反映企业的经营成果。

第三节　财务会计信息质量特征

会计信息质量要求是对企业财务报告中所提供的会计信息质量的基本要求,是使财务报告中提供的会计信息对信息使用者决策有用所应具备的基本特征,包括可靠性、相关性、可理解性、可比性、实质重于形式、重要性、谨慎性和及时性。

一、可靠性

可靠性要求企业应当以实际发生的交易或者事项为依据进行会计确认、计量和报告,如实反映符合确认和计量要求的各项会计要素及其他相关信息,保证会计信息真实可靠、内容完整。企业的会计信息要满足会计信息使用者的决策需要,就必须内容真实,数字准确,资料可靠;而为了确保真实,会计信息应经得起验证。

如果企业的会计核算不是以实际发生的交易或事项为依据,没有如实反映企业的财务状况、经营成果和现金流量,是不可靠的,就会误导会计信息使用者的决策,会计工作就失去了存在的意义。

二、相关性

相关性要求企业提供的会计信息应当与财务报告使用者的经济决策需要相关,有助于财务报告使用者对企业过去、现在或者未来的情况做出评价或者预测。

会计信息是否有用、是否有价值,在于其是否与会计信息使用者的决策需要相关联,是否有助于决策或者提高决策水平。一般认为,具备相关性的会计信息应当在保证及时性的前提下,具备反馈价值和预测价值,即能够有助于信息使用者评价企业过去的决策,证实或者修正过去的有关预测,并根据会计信息预测企业未来的财务状况、经营成果和现金流量。例如,区分收入和利得、费用和所示,区分流动资产和非流动资产、流动负债和非流动负债以及适度引入公允价值等,都可以提高会计信息的预测价值,进而提升会计信息的相关性。

会计信息质量的相关性要求,需要企业在确认、计量和报告信息的过程中,充分考虑使用者的决策模式和信息需要。但是,相关性是以可靠性为基础的,两者之间并不矛盾,不应将两者对立起来。会计信息在可靠性前提下,应尽可能地做到相关,以满足投资者等财务报告使用者的决策需要。

三、可理解性

可理解性要求企业的会计信息应当清晰明了,便于财务报告使用者理解和使用。

企业编制财务报告、提供会计信息的目的在于使用,而要想让使用者有效使用会计信息,就应当让其了解会计信息的内涵,弄懂会计信息的内容,这就要求财务报告所提供的会计信息清晰明了,易于理解。只有这样,才能提高会计信息的有用性,实现财务报告的目标,满足向投资者等财务报告使用者提供决策有用信息的要求。

可理解性要求会计记录和财务会计报告必须清晰明了、简明扼要,数据记录和文字说明能一目了然地反映出经济活动的来龙去脉。该项要求的前提是信息使用者必须具备一定的与企业经营活动相关的会计知识,并愿意付出努力去研究这些信息。对于某些复杂的信息,如交易本身较为复杂或者会计处理较为复杂,但如果其与使用者的经济决策相关,企业就应当在财务报告中充分披露。

四、可比性

可比性具体包括两层含义。

(一)同一企业不同会计期间可比

同一企业不同会计期间发生的相同或者相似的交易或者事项,应当采用一致的会计政策,不得随意变更。确需变更的,应当在附注中说明。在会计实务中,企业发生的交易或事项具有复杂性和多样性,对于某些交易或事项可以有多种会计核算方法。例如,存货的领用和发出,可以采用先进先出法、加权平均法、移动平均法、个别计价法等确定其实际成本;固定资产折旧方法可以采用年限平均法、工作量法、年数总和法、双倍余额递减法等。贯彻可比性的目的,是使会计信息的使用者能利用以前会计期间的会计信息考核、评价本期的财务状况和经营成果,并借以进行正确的预测和决策。如果企业在不同的会计期间采用不同的会计核算方法,将不利于会计信息使用者对会计信息的理解,不利于会计信息作用的发挥,甚至引起分析、判断的错觉。

（二）不同企业相同会计期间可比

不同企业发生的相同或者相似的交易或者事项,应当采用规定的会计政策,确保会计信息口径一致、相互可比。不同的企业可能处于不同行业、不同地区,经济业务发生于不同时点,为了保证会计信息能够满足决策的需要,便于比较不同企业的财务状况、经营成果和现金流量,只要是相同的交易或事项,就应当采用相同的会计处理方法。可比性使来自各企业的会计信息能统一汇总,为国民经济的宏观调控提供有用的信息。

五、实质重于形式

实质重于形式要求企业应当按照交易或事项的经济实质进行会计确认、计量和报告,不应仅以交易或者事项的法律形式为依据。

在具体会计实务中,交易或事项的经济实质往往存在着与其法律形式明显不一致的情形,如果会计核算仅仅按照交易或事项的法律形式进行,而其法律形式又没有反映其经济实质和经济现实,那么,其最终结果将会误导会计信息使用者的决策。所以,这就要求会计信息不能仅仅根据它们的法律形式进行反映。

例如,以融资租赁方式租入的资产,虽然在租赁期内承租企业从法律形式来讲并不拥有其所有权,但是由于租赁合同中规定的租赁期相当长,接近于该资产的使用寿命;租赁期结束时承租企业有优先购买该资产的选择权;在租赁期内承租企业有权支配该资产并从中受益,所以,从其经济实质来看,企业能够控制其创造的未来经济利益,因此,在会计核算上就应将以融资租赁方式租入的资产视为企业的资产,列入企业资产负债表。

六、重要性

重要性要求企业提供的会计信息应当反映与企业财务状况、经营成果和现金流量有关的所有重要交易或者事项。

在评价某些项目的重要性时,很大程度上取决于会计人员的职业判断,应从质和量两个方面进行分析,视信息的性质、规模大小和对使用者做出决策的影响程度而定。一般在实务中将省略或者错报会影响财务报告使用者决策的信息视为重要信息。

对重要会计事项,必须按照规定的会计方法和程序进行处理,并在财务报告中予以充分、准确地披露;对于次要的会计事项,在不影响会计信息真实性和不至于误导财务报告使用者做出正确判断的前提下,可适当简化处理。

七、谨慎性

谨慎性要求企业以交易或者事项进行会计确认、计量和报告时应当保持应有的谨慎,不应高估资产或者收益、低估负债或者费用。

在市场经济条件下,企业面对的是有风险的市场,其经营活动都存在着大量的不确定因素,为了避免风险和不确定性发生给企业正常生产经营带来的严重影响,在会计核算工作中应坚持谨慎性,充分估计各种风险和损失,合理预计可能发生的各项费用和损失,并予以入账;如企业对可能发生的资产减值损失计提资产减值准备、对固定资产采用加速折旧法计提折旧以及对售出商品可能发生的保修义务确认预计负债等,就体现了这一要求。而对可能获得的收入,基于稳健考虑,则不能预估及提前入账。

需要注意的是,谨慎性并不意味着企业可以任意设置各种秘密准备,否则,就属于滥用谨慎性,视同重大会计差错来处理。

八、及时性

及时性要求企业对于已经发生的交易或者事项,应当及时进行会计确认、计量和报告,不得提前或者延后。

会计信息的价值在于帮助会计信息使用者做出经济决策,即便是可靠、相关的会计信息,如果提供得不及时,对于信息使用者的作用就会大大降低,甚至产生误导,因而会计信息必须注重时效性。在会计核算过程中贯彻及时性,一是要及时收集会计信息,即在经济业务发生后,及时收集、整理各种原始单据或者凭证;二是要及时处理会计信息,即按照会计制度统一规定的时限,及时编制出财务会计报告;三是要及时传递会计信息,即在统一规定的时限内,及时将编制的财务报告传递给财务报告使用者,以供其及时参考、使用。

第四节　会计职业道德

会计职业道德是会计行为规范的重要力量之一,会计信息作为一种公共产品,承担一定的经济后果,决定了会计人员在行为决策和实施过程中会受到各利益主体的压力,导致会计人员经常遭遇职业道德困境。因此,会计职业道德是提升会计职业社会功能和声誉的重要路径。我国必须注重会计职业道德教育,并在会计专业课程设计中加入职业道德内容模块,努力提高会计专业学生的职业道德素质。

一、会计职业道德的内涵与特征

(一)会计职业道德的内涵

会计职业道德,是指在会计职业活动中应当遵循的、体现会计职业特征的、调整会计职业关系的各种经济关系的职业行为准则和规范。会计职业道德的内涵包括以下几个方面。

(1)是调整会计职业活动中各种利益关系的手段。会计职业道德可以配合国家法律制度,调整职业关系中的经济利益关系,维护正常的经济秩序。

(2)具有相对稳定性。即,会计职业道德在社会经济关系不断的变迁中,始终保持自己的相对稳定性。

(3)具有广泛的社会性。会计信息是公共产品,所以会计职业道德的优劣将影响国家和社会公众的利益。亦即,会计信息质量直接影响社会经济的发展和社会经济秩序的健康运行,具有广泛的社会性。

由此可见,会计职业道德是一般社会公德在会计工作中的具体体现,引导、制约着会计行为,调整会计人员与社会、会计人员与不同利益集团以及会计人员之间关系的社会规范。它贯穿于会计工作的所有领域和整个过程,体现了社会要求与个性发展的统一,着眼于人际关系的调整,以是否合乎情理、善与恶为评价标准,并以社会评价(荣誉)和个人评价(良心)为主要制约手段,是一种通过将外在的要求转化为内在的非强制性规范。

（二）会计职业道德的特征

会计作为社会经济活动中的一种特殊职业，除了具有职业道德的一般特征外，与其他职业道德相比还具有如下特征。

（1）具有一定的强制性。遵纪守法是会计职业的基本要求，会计职业道德和其他道德不一样，许多内容都直接纳入了会计法律制度，如《会计法》《会计基础工作规范》等都规定了会计职业道德的内容和要求。因此，会计职业道德是强制性与非强制性的统一，这是由会计工作在市场经济活动中的特殊地位所决定的。会计职业道德中的提高技能、强化服务、参与管理、奉献社会等内容虽然是非强制性要求，但其直接影响到专业胜任能力、会计信息质量和会计职业的声誉，也要求会计人员遵守。

（2）较多关注公众利益。由于会计人员自身的经济利益往往与其所处的经济主体的利益一致，当经济主体利益与国家利益和社会公众利益出现矛盾时，会计人员的利益指向如果偏向经济主体，那么国家和社会公众的利益就会受损，便产生了会计职业道德危机。因此，会计职业的特殊性，对会计职业道德提出了更高的要求，要求会计人员客观公正，在会计职业活动中，发生道德冲突时要坚持准则，把社会公众利益放在第一位。

二、会计职业道德的构成要素及其功能和作用

（一）会计职业道德的构成要素

要素是事物最基本的构件。突出会计职业道德要素，有助于人们认识和体会会计职业道德的内涵与特征。目前，国内教科书中列举的会计职业道德要素大致由以下几方面构成。

（1）会计职业理想。即，会计人员的择业目标，或维持生计，或发展个性，或承担社会义务，或兼而有之。它是会计职业道德的灵魂。

（2）会计工作态度。会计工作的职业特征要求会计人员在从事会计活动时，既认真负责，精益求精，又积极主动，富有创造性。这是会计人员履行职责义务的基础。

（3）会计职业责任。即，会计人员担任某项职务或从事某项工作后就应承担（或被赋予）的相应义务。职责与职权相互关联。会计职责是会计职业道德规范的核心，也是评价会计行为的主要标准。

（4）会计职业技能。包括完成会计工作所必要的知识以及所需要的工作能力与经验。它是会计人员圆满完成会计工作的技术条件。

（5）会计工作纪律。保密性、廉正性（正直、诚实、廉洁）与超然性既是维护和贯彻会计职业道德的保证，也是评价会计行为的一种标准。

（6）会计工作作风。它是会计人员在长期工作实践中形成的习惯力量，是职业道德在会计工作中连续贯彻的体现。在工作中严谨仔细，一丝不苟，勤俭理财，严格按会计规范办事，自觉抵制非首先因素的侵袭等，均是良好的会计工作作风。

（二）会计职业道德的功能和作用

会计职业道德具有指导、评价与教化的功能，其功能和作用可以概括为以下几个方面。

（1）会计职业道德是规范会计行为的基础。会计职业道德对会计的行为动机提出了相应的要求，如诚实守信、客观公正等，引导、规劝、约束会计人员树立正确的职业观念，建立良好的职业品行，从而达到规范会计行为的目的。

（2）会计职业道德是实现会计目标的重要保证。会计目标是为利益相关者提供真实、可靠的会计信息。会计目标能否顺利实现,既取决于会计从业者专业技能水平,也取决于会计从业者能否严格履行职业行为准则。依靠会计职业道德规范约束会计从业者的职业行为,是实现会计目标的重要保证。

（3）会计职业道德是对会计法律制度的重要补充。现实生活中的很多行为难以由法律做出规定。会计职业道德是其他会计法律制度所不能替代的。会计职业道德是对会计法律规范的重要补充。

三、会计职业道德规范的内容

（一）爱岗敬业

爱岗敬业,指的是忠于职守的事业精神,这是会计职业道德的基础。爱岗就是会计人员应该热爱自己的本职工作,安心于本职岗位,稳定、持久地在会计天地中耕耘,恪尽职守地做好本职工作。敬业就是会计人员应该充分认识本职工作在社会经济活动中的地位和作用,认识本职工作的社会意义和道德价值,具有会计职业的荣誉感和自豪感,在职业活动中具有高度的劳动热情和创造性,以强烈的事业心、责任感,从事会计工作。爱岗敬业的基本要求如下。

（1）正确认识会计职业,树立职业荣誉感。爱岗敬业精神,自始至终都是以人们对职业的认识程度以及所采取的态度作为行动的指导并体现在实际工作中的。会计人员只有正确地认识会计本质,明确会计在经济管理工作中的地位和重要性,树立职业荣誉感,才有可能去爱岗敬业。这是做到爱岗敬业的前提,也是首要要求。

（2）热爱会计工作,敬重会计职业。热爱一项工作,首先就意味着对这项工作有一种职业的荣誉感,有自信心和自尊心;其次是对这项工作抱有浓厚的兴趣,把职业生活看成是一种乐趣。会计人员只要树立了"干一行爱一行"的思想,就会发现会计职业中的乐趣;只有树立"干一行爱一行"的思想,才会刻苦钻研会计业务技能,才会努力学习会计业务知识,才会发现在会计核算、企业理财领域有许多值得人们去研究探索的东西。有了对本职工作的热爱,就会激发出一种敬业精神,自觉自愿地执行职业道德的各种规范,不断改进自己的工作,在平凡的岗位上做出不平凡的业绩。

（3）安心工作,任劳任怨。只有安心本职工作,才能潜下心来"勤学多思,勤问多练",才能对会计工作中不断出现的新问题去探索和研究,也才能真正做到敬业。任劳任怨,要求会计人员具有不怕吃苦的精神和不计较个人得失的思想境界。

（4）严肃认真、一丝不苟。严肃认真、一丝不苟的职业作风贯穿于会计工作的始终,不仅要求数字计算准确,手续清楚完备,而且绝不能有"都是熟人不会错"的麻痹思想和"马马虎虎"的工作作风。

（5）忠于职守,尽职尽责。忠于职守,不仅要求会计人员认真地执行岗位规范,而且要求会计人员在各种复杂的情况下,能够抵制各种诱惑,忠实地履行岗位职责。尽职尽责具体表现为会计人员对自己应承担的责任和义务所表现出的一种责任感和义务感,这种责任感和义务感包含两方面的内容:一是社会或他人对会计人员规定的责任;二是会计人员对社会或他人所负的道义责任。

（二）诚实守信

诚实，是指言行跟内心思想一致，不弄虚作假、不欺上瞒下，做老实人，说老实话，办老实事。守信，就是遵守自己所做出的承诺，讲信用，重信用，信守诺言，保守秘密。诚实守信是做人的基本准则，是人们在古往今来的交往中产生的最根本的道德规范，也是会计职业道德的精髓。诚实守信的基本要求包括以下几方面。

（1）做老实人，说老实话，办老实事，不搞虚假。近年来，在财政部进行的会计信息质量抽查中，假凭证、假账簿、假报表比较普遍。而虚假信息均是出自单位管理层和会计人员之手，而且一些注册会计师也扮演了不光彩的角色，严重影响了会计职业的社会信誉。会计人员要树立良好的职业形象，就必须恪守诚实守信的基本道德准则。

（2）保密守信，不为利益所诱惑。所谓保守秘密，是指会计人员在履行自己的职责时，应树立保密观念，做到保守商业秘密，对机密资料不外传、不外泄，守口如瓶。会计人员要做到保密守信，就要注意不在工作岗位以外的场所谈论、评价企业的经营状况和财务数据，此外，在日常生活中会计人员也应保持必要的警惕，防止无意泄密。俗话说，"说者无意，听者有心"。人们在日常交流中经常会对熟知的事情脱口而出，而没有想到后果。为了防止这种情况的发生，会计人员要了解自己所知的信息中，哪些是商业秘密，哪些是无关紧要的事项，以防止无意泄密的情况发生。而且要抵制住各种各样的利益诱惑，绝对不能用商业秘密作为谋利的手段。

（三）廉洁自律

廉洁，就是不贪污钱财，不收受贿赂，保持清白。自律，是指主体按照一定的标准，自己约束自己、自己控制自己的言行和思想。廉洁自律是会计职业道德的前提，也是会计职业道德的内在要求，这是由会计工作的特点决定的。廉洁自律的基本要求如下。

（1）树立正确的人生观和价值观。会计人员应以马克思列宁主义、毛泽东思想、邓小平理论、"三个代表"重要思想、科学发展观、习近平新时代中国特色社会主义思想为指导，树立科学的人生观和价值观，自觉抵制享乐主义、个人主义、拜金主义等错误的思想，这是在会计工作中做到廉洁自律的思想基础。

（2）公私分明，不贪不占。公私分明就是指严格划分公与私的界线，如果公私不分，就会出现以权谋私的腐败现象，甚至出现违法违纪行为。

（3）遵纪守法，尽职尽责。会计人员不仅要遵纪守法，不违法乱纪、以权谋私，做到廉洁自律；而且要敢于、善于运用法律所赋予的权利，尽职尽责，勇于承担职业责任，履行职业义务，保证廉洁自律。

（四）客观公正

客观，是指按事物的本来面目去反映，不掺杂个人的主观意愿，也不为他人意见所左右。公正，就是平等、公平、正直，没有偏失。客观公正是会计职业道德所追求的理想目标。对于会计职业活动而言，客观主要包括两层含义：一是真实性，即以实际发生的经济活动为依据，对会计事项进行确认、计量、记录和报告；二是可靠性，即会计核算要准确，记录要可靠，凭证要合法。客观公正的基本要求如下。

（1）端正态度。坚持客观公正原则的基础是会计人员的态度、专业知识和专业技能。没有客观公正的态度，不可能尊重事实。有了正确的态度之后，没有扎实的理论功底和较高的专业技能，工作也会出现失误，感到力不从心。

（2）依法办事。依法办事，认真遵守法律法规，是会计工作保证客观公正的前提。当会计人员有了端正的态度和专业知识技能之后，必须依据《会计法》《企业会计准则》《企业会计制度》等法律、法规和制度的规定进行会计业务处理，并对复杂疑难的经济业务，做出客观的会计职业判断。总之，只有熟练掌握并严格遵守会计法律、法规，才能客观公正地处理会计业务。

（3）实事求是，不偏不倚。没有实事求是的严谨态度，主观片面地看问题，就无法做到"情况明"，也就无法根据客观情况来公正地处理问题。即使主观上想"客观公正"，客观上也无从实现。客观公正应贯穿于会计活动的整个过程：一是在处理会计业务的过程中或进行职业判断时，应保持客观公正的态度，实事求是、不偏不倚；二是指会计人员对经济业务的处理结果是公正的。

（4）保持独立性。它要求会计人员对会计业务的处理，对会计政策和会计方法的选择，以及对财务会计报告的编制、披露和评价，必须独立进行职业判断，做到客观、公平、理智、诚实。

（五）坚持准则

坚持准则是指会计人员在处理业务过程中，要严格按照会计法律制度办事，不为主观或他人意志所左右。这里所说的"准则"不仅指会计准则，而且包括会计法律、法规、国家统一的会计制度以及与会计工作相关的法律制度。坚持准则是会计职业道德的核心。坚持准则的基本要求如下。

（1）熟悉准则。熟悉准则是指会计人员应了解和掌握《会计法》和国家统一的会计制度及与会计相关的法律制度，这是遵循准则、坚持准则的前提。只有熟悉准则，才能按准则办事，才能遵纪守法，才能保证会计信息的真实性、完整性。

（2）遵循准则。遵循准则即执行准则。准则是会计人员开展会计工作的外在标准和参照物。会计人员在会计核算和监督时要自觉严格地遵守各项准则，将单位具体的经济业务事项与准则相对照，先做出是否合法合规的判断，对不合法的经济业务不予受理。

（3）坚持准则。会计人员应认真执行国家统一的会计制度，依法发挥会计监督职责，发生冲突时，应坚持准则，对法律负责，对国家和社会公众负责，敢于同违反会计法律、法规和财务制度的现象做斗争，确保会计信息的真实性和完整性。

（六）提高技能

职业技能，也可称为职业能力，是人们进行职业活动、承担职业责任的能力和手段。遵守会计职业道德客观上需要不断提高会计职业技能。会计人员只有不断地学习，才能保持持续的专业胜任能力、职业判断能力和交流沟通能力，不断地提高会计专业技能，以适应我国深化会计改革和会计国际化的要求。提高技能的基本要求如下所述。

（1）具有不断提高会计专业技能的意识和愿望。会计人员要想生存和发展，就必须具有不断提高会计专业技能的意识和愿望，才能不断进取，才会主动地求知、求学，刻苦钻研，使自身的专业技能不断提高，使自己的知识不断更新，从而掌握过硬的本领，在会计人才的竞争中立于不败之地。

（2）具有勤学苦练的精神和科学的学习方法。专业技能的提高和学习不可能是一劳永逸之事，必须持之以恒，不间断地学习、充实和提高，只有在学中思，在思中学，在实践中不断锤炼，才能提高自己的业务水平，才能推动会计工作和会计职业的发展，以适应不断变化的新形势和新情况的需要。

（七）参与管理

参与管理简单地讲就是参加管理活动，为管理者当参谋，为管理活动服务。会计管理是企业管理的重要组成部分，在企业管理中具有十分重要的作用。参与管理的基本要求如下。

（1）努力钻研业务，熟悉财经法规和相关制度，提高业务技能，为参与管理打下坚实的基础。会计人员要有扎实的基本功，掌握会计的基本理论、基本方法和基本技能，做好会计核算的各项基础性工作，确保会计信息真实、完整。同时，充分利用掌握的大量会计信息，运用各种管理分析方法，对单位的经营管理活动进行分析、预测，找出经营管理中的问题和薄弱环节，提出改进意见和措施，把管理结合在日常工作之中。从而使会计的事后反映变为事前的预测和事中的控制，真正起到当家理财的作用，成为决策层的参谋助手。

（2）熟悉服务对象的经营活动和业务流程，使管理活动更具针对性和有效性。会计人员应当了解本单位的整体情况，特别是要熟悉本单位的生产经营、业务流程和管理，掌握单位的生产经营能力、技术设备条件、产品市场及资源状况等。只有如此，才能充分利用会计工作的优势，更好地满足经营管理的需要，才能在参与管理的活动中有针对性地拟定可行性方案，从而提高经营决策的合理性和科学性，更有效地服务于单位的总体发展目标。

（八）强化服务

强化服务就是要求会计人员具有文明的服务态度、强烈的服务意识和优良的服务质量。强化服务的结果，就是奉献社会，这是职业道德的归宿点。强化服务的基本要求如下。

（1）强化服务意识。会计人员要树立强烈的服务意识，为管理者服务、为所有者服务、为社会公众服务、为人民服务。只有树立了强烈的服务意识，才能做好会计工作，履行会计职能，为单位和社会经济的发展做出应有的贡献。

（2）提高服务质量。强化服务的关键是提高服务质量。单位会计人员的服务质量表现在，是否真实地记录单位的经济活动，向有关方面提供可靠的会计信息，是否积极主动地向单位领导反映经营活动情况和存在的问题，提出合理化建议，协助领导决策，参与经营管理活动。需要注意的是，在会计工作中提供上乘的服务质量，并非是无原则地满足服务主体的需要，而是在坚持原则、坚持准则的基础上尽量满足用户或服务主体的需要。

四、会计职业道德教育及其检查与奖惩

（一）会计职业道德教育的途径

会计职业道德教育的主要形式包括接受教育和自我教育。会计职业道德教育的主要内容包括观念教育、规范教育、警示教育等。其他与会计职业道德相关的教育包括形势教育、品德教育、法制教育等。会计职业道德教育的途径包括如下几个方面。

（1）岗前职业道德教育。岗前职业道德教育是指对将要从事会计职业的人员进行的道德教育。包括从会计专业学历教育中获取的职业道德教育。教育的侧重点应放在职业观念、职业情感及职业规范等方面。

（2）岗位职业道德继续教育。继续教育是指从业人员在完成某一阶段的工作和学习后，重新接受一定形式的、有组织的、知识更新的教育和培训活动。会计人员继续教育是强化会计职业教育的有效形式。

（3）会计职业道德的自我教育。自我教育包括以下内容：一是职业义务教育；二是职业

荣誉教育;三是职业节操教育。要达到会计人员职业道德自我教育的目的,需要借助正确的自我教育方法:一是自我解剖法;二是自重自省法;三是自警自励法;四是自律慎独法。

（4）会计职业道德的自我修养。会计职业道德的自我修养是指会计人员在会计职业活动中,按照会计职业道德的基本要求,在自身道德品质方面进行的自我教育、自我改造、自我锻炼、自我提高,从而达到一定的职业道德境界。会计职业道德修养一刻也离不开社会实践,只有在社会实践中不断磨炼,才能不断提高会计职业道德修养。

（二）会计职业道德的检查与奖惩

为了充分发挥会计职业道德的作用,健全会计职业道德体系,应在建立会计职业道德规范和加强职业道德教育的基础上,强化对会计人员职业道德规范遵循情况的检查,并根据检查的结果进行相应的表彰和惩罚,建立起会计职业道德的奖惩机制,这是会计职业道德他律机制的重要组成部分。

（1）会计职业道德的检查与奖惩,具有促使会计人员遵守职业道德规范的作用。奖惩机制利用人类趋利避害的特点,以利益的给予或剥夺为砝码,对会计人员起着引导或威慑的作用,使会计行为主体不论出于什么样的动机,都必须遵循会计职业道德规范,否则就会遭受利益上的损失。奖惩机制把会计职业道德要求与个人利益结合起来,体现了权利与义务统一的原则。

（2）会计职业道德的检查与奖惩,可以对各种会计行为进行裁决,对会计人员具有深刻的教育作用。作为会计人员哪些会计行为是对的,哪些会计行为是不对的,均可通过会计职业道德的检查与奖惩做出裁决。在这里,会计职业道德的检查与奖惩起着道德法庭的作用。它是运用各种会计法规、条例及道德要求等一系列标准,鞭笞违反道德的行为,同时褒奖那些符合职业道德要求的行为,并使其发扬光大,蔚为风气,人之效尤,互相砥砺。因此,会计职业道德的检查与奖惩,使广大会计人员生动而直接地感受到道德的价值分量,其教育的作用是不可低估的。

（3）会计职业道德的检查与奖惩,有利于形成抑恶扬善的社会环境。会计职业道德是整个社会道德的一个组成部分,因此,会计职业道德的好坏,对社会道德环境的优劣会产生一定的影响;反之,社会道德环境的好坏,也影响着会计的职业行为。奖惩机制是抑恶扬善的杠杆。对会计行为而言,判断善恶的标准就是会计职业道德规范。那些遵守职业道德规范的行为,就可称之为善行;反之,那些违背职业道德规范的行为,就可称之为恶行。通过倡导、赞扬、鼓励自觉遵守会计职业道德规范的行为,贬抑、鞭挞、谴责查处会计造假等不良行为,有助于人们分清是非,形成良好的社会风气,从而进一步促进会计职业道德的发展。

在我国,会计职业道德检查与奖惩机制的建立尚处于探索阶段,需要在理论上深入研究,实践中不断摸索。《会计法》规定,国务院财政部门主管全国的会计工作,县级以上财政部门管理本行政区域内的会计工作。《中华人民共和国注册会计师法》（2014修正）规定,财政部对注册会计师、会计师事务所和注册会计师协会进行监督指导。会计职业道德建设是会计管理工作的重要组成部分,因此,各级财政部门应负起组织和推动本地区会计职业道德建设的责任。财政部门可以利用行政管理上的优势,对会计职业道德情况实施必要的行政监管。《会计基础工作规范》第二十四条规定:"财政部门、业务主管部门和各单位应当定期检查会计人员遵守职业道德的情况,并作为会计人员晋升、晋级、聘任专业职务、表彰奖励的重要考核依据。会计人员违反职业道德的,由所在单位进行处罚;情节严重的,由会计证发证机关吊销其会计证。"会计职业道德激励机制应当与会计人员表彰制度相结合,以起到弘扬正气、激励先进、鞭策后进的作用。对会计职业道德检查中涌现出的先进人物事迹进行表彰奖励,应注意将物质奖励和精神奖励相结合。我国会计人员队伍庞大,其中蕴藏着许许多多优秀的先进人物和动人事迹。在会计职业道德检查中,应善于发现典型、树立榜样。通过对优秀会计工作者进行表彰、奖励,营造抑恶扬善的环境,从而在潜移默化中提高全体会计人员的职业道德素质。

 本章小结

　　会计基本假设就是对会计核算所处时间、空间环境等所做的合理假定,是企业会计确认、计量和报告的前提。它一般包括会计主体、持续经营、会计分期和货币计量四个假设。财务会计信息特征是使财务报告中提供的会计信息对信息使用者决策有用所应具备的基本特征,主要包括可靠性、相关性、可理解性、可比性、实质重于形式、重要性、谨慎性和及时性。

　　会计职业道德是由会计目标决定的。会计信息作为一种公共产品,涉及广大利益相关者的利益,会计职业道德具有广泛的社会性与稳定性。会计职业道德可以配合国家法律制度,调整职业关系中的经济利益关系,维护正常的经济秩序。爱岗敬业、诚实守信等是会计职业道德的基本要求,也是主要的内容构成。要加强会计职业道德的教育,强化激励和约束机制。

 关键词

会计假设 accounting assumption　　　　　会计记账基础 accounting basis
会计主体假设 business entity assumption　　货币计价假设 monetary unit assumption
持续经营假设 going-concern assumption　　会计分期假设 time period assumption
权责发生制 accrual basis　　　　　　　　会计职业道德 accounting ethics
会计信息质量特征 qualitative characteristics of accounting information

 思考题

　　1.会计四个基本假设的具体内容是什么?
　　2.财务会计信息的基本特征有哪些? 请举例加以解释说明。
　　3.正确认识和理解会计职业道德的重要性。
　　4.会计职业道德的构成要素有哪些?
　　5.阐述会计职业道德的内容。

附　录

会计行业发展变化与财会人员转型①

　　会计行业可以说是传统行业里的常青树——它渗入各行各业,无论公司大小,都需要

　　① 节选自:余瑞玉.会计行业变化发展与财会人员转型.财务与会计,2015(20):38.

财会人员来维护公司的运营。随着社会经济的发展,我国会计行业蓬勃发展,日新月异,同时也面临着新的挑战。

一、我国会计人员现状

一方面,会计教育在我国发展迅速,成为一个热门的教育领域,在职高、专科、本科等多种类型的教育领域里都设有会计专业,会计资格考试也不断升温,会计考证年年火爆,导致基础会计从业人员越来越多,严重饱和。而另一方面,高级会计人员供不应求,有很大的市场缺口。近年来,我国一些大中型企业不惜天价,从海外或知名机构聘请高级财务人员做财务总监,包括"四大会计师事务所"在内,会计师事务所普遍面临人才短缺的问题,所以说会计行业的人才状况可谓是"冰火两重天"。

财政部 2010 年发布了《会计行业中长期人才发展规划(2010—2020 年)》,提出了我国会计人才发展的战略目标。从目前会计师行业的现状来看,离中长期发展规划的战略目标还有着不小的距离。

二、会计行业面临的挑战

近年来,"互联网+"时代的大门已经全面开启,"互联网+"的理念正在大规模运用于实践中,国务院于 2015 年 7 月发布了《关于积极推进"互联网+"行动的指导意见》,从战略高度将"互联网+"作为经济社会创新发展的驱动力量。会计工作的许多方面也开始与互联网深入融合,网络代理记账、在线财务管理咨询、云会计与云审计服务等第三方会计、审计服务模式初现端倪;以会计信息化应用为基础的财务一体化进程不断提速、财务共享服务中心模式逐渐成熟;联网管理、在线受理等基于互联网平台的管理模式成为会计管理新手段。

在这样的环境下,财会人员面临着越来越多的机遇和挑战。复合型的会计人才是"互联网+"背景下最需要的人才,企业、会计师事务所、会计人员、审计人员都需要为适应新的挑战做好准备,只有不断学习和创新,才能不落后于时代发展。

三、未来会计行业的变化发展与财会人员转型

"互联网+"带动了会计职能的转变、会计服务的创新,也必将带动财会人才的转型。

首先,高等教育领域要做出改变,会计人员的培养要突出时代特色,课程设置要增加信息技术等新兴课程,要注重学生创新能力的培养。在师资的选配上要强调知识更新,要吸引能适应时代变化的真正有胜任能力的"高、精、尖"人才。

其次,广大财会人员要加快知识更新,适应互联网等信息技术的新挑战,学习和了解互联网应用技术。互联网时代财务的转型必然走向财务共享与管理会计,财务需要应对互联化企业的特点,制定完善一套把握企业整体价值链运营风险的管理体制,由事后核算的模式转变为在事前和事中从流程到数据全方位的实时服务,财会人员在财务管理工作中要学会运用大数据、云计算等信息技术新手段,更高效地实现分析和决策。

会计师事务所及注册会计师要抓住"互联网+会计"时代的机遇与挑战,打造"互联网+注册会计师",培养出更多具备较高综合素质和创新意识的领军人才,充分运用互联网、云计算等信息技术,加强自身信息化建设,完善会计师事务所的审计软件应用,实现审计平台由"纸上审计"向"机上审计"转型,并推动"网上审计"的发展;推动审计模型抽样审计到制度审计,再到风险导向审计的转变。

"互联网+"时代的来临,为会计行业的发展和会计人员的转型带来了新的机遇,必将推动整个会计行业的变革。

第三章 会计要素与会计等式

学习目标

通过本章学习,要求理解和掌握:

1.会计要素的含义、分类及其主要内容;

2.会计要素与会计报表的关系;

3.会计基本等式及相互转化形式。

【引例】 蓝海股份有限公司 2018 年 1 月 1 日成立,股东总计投入 1 000 万元人民币的资本金,当年销售收入 200 万元,产品成本 140 万元,其他费用及税金 20 万元,年末银行存款结余 350 万元,固定资产 450 万元,原材料 140 万元,应收账款 100 万元。那么在年末 12 月 31 日,企业的这些资产及当年的经营成果如何在会计报表中体现?报表之间又存在哪些关系呢?

在会计实践中,为了进行分类核算,从而提供各种分门别类的会计信息,就必须对会计对象的具体内容进行适当的分类,会计要素的概念应运而生。

会计要素也称财务报告要素或会计报表要素,是根据交易或者事项的经济特征所确定的财务会计对象的基本分类。会计要素是设定会计报表结构和内容的依据,也是进行会计确认和计量的依据,对会计要素加以严格定义,为会计核算奠定了坚实的基础。我国《企业会计准则》将会计要素分为资产、负债、所有者权益、收入、费用和利润。这些会计要素可以划分为两大类(见图 3-1),即反映财务状况的会计要素(又称资产负债表要素)和反映经营成果的会计要素(又称利润表要素)。反映财务状况的会计要素包括资产、负债和所有者权益,构成资产负债表;反映经营成果的会计要素包括收入、费用和利润,构成利润表。会计要素的界定和分类可以使财务会计系统更加科学严密,为投资者等财务报告使用者提供更加有用的信息。

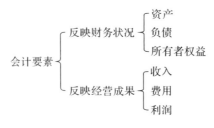

图 3-1 会计要素内容

第一节 会计要素

一、资产

(一)资产的含义

资产是指由过去的交易或事项形成的,由企业拥有或者控制的,预期会给企业带来经济利益流入的资源。一个企业从事生产经营活动,必须具备一定的物质资源,或者说物质条件。在市场经济条件下,这些必要的物质条件表现为货币资金、厂房场地、机器设备、原材料等,称为资产,它们是企业从事生产经营活动的物质基础。除以上的货币资金以及具有物质形态的资产以外,资产还包括那些不具备物质形态,但有助于生产经营活动的专利权、专有技术、商标权等无形资产,还包括对其他单位的投资和债权。

(二)资产的特征

根据资产的定义,资产具有以下几个方面的特征。

1.资产是由于过去的交易或事项所形成的

资产应当由企业过去的交易或者事项所形成,即其必须是现实的资产,是企业过去的交易或事项所形成的结果。过去的交易或者事项包括购买、生产、建造行为或者其他交易或事项。

换句话说,只有过去的交易或者事项才能产生资产,企业预期在未来发生的交易或者事项不形成资产。对于预期将在未来发生的交易或事项可能产生的结果,不属于企业现实的资产,不得作为资产确认。如已经发生的固定资产购买交易才形成资产,而计划中的固定资产购买则不能确认为企业的资产;再如甲企业和乙施工单位签订了一项厂房建造合同,建造合同尚未履行,即厂房建造行为尚未发生,此时甲企业不能确认厂房为在建工程或固定资产。

2.资产都是为企业所拥有或者控制的资源

资产作为一项资源,应当由企业拥有或者控制,具体是指企业享有某项资源的所有权,或者虽然不享有某项资源的所有权,但该资源能被企业所控制。

企业拥有资产,从而就能够排他性地从资源中获得经济利益;有些资产虽然不为企业所拥有,但是企业能够支配这些资产,而且同样能够排他性地从资产的使用中获得经济利益。比如某项专利权,如果企业不能通过自创并申请成功、购入等方式拥有或控制它,那么企业就不能将该专利权视作其资产;又比如经营租入的固定资产,由于企业不能控制它,因而不能将其作为企业的资产;而融资租入的固定资产,虽然企业不拥有其所有权,但可以在相当长的时间内使用支配该项资产,并从中获益,因而应将其作为企业的资产。所有权或控制权的存在,对于判断某项目是否是企业的资产是至关重要的。

3.资产预期会给企业带来经济利益

所谓经济利益,是指直接或间接流入企业的现金或现金等价物。资产预期会给企业带来经济利益,是指资产直接或者间接导致现金或现金等价物流入企业的潜力。这种潜力可以来自企业日常的生产经营活动,也可以是非日常活动;带来的经济利益可以是现金或现金等价物,或者是可以转化为现金或现金等价物的形式,或者是可以减少现金或现金等价物流出的形式。

资产可以是有形的,也可以是无形的,但必须具有能为企业带来经济利益的潜力,如厂房机器、原材料等可用于生产经营过程,制造商品或提供劳务,出售后收回货款,收回的货款即为企业所获得的经济利益。如果一项资产已不能为企业带来经济利益,它就不能再作为资产而应作为损失处理,如无法收回的应收账款、待处理财产损失等,由于它们不会导致经济利益流入企业,因而不能作为企业的资产。例如,企业在年末盘点存货时,发现存货已被毁损,企业以该存货管理责任不清为由,将毁损的存货继续挂账,并在资产负债表中作为流动资产予以反映。但由于该存货已经毁损,预期不能为企业带来经济利益,不符合资产的定义,不应再在资产负债表中确认为一项资产。

(三)资产的确认条件

将一项资源确认为资产,需要符合资产的定义,还应同时满足以下两个条件。

1.与该资源有关的经济利益很可能流入企业

从资产的定义可以看到,能否带来经济利益是资产的一个本质特征,但在现实生活中,由于经济环境瞬息万变,与资源有关的经济利益能否流入企业或者能够流入多少实际上带有不确定性。因此,资产的确认还应与经济利益流入的不确定性程度的判断结合起来,如果根据编制会计报表时所取得的证据,与资源有关的经济利益很可能流入企业,那么就应当将其作为资产予以确认;反之不能确认为资产。例如,某企业赊销一批商品给某一客户,从而形成了对该客户的应收账款,由于企业最终收到款项与销售实现之间有时间差,而且收款又在未来期间,因此带有一定的不确定性,如果企业在销售时判断未来很可能收到款项或者能够确定收到款项,企业就应当将该应收账款确认为一项资产;如果企业判断在通常情况下很可能部分或者全部无法收回,表明该部分或者全部应收账款已经不符合资产的确认条件,应当计提坏账准备,减少资产的价值。

2.该资源的成本或者价值能够可靠地计量

财务会计系统是一个确认、计量和报告的系统,其中计量起着枢纽作用,可计量性是所有会计要素确认的重要前提,资产的确认也是如此。只有当有关资源的成本或者价值能够可靠地计量时,资产才能予以确认。在实务中,企业取得的许多资产都是发生了实际成本的,例如,企业购买或者生产的存货,企业购置的厂房或者设备等,对于这些资产,只要实际发生的购买成本或者生产成本能够可靠计量,就视为符合了资产确认的可计量条件。在某些情况下,企业取得的资产没有发生实际成本或者发生的实际成本很小,例如,企业持有的某些衍生金融工具形成的资产,对于这些资产,尽管它们没有实际成本或者发生的实际成本很小,但是如果其公允价值能够可靠计量的话,也被认为符合了资产可计量性的确认条件。

(四)资产的分类

对资产可以做多种分类。按其流动性分为流动资产和非流动资产。流动资产按其变现能力,分为库存现金、银行存款、其他货币资金、交易性金融资产、应收票据、应收账款、预付账款、原材料等;非流动资产包括可供出售金融资产、持有至到期投资、长期应收款、长期股权投资、投资性房地产、固定资产、在建工程、工程物资、无形资产、商誉、长期待摊费用等,主要内容如图 3-2 所示。

　　按流动性对资产进行分类,有助于掌握企业资产的变现能力,从而进一步分析企业的偿债能力和支付能力。一般来说,流动资产所占的比重越大,说明企业资产的变现能力和支付能力越强。资产按有无实物形态分为有形资产和无形资产。有形资产是指具有实物形态的资产,如存货、固定资产等。无形资产不具备实物形态但属于可辨识的,如专利权、商标权等。

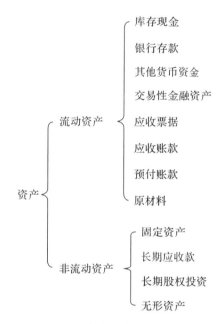

图 3-2　资产要素的主要内容

二、负　债

（一）负债的含义

　　负债是指企业过去的交易或者事项形成的,预期会导致经济利益流出企业的现时义务。

（二）负债的特征

　　根据负债的定义,负债具有以下几方面的特征。

　　1.负债是由企业过去的交易或者事项形成的

　　负债应当由企业过去的交易或者事项所形成。换句话说,只有过去的交易或者事项才形成负债,企业将在未来发生的承诺、签订的合同等交易或者事项,不形成负债。比如,银行借款是因为企业接受了银行贷款形成的,如果现时没有接受贷款,而是打算三个月后申请银行贷款,就不会发生银行贷款这项负债;应付账款是因商业信用购买商品或接受劳务形成的,在这种购买未发生之前,相应的应付账款并不存在。

　　2.负债预期会导致经济利益流出企业

预期会导致经济利益流出企业也是负债的一个本质特征,只有企业在履行义务时会导致经济利益流出企业的,才符合负债的定义,如果不会导致企业经济利益流出的,就不符合负债的定义。在履行现时义务清偿负债时,导致经济利益流出企业的形式多种多样,例如用现金偿还或以实物资产形式偿还;以提供劳务形式偿还;部分转移资产、部分提供劳务形式偿还;将负债转为资本等。

3. 负债必须是企业承担的现时义务

负债必须是企业承担的现时义务,它是负债的一个基本特征。其中,现时义务是指企业在现行条件下已承担的义务。这种义务通常是企业为取得所需的资产、货物或接受劳务而引起的,或源于法律上的强制执行的责任形成的,如纳税义务。未来发生的交易或者事项形成的义务,不属于现时义务,不应当确认为负债。

这里所指的义务可以是法定义务,也可以是推定义务。其中法定义务是指具有约束力的合同或者法律法规规定的义务,通常在法律意义上需要强制执行。例如,企业购买原材料形成应付账款,企业向银行贷入款项形成借款,企业按照税法规定应当交纳的税款等,均属于企业承担的法定义务,需要依法予以偿还。推定义务是指根据企业多年来的习惯做法、公开的承诺或者公开宣布的政策而导致企业将承担的责任,这些责任也使有关各方形成了企业将履行义务解脱责任的合理预期。例如,某企业多年来制定有一项销售政策,对于售出商品提供一定期限内的售后保修服务,预期将为售出商品提供的保修服务就属于推定义务,应当将其确认为一项负债。

(三)负债的确认条件

将一项现时义务确认为负债,需要符合负债的定义,还需要同时满足以下两个条件。

1. 与该义务有关的经济利益很可能流出企业

从负债的定义可以看到,预期会导致经济利益流出企业是负债的一个本质特征。在实务中,履行义务所需流出的经济利益带有不确定性,尤其是与推定义务相关的经济利益通常需要依赖于大量的估计。因此,负债的确认应当与经济利益流出的不确定性程度的判断结合起来,如果有确凿证据表明,与现时义务有关的经济利益很可能流出企业,就应当将其作为负债予以确认;反之,如果企业承担了现时义务,但是会导致企业经济利益流出的可能性很小,就不符合负债的确认条件,不应将其作为负债予以确认。

2. 未来流出的经济利益的金额能够可靠地计量

负债的确认在考虑经济利益流出企业的同时,对于未来流出的经济利益的金额应当能够可靠计量。对于与法定义务有关的经济利益流出金额,通常可以根据合同或者法律规定的金额予以确定,考虑到经济利益流出的金额通常在未来期间,有时未来期间较长,有关金额的计量需要考虑货币时间价值等因素的影响。对与推定义务有关的经济利益流出金额,企业应当根据履行相关义务所需支出的最佳估计数进行估计,并综合考虑有关货币的时间价值、风险等因素的影响。

(四)负债的分类

负债按偿还期限的长短分为流动负债和非流动负债。流动负债主要包括短期借款、交易性金融负债、应付票据、应付账款、预收账款、应付职工薪酬、应交税费、应付利息等。非流动负债主要包括长期借款、应付债券、长期应付款、预计负债等。负债要素主要内容如图 3-3 所示。

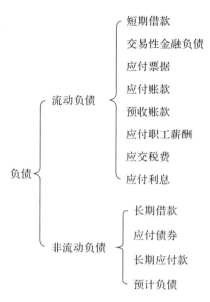

图 3-3 负债要素主要内容

三、所有者权益

(一)所有者权益的含义

所有者权益是指企业资产扣除负债后,由所有者享有的剩余权益。公司的所有者权益又称为股东权益。所有者权益是所有者对企业资产的剩余索取权,它是企业资产中扣除债权人权益后应由所有者享有的部分,既可反映所有者投入资本的保值增值情况,又体现了保护债权人权益的理念。

(二)所有者权益的特征

企业所拥有的资产从财产权利归属来看,一部分属于投资人,另一部分属于债权人。前者为所有者权益,后者为负债。所有者权益和负债虽然都对企业资产享有要求权,但两者有着本质的不同,相对于负债而言,所有者权益具有以下特征:

(1)除非发生减资、清算或分派现金股利,所有者权益一般不需要偿还。所有者权益作为一种权益资本,无到期日,在企业的生产经营期间内,可以归企业长久使用,无须偿还。

(2)企业清算时,债权人拥有优先清偿权。只有在清偿所有负债后,剩余财产才返还给投资者。

(3)投资人能够分享利润,而债权人只能按约定的条件获取利息,不能参与企业利润的分配。

(三)所有者权益的确认条件

所有者权益体现的是所有者在企业中的剩余权益,因此,所有者权益的确认主要依赖于其他会计要素,尤其是资产和负债的确认;所有者权益金额的确定也主要取决于资产和负债的计量。例如,企业接受投资者投入的资产,在该资产符合企业资产确认条件时,就相应地符合了所有者权益的确认条件;当该资产的价值能够可靠计量时,所有者权益的金额也就可以确定了。

(四)所有者权益的来源构成

所有者权益的来源包括所有者投入的资本、直接计入所有者权益的利得和损失(其他综合收益)、留存收益等,通常由股本(或实收资本)、资本公积(含股本溢价或资本溢价、其他资本公积)、盈余公积和未分配利润构成。商业银行等金融企业在税后利润中提取的一般风险准备,也构成所有者权益。

所有者投入的资本是指所有者所有投入企业的资本部分,它既包括构成企业注册资本或者股本部分的金额,也包括投入资本超过注册资本或者股本部分的金额,即资本溢价或者股本溢价,这部分投入资本在我国企业会计准则体系中被计入了资本公积,并在资产负债表中的资本公积项目下反映。

直接计入所有者权益的利得和损失,是指不应计入当期损益、会导致所有者权益发生增减变动的、与所有者投入资本或者向所有者分配利润无关的利得或者损失。其中,利得是指由企业非日常活动所形成的、会导致所有者权益增加的、与所有者投入资本无关的经济利益的流入。损失是指由企业非日常活动所发生的、会导致所有者权益减少的、与向所有者分配利润无关的经济利益的流出。直接计入所有者权益的利得和损失主要包括其他权益工具投资的公允价值变动额、现金流量套期中套期工具公允价值变动额(有效套期部分)等。

留存收益是企业历年实现的净利润留存于企业的部分,主要包括累计计提的盈余公积和未分配利润。盈余公积是指企业按照法律、法规的规定从净利润中提取的留存收益。它包括:①法定盈余公积,是指企业按照《中华人民共和国公司法》(简称《公司法》)规定的比例从净利润中提取的盈余公积金;②任意盈余公积,是指企业经股东大会或类似机构批准后按照规定的比例从净利润中提取的盈余公积金。企业盈余公积可以用于弥补亏损、转增资本。未分配利润是指企业留待以后年度分配的利润。所有者权益要素内容如图 3-4所示。

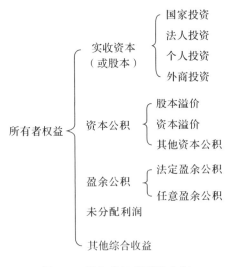

图 3-4　所有者权益要素内容

四、收　入

（一）收入的含义

收入是指企业在日常活动中形成的、会导致所有者权益增加的、与所有者投入资本无关的经济利益的总流入。日常活动是指企业为完成其经营目标所从事的经常性活动以及与之相关的其他活动。

（二）收入的特征

根据收入的定义，收入具有以下几方面的特征。

1. 收入是企业在日常活动中形成的

日常活动是指企业为完成其经营目标所从事的经常性活动以及与之相关的活动。例如，工业企业制造并销售产品、商业企业销售商品、保险公司签发保单、咨询公司提供咨询服务、软件企业为客户开发软件、安装公司提供安装服务、商业银行对外贷款、租赁公司出租资产等，均属于企业的日常活动。明确界定日常活动是为了将收入与利得相区分，因为企业非日常活动所形成的经济利益的流入不能确认为收入，而应当计入利得。例如，出售固定资产，因固定资产是为使用而不是为出售而购入的，将固定资产出售并不是企业的经营目标，也不属于企业的日常活动，出售固定资产取得的收益不作为收入核算，而作为营业外收入。

2. 收入是与所有者投入资本无关的经济利益的总流入

收入应当会导致经济利益的流入，从而导致资产的增加，负债的减少，或者两者兼而有之。例如，企业销售商品，应当收到现金或者在未来有权收到现金，才表明该交易符合收入的定义。而若企业以商品或劳务抵偿债务也符合收入的定义。实务中要注意收入只包括本企业经济利益的流入，不包括为第三方或客户代收的款项，如增值税销项税额、代收利息等。

3. 收入会导致所有者权益的增加

与收入相关的经济利益的流入最终应当会导致所有者权益的增加，不会导致所有者权益增加的经济利益的流入不符合收入的定义，不应确认为收入。例如，企业向银行借入款项，尽管也导致了企业经济利益的流入，但该流入并不导致所有者权益的增加，反而使企业承担了一项现时义务。企业对于因借入款项所导致的经济利益的增加，不应将其确认为收入，应当确认为一项负债。

（三）收入的确认条件

企业收入的来源渠道多种多样，不同收入来源的特征有所不同，企业应当在履行了合同中的履约义务，即在客户取得相关商品控制权时确认收入。取得相关商品的控制权，是指能够主导该商品的使用并从中获得几乎全部的经济利益。

五、费　用

（一）费用的含义

费用是指企业在日常活动中所发生的、会导致所有者权益减少的、与向所有者分配利润无关的经济利益的总流出。

（二）费用的特征

根据费用的定义，费用具有以下几方面的特征。

1. 费用是企业在日常活动中形成的

费用必须是企业在其日常活动中所形成的，这些日常活动的界定与收入定义中涉及的日常活动的界定相一致。因日常活动所产生的费用通常包括销售成本（营业成本）、职工薪酬、折旧费、无形资产摊销费等。将费用界定为日常活动所形成的，目的是为了将其与损失相区分，企业非日常活动所形成的经济利益的流出不能确认为费用，而应当计入损失。例如，处置固定资产损失，应作为营业外支出。又如企业购买固定资产，应作为资本性支出，计入固定资产的成本。

2. 费用是与向所有者分配利润无关的经济利益的总流出

费用的发生应当会导致经济利益的流出，从而导致资产的减少或者负债的增加（最终也会导致资产的减少）。其表现形式包括现金或者现金等价物的流出，存货、固定资产和无形资产等的流出或者消耗等。例如，以现金支付办公费则表现为资产的减少；若尚未用现金支付，则表现为负债（应付账款）的增加；或者两者兼而有之。但要注意，鉴于企业向所有者分配利润也会导致经济利益的流出，而该经济利益的流出显然属于所有者权益的抵减项目，不应确认为费用，应当将其排除在费用的定义之外。

3. 费用会导致所有者权益的减少

与费用相关的经济利益的流出应当会导致所有者权益的减少，不会导致所有者权益减少的经济利益的流出不符合费用的定义，不应确认为费用。例如，某企业用银行存款购买生产用原材料，该购买行为尽管使企业经济利益（银行存款）流出了，但它使企业增加了另外一项资产（存货），因此并不会导致企业所有者权益的减少，在这种情况下，就不应当将该经济利益的流出确认为费用。

（三）费用的确认条件

费用的确认除了应当符合定义外，也应当满足严格的条件，即费用只有在经济利益很可能流出从而导致企业资产减少或者负债增加且经济利益的流出额能够可靠计量时才能予以确认。因此，费用的确认至少应当符合以下条件：一是与费用相关的经济利益应当很可能流出企业；二是经济利益流出企业的结果会导致资产的减少或者负债的增加；三是经济利益的流出额能够可靠计量。

（四）费用的分类

费用可区分为生产费用与非生产费用，狭义的费用通常是指非生产费用，也称期间费用，包括管理费用、销售费用和财务费用。

六、利　润

（一）利润的含义

利润是指企业在一定会计期间的经营成果。通常情况下，如果企业实现了利润，表明企业的所有者权益将增加，业绩得到了提升；反之，如果企业发生了亏损（即利润为负数），表明企业的所有者权益将减少，业绩下滑了。因此，利润往往是评价企业管理层业绩的一项重要指标，也是投资者等财务报告使用者进行决策时的重要参考。

（二）利润的确认条件

利润反映的是收入减去费用、利得减去损失后的净额的概念,因此,利润的确认主要依赖于收入和费用以及利得和损失的确认,其金额的确定也主要取决于收入、费用、利得和损失金额的计量。

（三）利润的来源构成

利润包括收入减去费用后的净额、直接计入当期利润的利得和损失等。其中,收入减去费用后的净额反映的是企业日常活动的业绩,直接计入当期利润的利得和损失反映的是企业非日常活动的业绩。直接计入当期利润的利得和损失,是指应当计入当期损益、最终会引起所有者权益发生增减变动的、与所有者投入资本或者向所有者分配利润无关的利得或者损失。企业应当严格区分收入和利得、费用和损失之间的区别,以更加全面地反映企业的经营业绩。

以上六个会计要素,资产、负债、所有者权益构成资产负债表的组成,收入、费用、利润构成利润表的组成。会计要素的划分在会计核算中具有重要作用,它是对会计对象进行科学分类和设置会计科目的基本依据,并构成会计报表的基本框架。

七、会计要素计量属性及其应用原则

（一）会计要素计量属性

会计计量是为了将符合确认条件的会计要素登记入账并列报于会计报表而确定其金额的过程。企业应当按照规定的会计计量属性进行计量,确定相关金额。计量属性是指所计量的某一要素的特性方面,如桌子的长度、铁矿的重量、楼房的高度等。从会计角度来看,计量属性反映的是会计要素金额的确定基础,主要包括历史成本、重置成本、可变现净值、现值和公允价值等。

1.历史成本

历史成本,又称为实际成本,就是取得或制造某项财产物资时所实际支付的现金或者其他等价物。在历史成本计量下,资产按照其购置时支付的现金或者现金等价物的金额,或者按照购置资产时所付出的对价的公允价值计量。负债按照其因承担现时义务而实际收到的款项或者资产的金额,或者承担现时义务的合同金额,或者按照日常活动中为偿还负债预期需要支付的现金或者现金等价物的金额计量。

2.重置成本

重置成本又称现行成本,是指按照当前市场条件,重新取得同样一项资产所需支付的现金或现金等价物金额。在重置成本计量下,资产按照现在购买相同或者相似资产所需支付的现金或者现金等价物的金额计量。负债按照现在偿付该项债务所需支付的现金或者现金等价物的金额计量。

3.可变现净值

可变现净值,是指在正常生产经营过程中,以预计售价减去进一步加工成本和销售所必需的预计税金、费用后的净值。在可变现净值计量下,资产按照其正常对外销售所能收到现金或者现金等价物的金额扣减该资产至完工时估计将要发生的成本、销售费用以及相关税金后的金额计量。

4. 现值

现值是指对未来现金流量以恰当的折现率进行折现后的价值,是考虑货币时间价值因素等的一种计量属性。在现值计量下,资产按照预计从其持续使用和最终处置中所产生的未来净现金流入量的折现金额计量。负债按照预计期限内需要偿还的未来净现金流出量的折现金额计量。

5. 公允价值

公允价值,是指市场参与者在计量日发生的有序交易中,出售一项资产所能收到或者转移一项负债所需支付的价格。有序交易,是指在计量日前一段时期内相关资产或负债具有惯常市场活动的交易。清算等被迫交易不属于有序交易。

(二)各种计量属性之间的关系

在各种会计要素计量属性中,历史成本通常反映的是资产或者负债过去的价值,而重置成本、可变现净值、现值以及公允价值通常反映的是资产或者负债的现时成本或者现时价值,是与历史成本相对应的计量属性。当然这种关系也并不是绝对的。比如,资产或者负债的历史成本许多就是根据交易时有关资产或者负债的公允价值确定的,在非货币性资产交换中,如果交换具有商业实质,且换入、换出资产的公允价值能够可靠计量,换入资产入账成本的确定应当以换出资产的公允价值为基础,除非有确凿证据表明换入资产的公允价值更加可靠。在非同一控制下的企业合并交易中,合并成本也是以购买方在购买日为取得对被购买方的控制权而付出的资产、发生或承担的负债等的公允价值确定的。再比如,在应用公允价值时,当相关资产或者负债不存在活跃市场的报价或者不存在同类或类似资产的活跃市场报价时,需要采用估值技术来确定相关资产或者负债的公允价值,而在采用估值技术估计相关资产或者负债的公允价值时,现值往往是比较普遍采用的一种估值方法,在这种情况下,公允价值就是以现值为基础确定的。另外,公允价值相对于历史成本而言,具有很强的时间概念,也就是说,当前环境下某项资产或负债的历史成本可能是过去环境下该项资产或负债的公允价值,而当前环境下某项资产或负债的公允价值也许就是未来环境下该项资产或负债的历史成本。

(三)计量属性的应用原则

企业在对会计要素进行计量时,一般应当采用历史成本。采用重置成本、可变现净值、现值、公允价值计量的,应当保证所确定的会计要素金额能够取得并可靠计量。

在企业会计准则体系建设中适度、谨慎地引入公允价值这一计量属性,是因为随着我国资本市场的发展,股权分置改革的基本完成,越来越多的股票、债券、基金等金融产品在交易所挂牌上市,使得这类金融资产的交易已经形成了较为活跃的市场,因此,我国已经具备了引入公允价值条件。在这种情况下,引入公允价值,更能反映企业的现实情况,对投资者等财务报告使用者的决策更加有用,而且也只有如此,才能实现我国会计准则与国际财务报告准则的趋同。

在引用公允价值过程中,我国充分考虑了国际财务报告准则中公允价值应用的三个级次,即:第一,存在活跃市场的资产或负债,活跃市场中的报价应当用于确定其公允价值;第二,不存在活跃市场的资产或负债,参考熟悉情况并自愿交易的各方最近进行的市场交易中使用的价格或参照实质上相同的其他资产或负债的当前公允价值;第三,不存在活跃市场的资产或负债,且不满足上述两个条件的,应当采用估值技术等确定资产或负债的公允价值。

值得一提的是,我国引入公允价值是适度、谨慎和有条件的。原因是考虑到我国尚属新兴的市场经济国家,如果不加限制地引入公允价值,有可能出现公允价值计量不可靠,甚至借此人为操纵利润的现象。因此,在投资性房地产和生物资产等具体准则中规定,只有在公允价值能够取得并可靠计量的情况下,才能采用公允价值。

第二节 会计等式

会计要素是会计工作的具体对象,是会计用以反映财务状况,确定经营成果的因素,是会计核算内容的具体化,是构成财务会计报告的基本因素,也是设计会计科目的依据。会计要素之间的关系从数量上即构成会计等式。

一、会计基本等式

会计等式也称为会计方程式或平衡公式,是指利用数学等式,对会计要素或项目之间的内在经济联系所做出的概括和科学表达。在会计学中,有两个基本的会计等式,即资产负债表会计等式和利润表会计等式。

(一)资产、负债、所有者权益之间的数量关系

任何企业和行政、事业单位,为了完成其各自的任务,都必须拥有一定数量的资产,作为从事经济活动的基础。这些资产在经济活动中分布在各个方面,表现为不同的占用(实物资产或非实物资产的无形资产)形态,如房屋、建筑物、机器、设备、原材料、产成品、货币资金等。这些资产都是从一定的来源取得的。企业的资产来源大体上可以分为两种渠道:一是国家(政府)、其他单位、个人和外商以投资的方式投入的;二是企业以举债的方式从各种金融机构或其他单位借款,也可以通过发行公司债券向社会公众借款。投资于企业的资产所有者称为业主(所有者),借款给企业的单位和个人称为债主(债权人)。业主和债主将资产提供给某一企业,必然对该企业的资产享有一定的权利,包括在一定时间收回本金及获取投资报酬的权利等。这种权利在会计上统称为权益,其中,业主的权益称为所有者权益,债主的权益称为负债。资金取得或形成的来源渠道,在会计上称作负债和所有者权益。

资产和权益之间的关系表现为:

(1)资产与权益是同一经济资源的两个方面,两者之间存在着相互依存、相互制约的关系。没有资产就没有权益,同样没有权益也就没有资产。

(2)从数量方面来观察,一个企业有多少资产,就必定有多少权益;反之,有多少权益,也就必然有多少资产。两者之间的这种数量关系可表达如下:

资产＝权益
＝债权人权益＋所有者权益
＝负债＋所有者权益

(3)资产和权益的平衡关系不受经济业务的影响,不论经济业务如何变化,都不会破坏资产和权益的平衡关系。

上述资产和权益的平衡等式称为资产负债表会计等式。在相对静止的特定时点,企业

的经济资源既不会凭空产生,也不会凭空消失。所以,一个企业拥有多少经济资源,就一定要有其相应的来源;反之,有多少来源就必然要表现为企业内部不同形式的经济资源。因此,该等式是静态等式。它反映了会计主体在某一时日资产与权益之间的恒等关系,是设置账户、复式记账、试算平衡、设计和编制资产负债表的理论依据,在会计核算中有着非常重要的地位。

(二)收入、费用、利润之间的数量关系

企业通过举债和接受投资筹集资金购置资产,其目的是利用这些经济资源为企业获取经济利益。企业的资产投入营运,要取得营运收入和发生耗费。合理地比较一定期间的营业收入与费用,便可确定企业在该期间所实现的经营成果。营业收入大于费用的差额称为利润;反之,营业收入小于费用时,其差额为亏损。

收入、费用、利润三个会计要素之间的经济关系表示如下:

$$收入-费用=利润$$

上述等式称为利润表会计等式。它是企业确定经营成果,设计和编制利润表的理论依据。

二、经济业务及其对会计等式的影响

企业在经营过程中,不断发生着各种经济业务,例如购买材料、支付工资、销售产品、上交税金等,其发生会对有关会计要素产生影响。但是,无论发生什么经济业务,都不会破坏上述资产与负债和所有者权益各会计要素之间的平衡关系。

(一)经济业务及类型

1.交易、事项与经济业务的概念

所谓交易(accounting transaction),是指发生在两个不同会计主体之间的价值转移,比如一家公司购买另一家公司的产品。

所谓事项(accounting events),主要是指发生在主体内部各部门之间的资源的转移,比如生产车间领用原材料、地震导致财产受损等。

我国习惯上将交易与事项统称为"经济业务",是指企业在生产经营过程中发生的能以货币计量的,并能引起会计要素发生增减变化的事项。

这里要注意区分经济业务与经济活动的概念,如签订合同属于经济活动,但不能称之为经济业务,因为签订合同不需要进行会计记录和会计核算。只有当实际履行合同并引起资金运动时,才需要对履行合同这一经济活动如实记录和反映,进行会计核算,履行合同才属于经济业务。

2.经济业务类型

企业在生产经营过程中,每天都发生着大量的经济业务,任何一项经济业务的发生,必然引起会计等式中的具体项目发生增减变化。尽管企业经济业务多种多样,但对会计等式的影响不外乎以下四种类型。

第一种类型:引起等式两边会计要素同时增加的经济业务(或资产与权益同时增加)。

经济业务发生后,引起会计等式两边会计要素同时发生变动,两边同增,增加的数额相等,但不影响会计等式的平衡。如接受其他企业捐赠的设备一台,这项业务的发生,一方面使企业的固定资产增加,另一方面使企业的资本公积,即所有者权益增加。资产项目和权益项目以相等的金额同时增加,双方总额虽然均发生变动,但仍保持平衡关系。

第二种类型:引起等式两边会计要素同时减少的经济业务(或资产与权益同时减少)。

经济业务发生后,引起会计等式两边会计要素同时发生变动,两边同减,减少的数额相等,但不影响会计等式的平衡。如用银行存款偿还长期借款。这项业务的发生,使一个资产项目的金额和一个负债项目的金额同时减少。从而使双方总额均发生变动,但仍保持平衡关系。

第三种类型:引起等式左边会计要素发生增减的经济业务(或资产内部有增有减)。

经济业务发生后,只引起会计等式左边会计要素内部项目发生变动,一个项目增加,另一个项目减少,增减的数额相等。这类经济业务最终不会引起会计等式的总额发生变动,同样不影响会计等式的平衡。例如,用银行存款购买材料,这项业务的发生,只会引起资产两个项目之间以相等金额一增一减的变动。这一增一减,只表明资产形态的转化,而不会引起资产总额的变动,更不涉及负债和所有者权益项目,因此,资产与权益的总额仍保持平衡关系。

第四种类型:引起等式右边会计要素发生增减的经济业务(或权益内部有增有减)。

经济业务发生后,只引起会计等式右边会计要素内部项目发生变动,一个项目增加,另一个项目减少,增减数额相等。这类经济业务最终不会引起会计等式的总额发生变动,同样不影响会计等式的平衡。如企业开出商业承兑汇票偿付原欠货款。这项业务的发生,使负债内部两个项目之间以相等金额一增一减的变动。这一增一减,只表明负债形态的转化,而不会引起负债总额的变动,更不涉及资产项目,因此,资产与权益的总额仍保持平衡关系。

(二)资产、权益变动的经济业务对会计等式的影响

涉及资产、权益变动的经济业务的四种类型,对会计等式的影响,可以概括归纳为以下几种情况,如表 3-1 所示。

表 3-1　资产、权益变动的经济业务对会计等式的影响

经济业务及类型	资产	=	负债	+	所有者权益
【例 3.1】　第一种类型	增加		增加		
【例 3.2】　第一种类型	增加				增加
【例 3.3】　第二种类型	减少		减少		
【例 3.4】　第二种类型	减少				减少
【例 3.5】　第三种类型	增加、减少				
【例 3.6】　第四种类型			增加、减少		
【例 3.7】　第四种类型					增加、减少
【例 3.8】　第四种类型			减少		增加
【例 3.9】　第四种类型			增加		减少

以顺达实业公司为例,2019 年 7 月 1 日,资产、负债和所有者权益的数量关系如表 3-2 中的月初余额所示。

表 3-2　顺达实业公司经济业务对会计等式的影响　　　　　　　　　　单位:元

资产项目	月初余额	本期增加	本期减少	月末余额	权益项目	月初余额	本期增加	本期减少	月末余额
库存现金	2 000			2 000	短期借款	12 000			12 000
银行存款	40 000	②100 000 ⑤3 000	③5 000 ④8 000	130 000	应付账款	18 000	①5 000	③5 000 ⑥6 000 ⑧10 000	2 000
应收账款	8 000		⑤3 000	5 000	应付票据		⑥6 000		6 000
原材料	10 000	①5 000		15 000	应付股利		⑨20 000		20 000
库存商品	10 000			10 000	实收资本	120 000	②100 000 ⑦10 000 ⑧10 000	④8 000	232 000
固定资产	100 000			100 000	资本公积	10 000		⑦10 000	0
无形资产	10 000			10 000	未分配利润	20 000		⑨20 000	0
资产合计	180 000	108 000	16 000	272 000	权益合计	180 000	151 000	59 000	272 000

注:表中的序号对应例 3.1 至例 3.9。

表 3-2 中所示为顺达实业公司 2019 年 7 月 1 日的资产负债状况。

资产＝负债＋所有者权益

180 000＝30 000＋150 000

假设顺达实业公司 2019 年 7 月份发生下列涉及资产、权益变动的经济事项:

【例 3.10】　顺达实业公司从供应单位购买材料 5 000 元,货款尚未支付。

这项经济业务发生后,一方面使资产方的原材料增加了 5 000 元,另一方面使负债方的应付账款也增加了 5 000 元,会计等式两边同时增加,双方总额仍然保持平衡。

【例 3.11】　顺达实业公司收到国家追加投入的资本 100 000 元,当即存入银行。

这项经济业务发生后,一方面使资产方的银行存款增加了 100 000 元,另一方面使所有者权益方的实收资本也增加了 100 000 元,会计等式两边同时增加 100 000 元,双方总额仍然保持平衡。

【例 3.12】　顺达实业公司以银行存款 5 000 元偿还前欠供应单位货款。

这项经济业务发生后,一方面使资产方的银行存款减少了 5 000 元,另一方面使负债方的应付账款也减少了 5 000 元,会计等式两边同时减少 5 000 元,双方总额仍然保持平衡。

【例 3.13】　顺达实业公司经批准减少资本 8 000 元,以银行存款退还投资者。

这项经济业务发生后,一方面使资产方的银行存款减少了 8 000 元,另一方面使所有者权益方的实收资本也减少了 8 000 元,会计等式两边同时减少 8 000 元,双方总额仍然保持平衡。

【例 3.14】　顺达实业公司收到客户前欠货款 3 000 元,存入银行。

这项经济业务发生后,一方面使资产方的银行存款增加了 3 000 元,另一方面使资产方的应收账款减少了 3 000 元,会计等式左边有增有减,增减金额相等,右边不受任何影响,双方总额仍然保持平衡。

【例 3.15】　顺达实业公司开出一张三个月期限、面值 6 000 元的商业承兑汇票,偿付原欠南方公司货款。

这项经济业务发生后,一方面使负债方的应付票据增加了 6 000 元,另一方面使负债方的应付账款减少了 6 000 元,会计等式右边有增有减,增减金额相等,左边不受任何影响,双方总额仍然保持平衡。

【例 3.16】　顺达实业公司经批准将其资本公积 10 000 元转增资本。

这项经济业务发生后,一方面使所有者权益方资本公积减少了 10 000 元,另一方面使所有者权益方的实收资本增加了 10 000 元,会计等式右边有增有减,增减金额相等,左边不受任何影响,双方总额仍然保持平衡。

【例 3.17】　某企业将顺达实业公司所欠货款 10 000 元,转作对本企业的投入资本。

这项经济业务发生后,一方面使负债方的应付账款减少了 10 000 元,另一方面使所有者权益方的实收资本增加了 10 000 元,会计等式右边有增有减,增减金额相等,左边不受任何影响,双方总额仍然保持平衡。

【例 3.18】　顺达实业公司经研究,决定进行利润分配,应付给投资者利润 20 000 元,予以转账。

这项经济业务发生后,一方面负债类应付股利增加了 20 000 元,另一方面所有者权益未分配利润减少了 20 000 元,会计等式右边有增有减,增减金额相等,左边不受任何影响,双方总额仍然保持平衡。

仅从以上举例可以看出,虽然企业在生产经营过程中发生了各种各样的经济业务,然而对企业来说,任何经济业务要么会引起会计等式左右两方同时发生等额的增减变化,要么引起会计等式左方或右方某一会计要素等额增加和另一会计要素等额减少,无论怎样都不会破坏资产负债表会计等式的平衡关系。

(三)收入、费用变动的经济业务对会计等式的影响

下面仍以顺达实业公司为例,说明涉及收入、费用变动的经济业务对会计等式的影响。承例 3.18,顺达实业公司资产、负债、所有者权益、收入、费用的数量关系为:

资产＝负债＋所有者权益＋收入－费用

移项后为:资产＋费用＝负债＋所有者权益＋收入

272 000＋0＝40 000＋232 000＋0

假设顺达实业公司 2019 年 7 月份除发生以上资产、权益变动的经济事项外,7 月份还发生了下列收入、费用变动的经济业务事项:

【例 3.19】　顺达实业公司出售产成品 1 000 件,每件售价 10 元,取得销售收入 10 000 元,款项已存入银行。

这项经济业务发生后,一方面使企业收入项目的主营业务收入增加了 10 000 元,另一方面使企业资产项目的银行存款增加了 10 000 元。此项经济业务发生后,企业资产总额和收入总额同时增加,会计等式两边总额保持平衡。

$$资产+费用=负债+所有者权益+收入$$

$$10\ 000+0=0+0+10\ 000$$

$$282\ 000+0=40\ 000+232\ 000+10\ 000$$

【例 3.20】 顺达实业公司向供应材料的安达工厂出售产品 200 件,每件售价 10 元,货款 2 000 元用于抵还应付的材料价款。

这项经济业务发生后,一方面使企业收入项目的主营业务收入增加了 2 000 元,另一方面使企业负债项目的应付账款减少了 2 000 元。此项经济业务发生后,使企业负债总额减少,收入总额增加,会计等式两边总额保持平衡。

$$资产+费用=负债+所有者权益+收入$$

$$0+0=-2\ 000+0+2\ 000$$

$$282\ 000+0=38\ 000+232\ 000+12\ 000$$

【例 3.21】 顺达实业公司计算出本月应付的水电费 1 600 元,款项尚未支付。

这项经济业务发生后,一方面使企业费用项目的管理费用增加了 1 600 元,另一方面使企业负债项目的应付账款增加了 1 600 元。此项经济业务发生后,企业费用总额和负债总额同时增加,会计等式两边总额保持平衡。

$$资产+费用=负债+所有者权益+收入$$

$$0+1\ 600=1\ 600+0+0$$

$$282\ 000+1\ 600=39\ 600+232\ 000+12\ 000$$

【例 3.22】 顺达实业公司将出售产品实际成本 8 400 元(出售产成品 1 200 件,每件 7 元)转列为主营业务成本。

这项经济业务发生后,一方面使企业费用项目的主营业务成本增加了 8 400 元,另一方面使企业资产项目的库存商品减少了 8 400 元。此项经济业务发生后,企业资产总额减少,费用总额增加,会计等式两边总额保持平衡。

$$资产+费用=负债+所有者权益+收入$$

$$-8400+8\ 400=0+0+0$$

$$273\ 600+10\ 000=39\ 600+23\ 200+12\ 000$$

【例 3.23】 顺达实业公司将发生的主营业务成本 8 400 元和管理费用 1 600 元从主营业务收入中扣除,计算利润,利润成为所有者权益的组成部分。

这是一项为计算利润而发生的转账业务。这项经济业务发生后,一方面使企业费用项目的主营业务成本和管理费用分别减少了 8 400 元和 1 600 元,另一方面要从收入项目的主营业务收入中扣除 10 000 元。此项经济业务发生后,等式两边同时减少,会计等式两边总额保持平衡。

$$资产+费用=负债+所有者权益+收入$$

$$0-10\ 000=0+0-10\ 000$$

$$273\ 600+0=39\ 600+(232\ 000+2\ 000)$$

通过以上分析可以发现,由于涉及收入和费用的经济业务发生,引起会计等式中有关会计要素的增减变动,也不外乎前述四种类型,如表 3-3 所示。

表 3-3　收入、费用变动的经济业务对会计等式的影响

经济业务及类型	资产 +	费用 =	负债 +	所有者权益 +	收入
【例 3.24】　第一种类型	增加				增加
【例 3.25】　第四种类型			减少		增加
【例 3.26】　第一种类型		增加	增加		
【例 3.27】　第三种类型	减少	增加			
【例 3.28】　第二种类型		减少			减少

综上所述,任何经济业务的发生,无非是上述四种类型,此四类经济业务任何一类的发生,都不会影响资产、负债、所有者权益这三个会计要素之间的平衡关系。

以下案例中的会计事项发生后会计等式还会继续相等吗?

一、资料

1月1日,王某投资 60 000 元,注册经营一家小商店,1月份发生的全部经济业务如下:

1.商店预付一年的房屋租金 36 000 元。

2.商店购买并收到商品存货 5 000 元,答应在 30 天内付款。

3.成本为 1 500 元的商品存货售出,得到现金收入 2 300 元。

4.商店购买了一份 3 年期火灾保险合同,支付现金 1 224 元。

5.王某从商店的银行存款账户上取走了 1 000 元现金,以供个人消费之用。

6.王某从商店的存货中取走了成本为 750 元的商品,以供个人消费。

7.成本为 1 700 元的商品存货售出,销售价格为 2 620 元,客户同意在 30 天内支付贷款 2 620 元。

8.现金销售成本为 850 元的商品存货、售价为 1 310 元。

二、要求与讨论

1.分析以上发生的会计事项对会计等式或资产负债表的影响。

取一张纸,以文中描述的 1 月 1 日王某投资的时点为准,先用铅笔草编商店的会计等式,然后,逐项分析每一项经济业务对会计等式的影响,分别按会计要素进行分析。请注意基本方程式“资产＝负债＋所有者权益”必须始终保持平衡。

2.登记完这些事项后,请列示一个正确的会计等式。

 本章小结

会计要素是对会计对象的最基本分类。我国《企业会计准则》将会计要素分为资产、负债、所有者权益、收入、费用和利润。这些会计要素可以划分为两大类,即反映财务状况的会计要素和反映经营成果的会计要素。

会计等式是我们掌握会计核算的最基础的知识,会计等式反映了会计基本要素之间的数量关系和产权归属关系,是企业设置会计科目、复试记账以及编制会计报表等会计核算

方法的理论依据。而企业经营资金及其来源又是划分会计要素,阐述会计等式的依据,企业的会计报告又给有关方面提供了了解企业的经营状况、财务状况和经营成果的相关资料。通过本章学习,要求掌握会计等式中各个会计要素之间的关系以及经济业务发生后对会计等式中各个会计要素的影响。无论发生什么经济业务,会计要素虽然发生了增减变化,但"资产=负债+所有者权益"等式是始终成立的。

 关键词

会计要素 accounting elements	资产 assets
负债 liabilities	所有者权益 owners equity
收入 revenue	费用 expenses
利润 income	会计基本等式 accounting equation

 思考题

1. 分析资产、负债、所有者权益、收入、费用以及利润的含义,并举例说明。

2. 请说明流动资产与非流动资产、流动负债与非流动负债。

3. 什么是会计等式?基本会计等式是什么?它反映了什么关系?

4. 什么是经济业务?经济业务对会计等式的影响可以划分为哪几种基本类型?

练习题

习题一

[目的]练习会计要素的划分。

[资料]

项　目	会计要素
1. 净利润	A. 资产
2. 长期股权投资	B. 负债
3. 期间费用	C. 所有者权益
4. 主营业务收入	D. 收入
5. 营业利润	E. 费用
6. 预付账款	F. 利润
7. 预收账款	
8. 资本公积	

[要求]用直线连接上述项目归属的会计要素。

习题二

[目的]理解经济活动对会计要素内容变动的影响。

[资料]

顺达实业 2019 年 7 月份发生了以下经济业务:

1. 从银行取得长期借款 50 万元。

2. 收回光明公司欠款 4 万元。

3.大洋公司追加投资20万元,已存入银行。

4.偿还天地公司货款15万元。

5.购入长阳公司股票10万股,计30万元,随时准备上市交易。

[要求]请分析顺达实业2019年7月发生的经济业务分别对哪些会计要素金额产生了影响,是增加金额还是减少金额?

习题三

[目的]掌握经济业务的类型。

[资料]顺达实业2019年7月发生的经济业务如下:

1.用银行存款购买材料1 000元。

2.用银行存款支付前欠A单位货款4 000元。

3.从银行借入长期借款,存入银行40 000元。

4.收到所有者投入的设备400 000元。

5.向国外进口设备100 000元,款未付。

6.用银行存款归还长期借款40 000元。

7.企业以固定资产向外单位投资30 000元。

8.用银行借款归还前欠B单位货款10 000元。

9.将盈余公积金8 000元转作资本。

10.经批准,所有者乙以资本金偿还应付给其他单位的欠款8 000元。

11.企业所有者甲代企业归还银行借款40 000元,并将其转为投入资本。

分析上列各项经济业务的类型,并将其序号填入表3-4。

表3-4 经济业务的类型

类 型	经济业务类型的序号
1.一项资产增加,另一项资产减少	
2.一项负债增加,另一项负债减少	
3.一项所有者权益增加,另一项所有者权益减少	
4.一项资产增加,一项负债增加	
5.一项资产增加,一项所有者权益增加	
6.一项资产减少,一项负债减少	
7.一项资产减少,一项所有者权益减少	
8.一项负债减少,一项所有者权益增加	
9.一项负债增加,一项所有者权益减少	

习题四

[目的]练习经济业务发生对会计等式的影响。

[资料]

1.某企业2019年6月30日的资产、负债和所有者权益的状况如表3-5所示。

表 3-5　资产负债表（简化）

2019 年 6 月 30 日　　　　　　　　　　　　　　　　　单位:元

资　产	金　额	负债及所有者权益	金　额
库存现金	1 000	短期借款	7 000
银行存款	120 000	应付账款	24 000
应收账款	50 000	预收账款	90 000
原材料	200 000	应交税费	100 000
长期股权投资	90 000	长期借款	200 000
固定资产	300 000	实收资本	380 000
无形资产	160 000	资本公积	120 000
合计	921 000	合计	921 000

2.该企业 7 月份发生下列经济业务:

(1)购入材料一批,金额 40 000 元,材料已入库,货款未付。

(2)购入材料一批,金额 60 000 元,材料已入库,货款通过银行支付。

(3)投资者追加投资,投入机器设备一台,价值 100 000 元。

(4)从银行借入期限 3 个月的借款 80 000 元,并存入银行。

(5)收到购货单位归还前欠购货款 40 000 元,并存入银行。

(6)采购员王某预借差旅费 500 元,现金支付。

(7)用银行存款归还短期借款 50 000 元。

(8)从银行提取现金 6 000 元备用。

(9)用资本公积 20 000 元转赠资本金。

(10)用银行存款支付前欠购料款 30 000 元。

(11)用银行存款交纳税金 10 000 元。

(12)从银行取得短期借款 5 000 元,直接归还前欠购货款。

(13)把现金 2 000 元送存银行。

[要求]

1.根据上述经济业务,逐项分析其对资产、负债及所有者权益三类会计要素增减变动的影响。

2.计算 7 月末资产、负债及所有者权益三类会计要素的总额,并列出计算过程。

3.根据上列期初各账户余额确定下列资产、负债、所有者权益的数量关系。

①资产(　　　　)=负债(　　　　)+所有者权益(　　　　　　)

②[流动资产(　　　　)+非流动资产(　　　　　)]

　　=[流动负债(　　　　)+非流动负债(　　　　)]+所有者权益(　　　　　)

附　录

企业业务活动与要素分析(以制造业为例)

一、日常经营活动及要素分析

对制造业而言,其日常经营活动通常包括采购或供给活动、生产活动、销售活动和管理活动,并以生产活动即产品的生产过程为中心(见图 3-5)。在现代市场经济条件下,企业的生产通常以销售为主导,根据销售预算安排生产任务,然后再根据生产任务安排材料的采购任务;为了能够满足销售预算的需要,生产部门需要按时、保质保量地为销售部门提供产品,而为了能够按照事先确定的生产计划,及时、足额地提供生产过程各阶段所需的各种材料,则需要采购部门能够及时采购、供给所需材料。资产负债表、利润表中的会计要素的形成与变动,正是日常经营活动的结果(见图 3-6)。

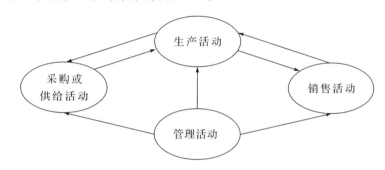

图 3-5　经营活动关系

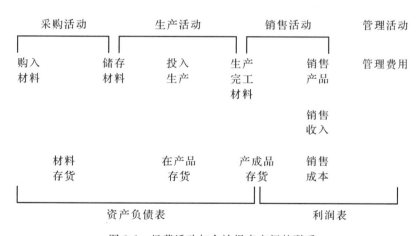

图 3-6　经营活动与会计报表之间的联系

1.采购或供给活动及要素分析

对于制造业的采购或供给活动而言,其主要行为是购买并储存材料,其结果将影响到资产负债表中的资产、负债要素,主要涉及的具体要素内容包括:资产类的有银行存款、其他货币资金、预付账款、在途物资、材料采购、材料成本差异、原材料等,负债类的有应付账款、应付票据、应交税费等。

当采购行为发生时,对资产、负债类具体要素金额的影响可能有两种情况。

一种情况是资产类、负债类具体要素的金额同时增加,即:在途物资、材料采购或原材料等资产类具体要素的金额增加,应付账款、应付票据等负债类具体要素金额同时增加。例如,顺达实业公司于 2019 年 1 月 6 日购买一批材料,价款 6 000 元,尚在运输途中,货款未付。该笔采购交易行为,一方面使企业的存货资产——"在途物资"增加了 6 000 元,另一方面使企业承担的负债,即"应付账款"增加了 6 000 元(见表 3-6)。

表 3-6　顺达实业公司资产负债表(简化)

2019 年 1 月 6 日

单位:元

资　产	上期金额 (2018 年 12 月 31 日)	本期金额	负债和 所有者权益	上期金额 (2018 年 12 月 31 日)	本期金额
流动资产:			流动负债:		
银行存款	260 000	260 000	应付账款	1 090 000	1 096 000
应收账款	550 000	550 000	非流动负债:		
存货	2 380 000	2 386 000	长期借款	1 800 000	1 800 000
流动资产合计:	3 190 000	3 196 000	负债合计:	2 890 000	2 896 000
			所有者权益:		
			股本(20 万股)	2 500 000	2 500 000
非流动资产:			留存收益	400 000	400 000
固定资产	2 600 000	2 600 000	所有者权益合计:	2 900 000	2 900 000
资产总额	5 790 000	5 796 000	负债和所有者 权益总额	5 790 000	5 796 000

另一种情况是一部分资产类具体要素的金额增加,另一部分资产类具体要素的金额减少,即:在途物资、材料采购或原材料等资产类具体要素的金额增加,而银行存款、其他货币资金或预付账款等资产类具体要素的金额减少。例如,顺达实业公司于 2019 年 1 月 8 日购买一批材料,价款 8 000 元,已验收入库,货款以银行存款支付。该笔采购交易行为,一方面使得公司的存货资产——"原材料"增加了 8 000 元,另一方面使得公司的资产——"银行存款"减少了 8 000 元(见表 3-7)。

表 3-7　顺达实业公司资产负债表(简化)

2019 年 1 月 8 日

单位:元

资　产	上期金额 (2019 年 1 月 6 日)	本期金额	负债和所有者权益	上期金额 (2019 年 1 月 6 日)	本期金额
流动资产:			流动负债:		
银行存款	260 000	252 000	应付账款	1 096 000	1 096 000
应收账款	550 000	550 000	非流动负债:		
存货	2 386 000	2 394 000	长期借款	1 800 000	1 800 000
流动资产合计:	3 190 000	3 196 000	负债合计:	2 896 000	2 896 000
			所有者权益:		
非流动资产:			股本(20 万股)	2 500 000	2 500 000
固定资产	2 600 000	2 600 000	留存收益	400 000	400 000
			所有者权益合计:	2 900 000	2 900 000
资产总额	5 796 000	5 796 000	负债和所有者 权益总额	5 796 000	5 796 000

2. 生产活动及要素分析

制造业的生产活动就是领用材料生产产品的过程,即通过材料、人工和机器设备等的消耗、磨损,完成产品的加工、生产,最终形成完工成品,即可以对外销售的完工产品,简称完工产品;而没有经过所有的加工程序的产品或正在加工过程中的产品则为在产品,无论是完工产品还是在产品都是企业的存货,属于企业的资产。

生产活动的过程及其结果将主要影响到资产负债表中的资产、负债要素的变动,主要涉及的具体要素,有原材料、累计折旧、在产品、生产成本、库存商品、应付职工薪酬等。

企业的生产活动,一方面使企业的资产,即存货资产——完工产品或在产品存货价值增加了,即库存商品、生产成本或在产品等具体资产类项目金额增加了;另一方面使企业的资产价值减少了,即原材料等具体要素金额减少了,同时负债金额增加了,即应付职工薪酬等具体要素金额增加了,这是因为生产工人人工消耗增加了,企业应支付的人工成本,在未支付之前形成了企业的负债,因此,导致负债增加。例如,顺达实业公司 2019 年 1 月 31 日共领用 A 材料 18 000 元,用于甲产品生产,同时发生生产工人工资及福利费 9 200 元,承担机器设备价值损耗 1 600 元,产品已完工并验收入库。该项生产活动,一方面使存货资产——"库存商品"增加了 28 800 元;另一方面使材料、机器设备等资产价值减少了——"原材料"减少了 18 000 元,"累计折旧"增加了 1 600 元;同时负债金额增加了——"应付职工薪酬"增加了 9 200 元(见表 3-8)。

表 3-8　顺达实业公司资产负债表(简化)

2019 年 1 月 31 日

单位:元

资　　产	上期金额 (2019 年 1 月 8 日)	本期金额	负债和 所有者权益	上期金额 (2019 年 1 月 8 日)	本期金额
流动资产:			流动负债:		
银行存款	252 000	252 000	应付账款	1 096 000	1 096 000
应收账款	550 000	550 000	应付职工薪酬		9 200
存货	2 394 000	2 404 800	非流动负债:		
流动资产合计:	3 196 000	3 206 800	长期借款	1 800 000	1 800 000
			负债合计:	2 896 000	2 905 200
非流动资产:			所有者权益:		
固定资产	2 600 000	2 600 000	股本(20 万股)	2 500 000	2 500 000
减:累计折旧		1 600	留存收益	400 000	400 000
固定资产净值		2 598 400	所有者权益合计:	2 900 000	2 900 000
资产总额	5 796 000	5 805 200	负债和所有者 权益总额	5 796 000	5 805 200

3. 销售活动及要素分析

企业的销售活动为企业带来了经济利益流入,从而导致所有者权益增加,但也增加了企业的成本,从而导致所有者权益的减少,两者的差额是所有者权益的净增加;同时企业的销售活动也引起了企业资产的增加和减少的变动。企业的销售活动既影响了利润表项目的变动,也影响了资产负债表项目的变动。具体而言,利润表中的项目变动,主要涉及的具体要素,有主营业务收入、主营业务成本等;资产负债表项目的变动,主要涉及的具体要素,有库存商品、银行存款、应收账款等。

　　企业的营利性销售活动,一方面减少了存货资产——"库存商品",增加了"银行存款"或"应收账款"等资产,同时也增加了企业的负债——"应交税费",增加了所有者权益"利润分配"中的"未分配利润";另一方面则增加了收入——"主营业务收入",并增加了销售成本、费用——"主营业务成本""所得税费用"等,从而增加了企业的利润。例如,2019 年 2 月份,顺达实业股份有限公司以 1 400 000 元的价款销售了成本为 900 000 元的产品,收到银行存款 1 000 000 元,其余货款尚未收到(形成应收账款)。为简化起见,假定不考虑税费及其他利润调整项目。该项销售活动,一方面减少了企业的存货资产——"库存商品"900 000 元,增加了"银行存款"1 000 000 元和"应收账款"400 000 元,并增加了所有者权益——"未分配利润"500 000 元;另一方面增加了销售收入——"主营业务收入"1 400 000元,增加了销售成本——"主营业务成本"900 000 元,形成利润 500 000 元。具体见表 3-9、表 3-10。

表 3-9　顺达实业公司资产负债表(简化)

2019 年 2 月 28 日

单位:元

资　产	上期金额 (2019 年 1 月 31 日)	本期金额	负债和 所有者权益	上期金额 (2019 年 1 月 31 日)	本期金额
流动资产:			流动负债:		
银行存款	252 000	1 252 000	应付账款	1 096 000	1 096 000
应收账款	550 000	950 000	应付职工薪酬	9 200	9 200
存货	2 404 800	1 504 800	非流动负债:		
流动资产合计:	3 206 800	3 206 800	长期借款	1 800 000	1 800 000
			负债合计:	2 905 200	2 905 200
非流动资产:			所有者权益:		
固定资产	2 600 000	2 600 000	股本(20 万股)	2 500 000	2 500 000
减:累计折旧	1 600	1 600	留存收益	400 000	400 000
固定资产净值	2 598 400	2 598 400	未分配利润		500 000
			所有者权益合计:	2 900 000	3 400 000
资产总额	5 805 200	6 305 200	负债和所有者 权益总额	5 805 200	6 305 200

表 3-10　利润表

编制单位:顺达实业公司

2019 年 2 月

单位:元

项　目	本期金额	上期金额
一、营业收入	1 400 000	
减:营业成本	900 000	
二、营业利润(亏损以"—"号填列)	500 000	
加:营业外收入		
减:营业外支出		

续 表

项 目	本期金额	上期金额
其中:非流动资产处置损失		
三、利润总额(亏损总额以"一"号填列)	500 000	

二、投资活动及要素分析

制造业的投资活动,从投资资金的流动方向来看,可分为对企业内部投资活动和对企业外部投资活动;从投资资金的流动时间来看,可分为长期投资活动和短期投资活动,具体的举例见图 3-7。在会计学的研究范畴内,对企业内部投资活动专指将资金投向固定资产、无形资产及其他长期资产的行为,而取得存货等流动资产的行为则属于经营活动范畴,不属于投资活动。

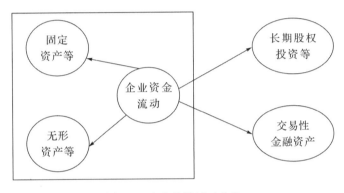

图 3-7 企业投资活动分类

企业投资活动的结果,将会影响资产负债表和利润表项目的变动。企业的投资活动可分为三个过程,分别是投出资金、获得投资收益、撤回投资资金。投出资金和撤回投资资金,主要影响的是资产负债表项目的具体要素,有银行存款、其他货币资金、交易性金融资产、应收股利、应收利息、债券投资、其他债权投资、其他权益工具投资、长期股权投资、固定资产、无形资产等。获得投资收益,将同时影响资产负债表和利润表项目,主要影响的资产负债表项目具体要素,有银行存款、应收股利、应收利息等;主要影响的利润表项目具体要素,有投资收益等。

企业在投出资金的过程中,一方面减少了资产——"银行存款""其他货币资金"等,另一方面则增加了资产——"交易性金融资产""债权投资""其他债权投资""其他权益工具投资""长期股权投资""固定资产""无形资产"等;在撤回投资资金的过程中,资产的增减变动恰好与投出资金过程相反;企业在获得投资收益的过程中,一方面增加了企业的资产——"银行存款""应收股利""应收利息"等,另一方面增加了企业的利润——"投资收益"等。

三、筹资活动及要素分析

企业的筹资活动增加了企业的资产,从筹资的来源划分,可分为负债筹资和所有者权益筹资;从筹资的期限划分,可分为短期筹资和长期筹资,见图 3-8。企业的筹资活动,既影响了资产负债表项目的变动,主要涉及的具体要素,有银行存款、短期借款、应付账款、应付票据、预收账款、长期借款、应付债券、实收资本(股本)、资本公积等;也影响了利润表项目的变动,主要涉及的具体要素,有财务费用等。

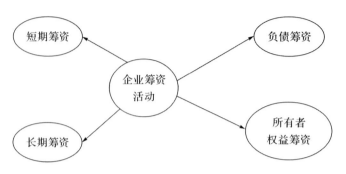

图 3-8 企业筹资分类

企业的筹资活动,一方面增加了企业的资产——"银行存款"等,也可能减少了企业的负债——"应付账款""应付票据""应付债券"等;同时也可能增加了企业的负债——"应付账款""应付票据""短期借款""预收账款""长期借款""应付债券"等,或增加了所有者权益——"实收资本(股本)""资本公积"等;另一方面也增加了利润表中的费用——"财务费用",并降低了利润。

第四章 账户与复式记账原理

学习目标

通过本章学习,要求理解和掌握:

1.会计科目的设置,账户的基本结构和运用;

2.复试记账的定义和理论依据;

3.账户平行登记的方法。

【引例】 张云同学在初学会计学时,总是在几个问题上搞不清楚,他向老师提出了几个问题:账户与科目是不是一回事? 账户结构是否与不同的记账方法有关系? 对于同一个账户来说,期末余额是不是永远固定在一方? 每一个账户是不是都是反映一种具体的经济业务? 为什么还会有虚账户? 你能回答该同学提出的问题吗?

第一节 会计科目

在日常生活中,企业所进行的经济活动纷繁复杂、各不相同,由此所引起的会计要素的内涵及其增减变化也各不相同。为满足经济管理和会计核算的需要,应对其进行分门别类的详细划分,为此在对会计对象分类为会计要素的基础上,需要对这六大会计要素做进一步分类,这就要用到会计科目。

一、会计科目的概念

会计科目就是对会计要素的具体内容进一步分类的项目名称。会计要素只是对会计内容的基本分类,只能描述企业最基本的财务状况和经营成果。例如,截至 2018 年年底,顺达实业股份有限公司的合并报表显示,其拥有资产 8 609 427 万元,负债 2 097 483 万元,所有者权益 6 511 944 万元,该年度公司共创造了收入 8 003 019 万元,发生了营业总成本 2 152 416 万元,最后得到利润总额 1 860 682 万元。同时,通过运用各类会计科目对六大会计要素进一步分类后,会计信息使用者可以得到企业更详细的会计信息。我们知道,企业的资产有很多种,企业可以根据自身的实际情况,采用若干个会计科目对其进行分类记录和管理。如前例,截至 2018 年 12 月 31 日,顺达实业股份有限公司有约 4 896 005 万元的库存现钞、银行存款及其他货币资金,可合并计入"货币资金"科目;有 12 733 万元是由于企业赊销所形成的短期债权,可计入"应收账款"科目;有 1 179 546 万元是企业购入生产白酒的各种生产原料,生产的半成品、产成品,购入的包装物以及委托加工物资等,可合并计入"存货"科目。

为了记录和报告更详细的会计信息,会计科目还可以分为一级科目、二级科目、三级科目等,二级科目和三级科目也可称为明细科目或子目。例如,顺达实业股份有限公司 2018年的库存商品和应收账款的会计科目分层设置如表 4-1 和表 4-2 所示。

表 4-1   顺达实业股份有限公司库存商品总账(一级)科目与二级明细科目

总账(一级)科目	明细(二级)科目
库存商品	甲产品
	乙产品
	丙产品

表 4-2   五粮液股份有限公司应收账款总账(一级)科目与二级明细科目

总账(一级)科目	明细(二级)科目
应收账款	顺意有限责任实业公司
	鸿远有限责任公司

二、会计科目的设置原则

设置会计科目的主要目的是为下一步开设账户工作服务,账户的名称就是会计科目。为了保证会计信息的可比性,企业必须根据企业会计准则及其应用指南的规定设置和使用会计科目。企业会计科目的设置应遵循以下原则。

(一)既要符合会计准则的规定,又要适应企业的特点

企业所设置的会计科目应能全面反映资产、负债、所有者权益、收入、费用和利润这六大要素的会计内容。但是,不同的行业或企业,各会计要素所包含的具体内容也各有特点,甚至可能差异很大,这就需要企业会计人员在符合会计准则规定的基础上,结合企业实际情况,设置能够反映所在企业特点的会计科目。例如,制造业应设置反应生产耗费的"生产成本""制造费用"等科目,而商品流通企业则无须设置这些科目。

(二)既要符合对外提供信息的需要,又要考虑管理和控制的要求

为保证企业间会计信息的可比性,要求企业设置的会计科目,特别是一级科目的设置应尽量与财政部出台的会计科目表保持一致。而二级和三级科目则可按照企业内部经营管理的需要由企业自行设置。一般而言,经济业务频繁、复杂,所对应的会计科目级数可多些,经济业务较少、简单,往往设置一级科目就足够了。

(三)既要适应经济业务发展的需要,又要保持相对稳定

会计科目的设置要适应社会经济环境的变化和本单位业务发展的需要。但企业原有的会计科目已不能适应企业当前的经营业务时,会计人员应及时调整会计科目,以真实、全面地反映会计信息。

(四)会计科目名称的确定既要内容明确,又要简明扼要

会计科目作为分类核算的标识,名称要简单明确,字义相符,通俗易懂,避免误解和导致混乱。

三、常见的会计科目

本书参照了财政部会计司于 2011 年发布的会计科目设置表,考虑到教学的需要,进行了一些必要的删减,将企业常用的会计科目列示于表 4-3 中。其中的编号是为了会计电算化的需要,会计科目编号采用"四位数制",以千位数数码代表会计科目按会计要素区分的类别。具体为:"1"为资产类,"2"为负债类,"3"为共同类,"4"为权益类,"5"为成本类,"6"为损益类;百位数数码代表每大类会计科目下更详细的类别,可根据实际需要取数;十位和个位上的数码一般代表会计科目的顺序号,为方便企业根据自身实际情况增加某些科目,一些会计科目的编号是不连续的,留有一定间隔。

表 4-3　会计科目表

顺序号	编号	会计科目名称	会计科目适用范围
一、资产类			
1	1001	库存现金	
2	1002	银行存款	
3	1012	其他货币资金	
4	1101	交易性金融资产	
5	1121	应收票据	
6	1122	应收账款	
7	1123	预付账款	
8	1131	应收股利	
9	1132	应收利息	
10	1221	其他应收款	
11	1231	坏账准备	备抵科目
12	1401	材料采购	计划成本法下使用
13	1402	在途物资	
14	1403	原材料	
15	1404	材料成本差异	计划成本法下使用
16	1405	库存商品	
17	1406	发出商品	
18	1407	商品进销差价	
19	1408	委托加工物资	
20	1412	包装物及低值易耗品	
21	1411	周转材料	
22	1461	存货跌价准备	
23	1462	合同资产	
	1481	持有待售资产	
	1482	持有待售资产减值准备	
24			
25	1521	其他债权投资	

顺序号	编号	会计科目名称	会计科目适用范围
26	1522	其他债权投资减值准备	
27	1523	其他权益工具投资	
28	1524	长期股权投资	
29	1525	长期股权投资减值准备	
30	1526	投资性房地产	
		投资性房地产累计折旧(摊销)	备抵科目
		投资性房地产减值准备	
31	1531	长期应收款	
32	1532	未实现融资收益	
33	1601	固定资产	
34	1602	累计折旧	备抵科目
35	1603	固定资产减值准备	
36	1604	在建工程	
37	1605	工程物资	
38	1606	固定资产清理	
39	1611	融资租赁资产	
40			
41	1701	无形资产	
42	1702	累计摊销	备抵科目
43	1703	无形资产减值准备	
44	1711	商誉	
45	1801	长期待摊费用	
46	1811	递延所得税资产	
47	1901	待处理财产损溢	
二、负债类			
48	2001	短期借款	
49	2101	交易性金融负债	
50	2201	应付票据	
51	2202	应付账款	
52	2203	预收账款	
53	2204	合同负债	
54	2211	应付职工薪酬	
55	2221	应交税费	
56	2231	应付股利	
57	2232	应付利息	
58	2241	其他应付款	
	2245	持有待售负债	
59	2501	递延收益	

顺序号	编号	会计科目名称	会计科目适用范围
60	2601	长期借款	
61	2602	应付债券	
62	2701	长期应付款	
63	2702	未确认融资费用	
64	2711	专项应付款	
65	2801	预计负债	
66	2901	递延所得税负债	
三、共同类			
	3101	衍生工具	
	3201	套期工具	
	3202	被套期项目	
四、所有者权益			
67	4001	实收资本（股本）	
		其他权益工具	
68	4002	资本公积	
69	4101	盈余公积	
70	4102	其他综合收益	
71	4103	本年利润	
72	4104	利润分配	
73	4201	库存股	备抵科目
五、成本类			
74	5001	生产成本	
75	5101	制造费用	
76	5201	劳务成本	
77	5301	研发支出	
六、损益类			
78	6001	主营业务收入	
79	6051	其他业务收入	
80	6401	主营业务成本	
81	6402	其他业务成本	
82	6403	税金及附加	
83	6601	销售费用	
84	6602	管理费用	
85	6603	财务费用	
86	6701	资产减值损失	
		信用减值损失	
87	6111	投资收益	
	6115	资产处置损益	

顺序号	编号	会计科目名称	会计科目适用范围
88	6101	公允价值变动损益	
89	6102	套期损益	
90	6103	资产处置损益	
91	6104	其他收益	
92	6301	营业外收入	
93	6711	营业外支出	
94	6801	所得税费用	
95	6901	以前年度损益调整	

第二节　设置账户

会计科目是对会计要素的具体内容进一步进行分类,仅是一种定性的归类,并不反映各种经济业务的具体数据及其增减变化。会计人员在设置好会计科目后,接下来要对经济业务进行定量地记录和报告,这就需用到会计账户。

一、账户的概念

账户是根据会计科目开设的,具有一定的格式和结构,是用于连续、系统地记录经济业务的一种手段(工具)。账户的设置具有重要的意义。

第一,通过账户的设置,可以将会计信息系统所接纳的原始数据转化为初级会计信息。企业的客观经济活动是详尽和具体的,在未经确认并按账户分类正式记录前,这些数据仅仅是数据而已。而把数据区分为会计信息与非会计信息的第一道门槛就是账户。数据一旦进入账户,就转化为以账户为标志的会计信息,而与原来的数据有了本质的区别。

第二,通过账户的设置可以压缩信息数量、确保质量。人们从经济活动中捕捉到的数据往往是零散、单个、缺乏有机联系的。单个数据必然会割裂价值运动的内在联系。而将这些原始数据登入账户后,就能形成有次序、有层次的会计信息群,为会计信息使用者提供连续、系统、全面的信息。

与会计账户相联系的一个概念是会计科目,两者之间既有联系又有区别。

它们的联系在于:两者的性质相同,都按会计对象的内容设置。会计科目是设置账户的依据,是账户的名称;账户是会计科目的具体运用。会计科目反映的经济内容,就是账户要登记的经济内容。

它们的区别在于:会计科目仅仅是账户的名称,不存在结构问题,也不能反映经济业务引起的会计要素的增减变动情况;账户则具有一定的格式和结构,能够把经济业务的发生情况及其结构记录下来。

二、账户的基本结构

所谓账户的基本结构是指账户是由哪几个部分构成,以及每部分反映什么内容。

对账户结构进行规定的目的是为了全面、分类地反映经济业务的发生对会计要素产生的数量上的影响。虽然企业经济业务事项错综复杂,但从数量上看不外乎是"增加"和"减少"两种情况。因此,账户除了其名称之外,都包括左方、右方两个基本的方面,一方面登记增加,另一方面登记减少。至于哪一方登记增加,哪一方登记减少,取决于所记经济业务和账户的性质,具体可参见本章第三节复式记账原理的相关内容。

通常情况下,账户记录的内容包括所反映的经济业务的内容、时间,引起的会计要素的增减变化及其结果等情况。因此,一个完整的账户的基本结构应当设置以下栏目:

(1)账户名称,即会计科目,用以说明账户核算的内容。

(2)记录经济业务的日期和凭证编号,用以说明记账时间和依据。

(3)摘要,即经济业务的简要说明。

(4)增加额、减少额及余额。

表 4-4 列示了借贷记账法下的账户结构。

表 4-4　账户名称(会计科目)

年		凭证编号	摘　要	左　方	右　方	借或贷	余　额
月	日			(借方)	(贷方)		

在会计教学中,通常用一种简化的格式代替实际账户,称为"T"形账户(或"丁"字形账户),其结构如图 4-1 所示。

图 4-1　××科目 T 形账户

账户记录的数额通常可以提供四个金额要素,分别是:期初余额、本期增加发生额、本期减少发生额和期末余额。概括而言,即发生额和余额。

(1)本期发生额。即在账户中计入借方或贷方的增加数或者减少数。不论它们是由何种经济业务引起的,会计上统称为"发生额"。如果考虑到账户的基本结构,还可以将发生额再进一步分为"借方发生额"和"贷方发生额"两种。发生额是账户记账的直接对象,是进入账户的初级信息。

(2)余额。余额是为了反映每个账户在一个特定的期间过后,将借方发生额与贷方发生额进行比较以后得到的结果。当然,对于资产类、负债类和权益类这些存在余额的账户而言,本期的期末余额就是下期的期初余额,而一旦一个账户存在期初余额,那么计算期末余额时就必须也将期初余额考虑在内,可以遵循的计算公式为:期末余额=期初余额+本期增加发生额-本期减少发生额。期初余额一般与期末余额的方位一致,两者在正常情况下应该位于账户中登记发生额增加的方位。同样,余额一般而言也有借方余额和贷方余额的基本划分。具体的内容可参见本章第三节复式记账原理的相关内容。

三、会计账户的分类

为了正确理解和运用会计科目和账户,必须按照一定的标准对它们进行分类。由于会计科目是会计账户的名称,是设置账户的依据,账户分类与会计科目的分类方法是相同的。与会计科目的分类标准相同,账户的分类标准主要有两个:一是按其反映的经济内容分类;二是按其提供核算指标的详细程度分类。

(一)按账户反映的经济内容分类

账户是对会计要素的进一步分类,账户的经济内容是指账户所反映的会计要素的具体内容。账户之间最本质的差别是其所反映的经济内容不同。按账户反映的经济内容分类,也就是按照会计要素分类,可分为资产类、负债类、所有者权益类、收入类、费用类和利润类账户。资产类、负债类和所有者权益类账户期末一般均有余额,期末余额是将来编制资产负债表的主要数据来源。因此,这三类账户可称为资产负债表账户(也称为"实账户")。收入类、费用类和利润类账户一般无期末余额,其发生额是将来编制利润表的主要数据来源。因此,这三类账户可称为利润表账户(也称为"虚账户")。按经济内容分类结果如图4-2所示。

(二)按账户提供核算指标的详细程度分类

企业对外提供信息和内部管理控制所需要的会计核算资料是多方面的,不仅要求会计核算能提供一些总括的指标,而且要求能提供进一步详细具体的指标。因此,与会计科目分为总分类科目(一级科目)和明细分类科目(二级、三级科目)相对应,按照所提供信息的详细程度,账户也可以分为总分类账户(总账)和明细分类账户(明细账)。例如,某制造企业需要购进A、B、C、D四种原材料进行生产。那么,通过对原材料的总账核算,可以提供这四种原材料总体的增减变动及结存情况;通过对这四种原材料的明细核算,可以分别提供A、B、C、D这四种原材料各自的增减变动及结存情况的具体数据。

总分类账是根据会计一级科目开设的,能提供总括的核算指标,一般只用货币计量。明细分类账户是对总账账户的再分类,用来提供进一步详细的核算资料,除可以用货币计量外,有的还用实物量度(件、千克、吨等)进行辅助计量。总账是对所属明细账的综合,对所属明细账起统驭作用。明细账是对总账的补充,对有关总账起详细说明的作用。两者登记的原始凭证相同,核算内容相同,两者结合起来形成不同层次的账户,既总括又详细地反映同一事务。

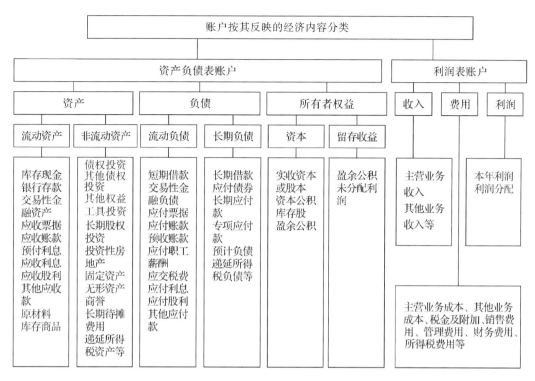

图 4-2　账户按经济内容的关系分类

总账和明细账的登记必须遵循平行登记原则。平行登记的要点包括以下几个方面。

（1）同期登记。对每一笔经济业务，根据有关会计凭证，一方面要在总账中进行总括登记，另一方面若该总账下设有明细账的，要在同一会计期间记入该总账所属的明细账。

（2）方向相同。记录经济业务时，总账和所属明细账的借贷记账方向必须相同。如果总账应记入借方，则所属明细账也应记入借方；如果总账应记入贷方，则所属明细账也应记入贷方。

（3）金额相等。记入总账的金额要与记入所属明细账的金额相等，如果同时涉及该总账的若干明细账，则该总账登记的金额应与各明细账登记的金额之和相等。总账期末余额，应与所属各明细账期末余额的合计数相等。

第三节　复式记账原理和借贷记账法

一、复式记账法的定义

复式记账法是指对每一笔经济业务都要以相等的金额，同时在两个或两个以上相互联系的账户中进行登记的记账方法。复式记账法是以资产与权益平衡关系作为记账基础，对于每一笔经济业务，都要以相等的金额在两个或两个以上相互联系的账户中进行登记，系统地反映资金运动变化结果的一种记账方法。

对复式记账的定义应从以下几个方面加深理解：

（1）对发生的交易和事项至少在两个账户中进行记录。企业发生的简单交易在两个账户中记录之后，能够比较全面地反映该交易引起企业资金的增减变动全貌。当企业发生较为复杂的交易或事项时，需要记录的账户可能会有三个或更多，但这样的情况仍属于复式记账。

（2）对发生的交易和事项必须在相互联系的账户中记录。相互联系的账户是指在某一特定交易或事项发生后应当记录的所有账户。例如，当企业使用银行存款购买原材料的交易发生后，只能记录在"银行存款"和"原材料"这两个账户。由此，"银行存款"和"原材料"两个账户就在这个交易中被联系在一起。

（3）对发生的交易和事项必须在相关账户中以相等金额平衡记录。以相等的金额进行平衡记录是指在相关账户中记录的双方金额是相等的。无论是简单的交易还是复杂的交易，都应遵循这个记录原则。

（4）交易和事项的记录实质上是反映会计要素的变动状况。在交易或事项发生后所记录的各个账户中，每个账户都反映了一定的会计要素内容。因此，账户的增减变化在某一方面反映了该账户所反映的会计要素内容的增减变化情况。

二、复式记账原理

资金增减变化的几种情况：

(1)资产和负债及所有者权益双方同时等额增加；

(2)资产和负债及所有者权益双方同时等额减少；

(3)资产内部有增有减，增减的金额相等；

(4)负债及所有者权益内部有增有减，增减的金额相等。

复式记账原理要求对于每一笔经济业务，均要在两个或两个以上的账户中同时登记。如果企业对经济业务的登记符合复式记账原理，则在任何时点，会计恒等式"资产＝负债＋所有者权益"或"资产＝负债＋所有者权益＋（收入－费用）"均能成立，即双方保持着平衡关系。相反，如果企业对经济业务的记录没有遵守复式记账原理，即记账有错误，则在大多数情况下，会破坏会计恒等式的平衡关系。所以在复式记账系统下，企业可以通过会计恒等式的平衡关系检查记账错误。可通过复式记账原理检查的错误包含单纯的记录错误、出错的复式记账、加减或变换错误等。复式记账原理见图4-3。

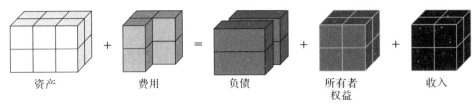

资产　＋　费用　＝　负债　＋　所有者权益　＋　收入

图4-3　复式记账原理

三、借贷记账法

（一）借贷记账法的定义

以"借""贷"为记账符号，对每项经济业务都以相等的金额在两个或两个以上有关账户进行记录的一种复式记账法。借贷记账法是复式记账法的一种，通常又全称为借贷复式记账法，它是以"资产＝负债＋所有者权益"为理论依据，以"借"和"贷"为记账符号，以"有借必有贷,借贷必相等"为记账规则的一种复式记账法。

（二）借贷记账法的内容和账户结构

借贷记账法是以"借"和"贷"作为记账符号,用以指明记账的增减方向、账户之间的对应关系和账户余额的性质等。而与这两个文字的字义及其在会计史上的最初含义无关。"借"和"贷"是会计的专门术语,并已经成为通用的国际商业语言。

"借"和"贷"作为记账符号,都具有增加和减少的双重含义。"借"和"贷"何时为增加、何时为减少,必须结合账户的具体性质才能准确说明。资产类、费用类是"借"增"贷"减,负债类、所有者权益类、收入类是"借"减"贷"增。根据会计等式"资产＋费用＝负债＋所有者权益＋收入"可知,"借"和"贷"这两个记账符号对会计等式两方的会计要素规定了增减相反的含义。

在借贷记账法下,账户的基本结构分为"借方"和"贷方"两栏,其中左方栏为"借方",右方栏为"贷方"。对于不同类型的科目,其数额增加减少所记录的方向有所不同。借贷记账法下所有类别的基本结构如图 4-4、图 4-5 所示。

借	银行存款		贷
期初余额	××××		
增加额	××××	减少额	××××
期末余额	××××		

借	管理费用		贷
期初余额	××××		
增加额	××××	减少额	××××

图 4-4 借贷记账法下资产类账户和费用类账户的基本结构

借	应付账款		贷
		期初余额	××××
减少额	××××	增加额	××××
		期末余额	××××

借	实收资本		贷
		期初余额	××××
减少额	××××	增加额	××××
		期末余额	××××

借	营业收入		贷
		期初余额	××××
减少额	××××	增加额	××××

图 4-5 借贷记账法下负债类账户、所有者权益类账户和收入、利润类账户的基本结构

对借贷记账法的进一步理解如下:第一,在借贷记账法下,账户的"借方"用来登记资产

和费用的增加,同时用来登记负债、所有者权益、收入和利润的减少;而账户的"贷方"则用来登记资产和费用的减少,同时还用来登记负债、所有者权益、收入和利润的增加。

对于一个账户来说,记入该账户增加方的数额一般都要大于或等于记入其减少方的数额,所以账户正常的余额应在记录增加额的那一方,也即资产类账户余额在借方,负债类和所有者权益类账户余额在贷方。费用和收入类账户一般无余额。根据这个,我们可以从账户余额的方向判断账户的性质。各类账户余额的计算公式如下:

资产类账户期末(借方)余额=期初借方余额+本期借方发生额-本期贷方发生额

负债和所有者权益类账户期末(贷方)余额=期初贷方余额+本期贷方发生额-本期借方发生额

为了方便了解和掌握借贷记账法下的账户结构,现将各类账户的结构列示如表 4-5 所示。

表 4-5 各类账户的结构列示

账户名称	借 方	贷 方	余额方向
资产类	增加	减少	借方
负债类	减少	增加	贷方
所有者权益类	减少	增加	贷方
收入类	减少	增加	一般无余额
费用类	增加	减少	一般无余额

(三)借贷记账法的记账规则

根据复式记账的原理,再结合借贷记账法的账户结构,对于任何一项经济业务,总是以相同的金额,相反的方向,同时在两个或者两个以上相互联系的账户中进行登记,即一方面在记入一个或几个账户借方的同时,另一方面以相等金额记入一个或几个账户的贷方。这就是借贷记账法的记账规则,可简单概括为:"有借必有贷,借贷必相等。"

现结合以下几个交易和事项的账务处理来进一步熟悉和理解借贷记账法的记账规则。

【例 4.1】 A 公司借入短期借款 200 000 元,已存入银行。

借	短期借款(负债类)	贷		借	银行存款(资产类)	贷
	4.1　200 000		→	4.1　200 000		

【例 4.2】 A 公司收到投资者以设备投入资本,设备价值 180 000 元。

借	股本(所有者权益类)	贷		借	固定资产(资产类)	贷
	4.2　180 000		→	4.2　180 000		

【例 4.3】 A 公司用资本公积 300 000 元转增股本。

借	股本(所有者权益类)	贷		借	资本公积(所有者权益类)	贷
	4.3　300 000		→	4.3　300 000		

会计学

【例4.4】　A公司用银行存款6 000元购买材料(假定暂不考虑已交纳的税金),材料尚未运达企业。

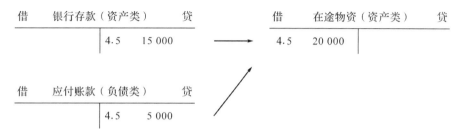

【例4.5】　A公司购入材料一批,货款20 000元(假定暂不考虑已交纳的税金)。其中15 000元已用银行存款支付,另5 000元尚未支付。材料已运达,尚未验收入库。

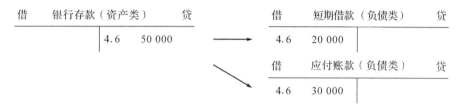

【例4.6】　A公司用银行存款偿还短期借款20 000元、应付账款30 000元。

借	银行存款（资产类）	贷
	4.6　50 000	

借	短期借款（负债类）	贷
	4.6　20 000	

借	应付账款（负债类）	贷
	4.6　30 000	

例4.1至例4.6表明,企业发生的交易或事项内容有的简单,有的复杂,从账户的记录方向来看,也有一借一贷、一借多贷、多借一贷等情况,无不体现了"有借必有贷,借贷必相等"的规则。

(四)借贷记账法下会计分录的编制

应该登记的账户名称、登记方向和登记金额是构成会计分录的三个必要组成要素。会计分录的编制步骤如下:

(1)分析列出经济业务中所涉及的会计科目。

(2)分析会计科目的性质,如资产类科目、负债类科目等。

(3)分析各会计科目的金额增减变动情况。

(4)根据步骤(2)(3)结合各类账户的借贷方所反映的经济内容(增加或减少),来判断会计科目的方向。

(5)确定登记金额。

会计分录的编制不是简单的借贷问题,而是学习者掌握相关会计知识综合应用能力的体现。为了进一步加深理解,我们根据例4.1至例4.6来编制会计分录。

根据例4.1编制的会计分录:

借:银行存款　　　　　　　　　　　　　　　　200 000

　贷:短期借款　　　　　　　　　　　　　　　　　200 000

根据例4.2编制的会计分录:

借:固定资产	180 000	
贷:股本		180 000

根据例 4.3 编制的会计分录:

借:资本公积	300 000	
贷:股本		300 000

根据例 4.4 编制的会计分录:

借:在途物资	6 000	
贷:银行存款		6 000

根据例 4.5 编制的会计分录:

借:在途物资	20 000	
贷:银行存款		15 000
应付账款		5 000

根据例 4.6 编制的会计分录:

借:短期借款	20 000	
应付账款	30 000	
贷:银行存款		50 000

第四节　试算平衡

　　将会计分录过账到分类账后,为了检查过账是否正确,往往需要进行试算平衡。所谓试算平衡,就是指通过账户余额或发生额合计数之间的平衡关系,按照记账规则的要求,通过汇总、计算和比较,来检查会计账户处理和账簿记录的正确性、完整性的一种方法。在不同的记账方法下,试算平衡的公式不同,但其实质都是反映资金运动的平衡关系。在借贷记账法下,试算平衡有余额试算平衡和发生额试算平衡两类。

　　一、余额试算平衡

　　根据会计基本恒等式"资产=负债+所有者权益"的关系可知,期末资产类账户的余额总和与权益类(负债和所有者权益)账户总和必定相等。在借贷记账法下,所有资产类账户的余额都在借方,负债和所有者权益类的余额记在贷方,因此,全部账户的借方余额合计必定等于全部账户贷方余额的合计。基本公式表示如下:

　　　　　　全部账户借方余额合计=全部账户贷方余额合计

　　借贷记账法依此来检查总分类账户的借贷余额是否平衡。余额试算平衡是通过编制试算平衡表来完成的,可根据期末余额编制"总分类账户期末余额试算平衡表",如表 4-6 所示。

表 4-6　总分类账户期末余额试算平衡表

账户名称	借方余额	贷方余额
合　计		

二、发生额试算平衡

发生额试算平衡是指一定时期全部账户借方发生额合计等于该时期内全部账户贷方发生额合计。这是由"有借必有贷,借贷必相等"的记账规则决定的。对于某个会计期间内发生的每一项经济业务,在计入一个账户借方或贷方的同时必然计入另一个账户的贷方或借方,而且金额相等。基本公式表示如下:

全部账户本期借方发生额合计＝全部账户本期贷方发生额合计

借贷记账法就是依此来检查总分类账户的借贷发生额是否平衡。发生额试算平衡是通过编制"总分类账户本期发生额试算平衡表"来完成的,如表 4-7 所示。

表 4-7　总分类账户本期发生额试算平衡表

账户名称	借方发生额	贷方发生额
合　计		

在会计实务中,常常两表合一,将本期发生额和期末余额合并在一张表上进行试算平衡,编制"总分类账户本期发生额及余额试算平衡表"进行试算平衡,格式如表 4-8 所示。

表 4-8　总分类账户本期发生额及余额试算平衡表

账户名称	期初余额		本期发生额		期末余额	
	借　方	贷　方	借　方	贷　方	借　方	贷　方
合　计						

【例 4.7】　顺达实业公司 2019 年 12 月末有关账户余额如表 4-9 所示(不考虑增值税):

表 4-9　顺达实业公司 2019 年 12 月末有关账户余额　　　　单位:元

账户名称	借方余额	账户名称	贷方余额
库存现金	480	短期借款	20 000

账户名称	借方余额	账户名称	贷方余额
银行存款	45 800	应付账款	21 000
应收账款	20 800	实收资本	200 000
库存商品	9 920	利润分配	15 000
固定资产	184 000	累计折旧	5 000

该公司12月份发生如下经济业务：

(1)收到投资者追加投入的资本金50 000元，存入银行。

(2)收到购货方上月所欠货款5 000元，存入银行。

(3)本月对外销售商品一批，共计收入8 000元，款项全部收到，存入银行。

(4)购入价值6 000元的商品一批，当即以银行存款支付3 000元，余款暂欠。

(5)以银行存款支付上月所欠货款10 000元。

(6)本期库存商品期末盘存数为10 000元，其余为本期销售数。

要求：请代顺达实业公司完成下列结账前的试算平衡表的编制。

分析：

(1)收到投资者追加投入的资本金50 000元，存入银行。

借：银行存款　　　　　　　　　　　50 000

　　贷：实收资本　　　　　　　　　　　　　50 000

(2)收到购货方上月所欠货款5 000元，存入银行。

借：银行存款　　　　　　　　　　　5 000

　　贷：应收账款　　　　　　　　　　　　　5 000

(3)本月对外销售商品一批，共计收入8 000元，款项全部收到，存入银行。

借：银行存款　　　　　　　　　　　8 000

　　贷：主营业务收入　　　　　　　　　　　8 000

(4)购入价值6 000元的商品一批，当即以银行存款支付3 000元，余款暂欠。

借：库存商品　　　　　　　　　　　6 000

　　贷：银行存款　　　　　　　　　　　　　3 000

　　　　应付账款　　　　　　　　　　　　　3 000

(5)以银行存款支付上月所欠货款10 000元。

借：应付账款　　　　　　　　　　　10 000

　　贷：银行存款　　　　　　　　　　　　　10 000

(6)本期库存商品期末盘存数为10 000元，其余为本期销售数。

　　本期销售数＝9 920＋6 000－10 000＝5 920

借：主营业务成本　　　　　　　　　5 920

　　贷：库存商品　　　　　　　　　　　　　5 920

顺达实业结账前的试算平衡表如表4-10所示。

表 4-10　顺达实业结账前本期发生额及余额试算平衡表

2019 年 12 月 31 日　　　　　　　　　　　　　　　　　单位:元

会计科目	期初余额		本期发生额		期末余额	
	借　方	贷　方	借　方	贷　方	借　方	贷　方
库存现金	480				480	
银行存款	45 800		63 000	13 000	95 800	
应收账款	20 800			5 000	15 800	
库存商品	9 920		6 000	5 920	10 000	
固定资产	184 000				184 000	
累计折旧		5 000				5 000
短期借款		20 000				20 000
应付账款		21 000	10 000	3 000		14 000
实收资本		200 000		50 000		250 000
利润分配		15 000				15 000
主营业务收入				8 000		8 000
主营业务成本			5 920		5 920	
合　计	261 000	261 000	84 920	84 920	312 000	312 000

通过试算平衡表来检查账簿记录是否正确,一般情况下是可行的,但这并不意味着绝对正确。从某种意义上讲,如果借贷不平衡,就可以肯定账户的记录或者是计算有错误,但是如果借贷平衡,我们也不能肯定账户记录没有错误,因为有些错误根本不影响借贷双方的平衡关系。

案例

小魏从某财经大学会计系毕业刚刚被聘任为广发公司的会计员。今天是他来公司上班的第一天。会计科里的那些同事忙得不可开交,一问才知道,大家正在忙月末结账。"我能做些什么?"会计科长看他那急于投入工作的表情,也想检验一下他的工作能力,就问:"试算平衡表学校里学过了吧?""学过。"小魏很自然地回答。"那好吧,趁大家在忙别的,你先编一下咱们公司这个月的试算平衡表。"科长帮他找到了本公司的总账账簿,让他开始工作。不到一个小时,一张"总分类账户发生额及余额试算平衡表"就完整地编制出来了。看到表格上那三组相互平衡的数字,小魏激动的心情难以言表,兴冲冲地向科长交了差。"呀! 昨天销售的那批产品的单据还没记到账上去呢,这也是这个月的业务啊!"会计员李丽说道。还没等小魏缓过神来,会计员小王手里又拿着一些会计凭证凑了过来,对科长说:"这笔账我核对过了,应当记入'应交税费'和'银行存款'账户的金额是 10 000 元,而不是 9 000 元。已经入账的那部分数字还得更改一下。"小魏不解地问:"试算平衡表不是已经平衡了吗? 怎么还有错账呢?"

三、试算平衡不能发现的错误

试算不平衡就可以发现借贷不平衡,但是平衡了的话也不是说就一定没有问题。比如试算平衡时,漏记、重记、记账方向颠倒和用错会计科目的情况,均不能通过试算平衡被发现。这些错误主要有:①借贷双方发生同等金额的记录错误;②全部漏记或重复记录同一项经济业务;③账户记录发生借贷方向错误;④用错有关账户名称。这些错误需要用其他方法进行查找。

本章小结

本章概括介绍了会计方法中的两个基本方法:会计科目和账户的设置、复式记账。会计要提供系统、完整的会计信息,设置会计科目和账户只是一个基础条件,在此基础上必须使用一种科学的记账方法才能实现这一目标。账户是复式记账的前提,复式记账是对账户的科学运用。因此,很好地理解和熟练地掌握复式记账法是学习会计核算、掌握各种专业会计的前提。另外,本章在最后一节中详细介绍了试算平衡的概念和试算平衡表的编制方法。

关键词

会计科目 account
分类账 ledger
资产 asset
所有者权益 shareholder's equity
费用 expense
结账 closing entries

会计科目表 chart of accounts
复式记账法 double entry accounting
负债 liability
收入 revenue
试算平衡 trail balance

思考题

1.什么是会计科目? 设置会计科目的原则是什么?

2.什么是会计账户? 会计账户与会计科目的联系与区别是什么?

3.会计账户如何分类?

4.什么是借贷记账法? 借贷记账法下的账户结构是怎样的?

5.总账和明细账的登记必须遵循平行登记原则,平行登记原则的要点包括什么?

6.试算平衡表的作用是什么? 经试算平衡后的会计记录是否意味着完全无误? 为什么?

练习题

习题一

[目的]熟悉会计科目。

[资料]顺达实业公司 2019 年 7 月发生下列各项经济业务:

1.存放在出纳处的现金 500 元。

2.存放在银行里的款项 144 500 元。

3. 向银行借入三个月期限的借款 600 000 元。

4. 仓库中存放的原材料 380 000 元。

5. 仓库中存放的已完工产品 60 000 元。

6. 正在加工中的在产品 75 000 元。

7. 从银行借入的一年以上期限的借款 1 450 000 元。

8. 房屋及建筑物 2 400 000 元。

9. 张某投入资本金 2 000 000 元,获得该公司 20% 的股权。

10. 购入的机器设备 750 000 元。

11. 应收客户凌云实业公司赊欠的货款 140 000 元。

12. 应付给原材料提供商丰庭公司的材料款 120 000 元。

13. 以前年度积累的未分配利润 280 000 元。

14. 公司用 200 000 元购入凌云实业公司 5% 的股权。

[要求]判断以上各项经济业务的会计科目名称及所属要素,并填入表 4-11。

表 4-11 顺达实业公司 2019 年 7 月经济业务对应的会计科目

序　号	摘要(简明)	会计科目	资　产	负　债	所有者权益	合　计
1	(例)出纳处的现金	库存现金	500			
2						
3						
4						
5						
6						
7						
8						
9						
10						
11						
12						
13						
14						

习题二

[目的]练习账户结构及其试算平衡。

顺达实业股份有限公司 2019 年 8 月 31 日有关账户记录如表 4-12 所示,要求运用账户结构和试算平衡知识,正确填列下表。

表 4-12 试算平衡表

2019 年 8 月 31 日　　　　　　　　　　　　　　　　　　　单位:元

会计科目	期初余额		本期发生额		期末余额	
	借方	贷方	借方	贷方	借方	贷方
库存现金	500			1100	600	
银行存款			180000	160000	55000	

会计科目	期初余额		本期发生额		期末余额	
	借方	贷方	借方	贷方	借方	贷方
应收账款	86000		45000		85000	
固定资产	150000		20000	22000		
无形资产			0	1500		
短期借款			5000	0		15000
应付账款		65000		30000		60000
预收账款		24000	31000	23000		
长期借款		50000	10000			40000
实收资本		150000		20000		170000
资本公积		42500	0			44000
盈余公积		4000	0	2210		
未分配利润			0	19890		55890
合 计						

习题三

[目的]借贷记账法的应用。

顺达实业公司 2019 年 8 月 1 日有关账户的期初余额如下(单位:元):

库存现金:300　　　　银行存款:50 000

应收账款:100 000　　　其他应收款:400

原材料:20 000　　　　固定资产:120 000

累计折旧:20 000　　　短期借款:15 000

应付账款:90 000　　　实收资本:165 700

该公司 2019 年 8 月份发生下列经济业务:

1.8 月 5 日,从银行提取现金 300 元备用。

2.8 月 7 日,收到购买单位甲前欠的购货款 55 000 元,存入银行。

3.8 月 9 日,收到购买单位乙前欠购货款 41 000 元,存入银行。

4.8 月 10 日,以银行存款 24 000 元支付前欠供应单位的购料款。

5.8 月 18 日,收到国家投入的机床一台,价值 40 000 元。

6.8 月 19 日,向供应单位 A 购进钢材 15 吨,计货款 2 000 元,材料已入库,货款尚未支付。

7.8 月 22 日,以银行存款支付前欠供应单位 A 的购料款 20 000 元。

8.8 月 26 日,向供应单位 B 购进材料一批,价款 15 000 元,材料已验收入库,货款已用银行存款支付。

9.8 月 27 日,以银行存款支付到期短期借款 10 000 元。

[要求]

(1)根据 8 月 1 日的有关账户开设相关 T 字形账户并登记期初余额。

(2)运用借贷法编制会计分录并登录到 T 字形账户中。

(3)月末,计算出每个账户的本期发生额和期末余额。

(4)根据账户的登记结果编制试算平衡表。

第五章　借贷记账法的具体应用(上)

学习目标

通过本章学习,要求理解和掌握:

1.制造业生产经营过程和供产销业务的关系;

2.筹资和投资的核算;

3.制造业供应过程的核算;

4.制造业生产过程的核算。

【引例】　刚上完一堂"会计学"课,同学们就复式记账展开激烈讨论。同学甲:看来借贷记账法真的很重要啊。同学乙:只是好难懂啊,什么借啊贷啊,一会儿就糊涂了,不知道究竟有什么用? 同学甲:是啊,一堂课下来,我就记住了"有借必有贷,借贷必相等"。同学甲摸了摸脑门。

第一节　借贷记账法的具体应用概述

第四章重点讲解了运用账户和借贷记账法来记录和核算某一会计主体的业务活动。在会计核算的方法体系中,借贷记账法是最基本、最核心的方法。本章则以产品制造业基本业务的核算为例进一步介绍借贷记账法的具体应用。

制造业企业按照市场经济体制的要求,面向市场,独立核算,自负盈亏,自我积累,自我发展,其开展生产经营活动,必须要拥有一定数额的资金,扩大规模也需要资金,因此需要筹集资金。随着生产经营活动的进行,资金以货币资金—储备资金—生产资金—成品资金—货币资金的形态不断循环,依次经过供应、生产、销售三个过程。收回的货币资金一般要大于垫支的货币资金,形成企业的财务成果。因此,资金的筹集过程、供应过程、生产过程、销售过程及形成财务成果等经济活动,构成制造业企业经营过程核算的主要内容。制造业企业的主要经济业务包括:资金筹集和投资业务、物资供应业务、产品生产业务、产品销售业务和财务成果业务。

资金筹集和投资业务:企业所拥有的资产总是具有一定来源的。资金筹集业务是指为满足企业生产经营所需而从各种渠道筹集资金的业务,简称筹资。筹资主要由借款和所有者投入资本组成。投资活动包括对外投资和对内投资两种形式,对外投资包括购买股票、债券、向外单位投入资产等;对内投资包括购建厂房、设备等固定资产,购买或研发无形资

产等,具体核算中对内投资通常纳入物资供应业务核算。

物资供应业务:是指为满足生产经营的需要,通过市场取得生产所必需的厂房、设备和材料物资等的经济业务,包括采购、验收物资及与供应单位办理款项结算等。

产品生产业务:产品生产过程是制造业最重要的阶段,在这一阶段劳动者借助设备将原材料加工成产品,这是整个制造业生产经营过程的中心环节。这一过程既是物化劳动(劳动资料和劳动手段)和活劳动的消耗过程,也是价值增值的创造过程。这一过程中,生产费用的发生、归集和分配,产品成本的形成,企业同其他单位、职工个人以及企业内部有关部门之间的结算等业务形成了产品生产业务。

产品销售业务:产品销售过程是产品价值和使用价值的实现过程,因此,在这一过程中,销售产品、办理结算、收回货款、支付各种销售费用、计算和交纳税金等业务形成了产品销售业务。

财务成果业务:企业财务成果即产生利润或亏损,是企业生产经营活动的最终成果。因此,利润的形成、所得税的计算及交纳、向投资者分配利润等业务形成了企业的财务成果业务。

制造业企业主要的业务核算内容如图 5-1 所示。

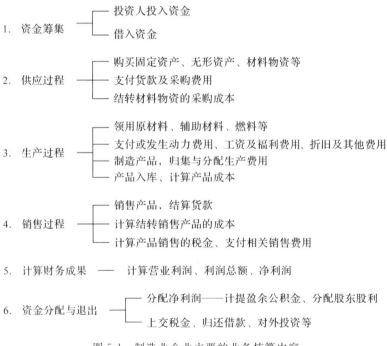

图 5-1　制造业企业主要的业务核算内容

第二节　筹资投资活动的核算

一、银行存款的核算

(一)账户设置

企业筹集的资金存入银行,形成银行存款。银行存款是企业存放在银行以供日常经营开支的款项,是可以随时支用的货币资金。为了核算和反映企业存入银行或其他金融机构的各种存款,企业相关会计制度规定,应设置"银行存款"科目,通过"银行存款"账户核算。

"银行存款"账户:用以核算企业在银行的存款,属于资产类账户。该账户反映企业银行存款的存入和支取情况。借方反映企业存入存款,企业银行存款增加;贷方反映企业支取存款,企业银行存款减少。比如:企业将款项存入银行或其他金融机构,借记本科目,贷记"库存现金"等有关科目;提取现金和支出款项,借记"库存现金"等有关科目,贷记本科目。该账户的结构表示如下。

借方	银行存款	贷方
存入存款,银行存款增加	支取或支付存款,银行存款减少	
期末余额:企业期末银行存款的余额		

(二)银行存款转账结算

根据《人民币银行结算账户管理办法》和《中华人民共和国票据法》有关规定,企业一切货币收入,除按规定保留一定量库存现金外,其余都必须送存银行,一切货币收支,除按规定可用现金直接支付外,都必须通过银行办理转账结算。转账结算方式主要有银行汇票、商业汇票、银行本票、支票、汇兑、委托收款、异地托收承付、信用卡和信用证等9种。

1.支票结算方式

支票是出票人签发的,委托办理存款业务的银行或其他金融机构在见票时无条件支付确定金额给收款人或持票人的票据。适用于同城或同一票据交换区域内商品交易、劳务供应等款项的结算。

支票分为现金支票、转账支票和普通支票。现金支票(见图5-2)只能提取现金;转账支票只能用于转账;普通支票既可用于支取现金,也可用于转账。在普通支票左上角划两条平行线的为划线支票,只能用于转账,不得支取现金。转账支票可在票据交换区域内背书转让。

支票一律记名;支票提示付款期为10天;企业不得签发空头支票,严格控制空白支票。

支票以银行或其他金融机构作为付款人并且见票即付。已签发的现金支票遗失的,可向银行申请挂失,但挂失前已支取的除外;已签发的转账支票遗失的,银行不受理挂失。

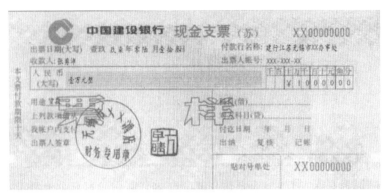

图 5-2 现金支票

2.银行汇票结算方式

银行汇票(见图 5-3)是汇款人将款项交存当地银行,由银行签发给汇款人办理转账结算或支取现金的票据。银行汇票一律记名,付款期为 1 个月(不分大月、小月,一律按次月对日计算;到期如遇节假日顺延),逾期的汇票,兑付银行不予受理,但汇票人可持银行汇票或解讫通知到出票银行办理退款手续。

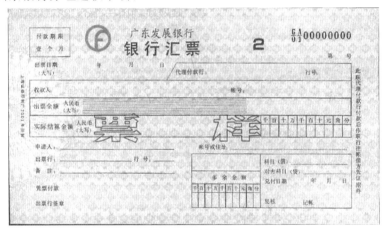

图 5-3 银行汇票

汇款人需要使用银行汇票,必须按照规定填写"银行汇票委托书"一式三联交给出票银行,出票银行受理"银行汇票委托书"并收妥款项后,签发银行汇票。汇款人持银行汇票可向收款单位办理结算。收款单位对银行汇票审核无误后,将结算款项及多余金额分别填写在银行汇票和解讫通知的有关栏内,连同进账单送交开户银行办理转账结算。

银行汇票具有使用方便、票随人到、兑付性强等特点。同城、异地均可使用,单位、个体经济户和个人都可使用银行汇票办理结算业务。

3.商业汇票结算方式

商业汇票是指收款人或付款人(或承兑申请人)签发的,由承兑人承兑,并于到期日向收款人或背书人支付款项的票据。商业汇票适用于企业先收货后收款或者双方约定延期付款的商品交易或债权债务的清偿,同城或异地均可使用。商业汇票必须以真实的商品交易为基础,禁止签发无商品交易的商业汇票。商业汇票一律记名,付款期最长为 6 个月,允许背书转让,承兑人即付款人到期必须无条件付款。

商业汇票按承兑人不同,分为商业承兑汇票(见图 5-4)和银行承兑汇票。前者是指由银行以外的付款人承兑的商业汇票。商业承兑汇票可由收款人签发,经过付款人承兑,也可由付款人签发并由付款人承兑。后者是指由银行承兑的商业汇票。银行承兑汇票应由在承兑银行开立账户的存款人或承兑申请人签发,并由承兑申请人向开户银行申请,经银行审查同意承兑的票据。

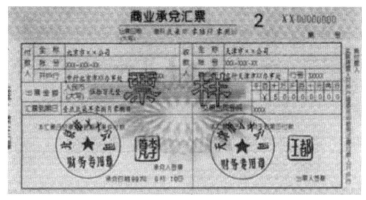

图 5-4　商业承兑汇票

采用商业承兑汇票结算方式,付款人应于汇票到期前将款项足额存到银行,银行在到期日凭票将款项划转给收款人、被背书人或贴现银行。如到期日付款人账户存款不足以支付票款,开户银行不承担付款责任,将汇票退回收款人、被背书人或贴现银行,由其自行处理,并对付款人处以罚款。

采用银行承兑汇票结算方式,承兑申请人应持购销合同向开户银行申请承兑,银行按有关规定审查同意后,与承兑申请人签订承兑协议,在汇票上盖章并按票面金额收取一定的手续费。承兑申请人应于到期前将票款足额交存银行。到期未能存足票款的,承兑银行除凭票向收款人、被背书人或贴现银行无条件支付款项外,还将按承兑协议的规定,对承兑申请人执行扣款,并将未扣回的承兑金额作为逾期贷款,同时收取一定的罚息。

4.银行本票结算方式

银行本票是申请人将款项交存银行,由银行签发给其凭以办理转账结算或支取现金的票据。单位或个人在同城范围内的商品交易等款项的结算可采用银行本票。银行本票一律记名,可以背书转让,不予挂失。银行本票的提示付款期限最长不能超过 2 个月。付款期内银行见票即付,逾期兑付银行不予受理但可办理退款手续。

银行本票(见图 5-5)分为定额本票和不定额本票。定额本票面额分别为 1 000 元、5 000 元、10 000 元和 50 000 元。

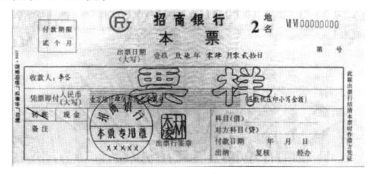

图 5-5　银行本票

5.汇兑结算方式

汇兑是指汇款人委托银行将款项汇给收款人的一种结算方式。

汇兑分为信汇和电汇两种。信汇是指汇款人委托银行以邮寄方式将款项划转给收款人;电汇则是指汇款人委托银行通过电报方式将款项划转给收款人。后者的汇款速度比前者迅速。

汇兑适用于单位和个人在同城或异地之间清理结算尾款、交易旧欠、自提自运的商品交易以及汇给个人的差旅费或采购资金等的结算,其手续简便,方式灵活,便于汇款人主动付款;收付双方不需要事先订立合同;应用范围广泛。

6.委托收款结算方式

委托收款是收款人委托银行向付款人收取款项的结算方式,同域、异地均可使用。

委托收款按款项划回方式可分为邮寄划回和电报划回两种,企业可根据需要选择不同方式。

企业办理委托收款,应填制委托收款凭证。付款单位接到银行通知及有关附件,应在规定的付款期(3天)内付款。在付款期内付款人未向银行提出异议,银行视作同意付款,并于付款期满的次日(节假日顺延)将款项主动划转收款人账户。如果付款单位在审查有关单证后,决定部分或全部拒付,应在付款期内出具"拒付理由书",连同有关单证通过银行转交收款企业,银行不予划转款项且不负责审查拒付理由。

委托收款只适用于已承兑的商业汇票、债券、存单等付款人的债务证明办理款项的结算;手续简便、灵活,便于企业主动、及时收回款项;银行只承担代为收款的义务,不承担审查拒付理由的责任,收付双方在结算中如发生争议,由双方自行处理。

7.异地托收承付结算方式

异地托收承付是指根据购销合同由收款人发货后委托银行向异地付款人收取款项,由付款人向银行承认付款的一种结算方式。

托收承付结算起点为1万元。按划回方式的不同,托收承付可分为邮寄和电报两种。

使用异地托收承付方式,必须同时符合下述两项规定:其一,使用该结算方式的收款单位和付款单位,必须是国有企业、供销合作社以及经营管理较好,并经开户银行审查同意的城乡集体所有制工业企业;其二,办理结算的款项必须是商品交易以及因商品交易而产生的劳务供应的款项。

代销、寄销、赊销商品的款项,不得办理异地托收承付结算。

收款人必须以持有商品已发运的证件为依据向银行办理托收,填制托收凭证,并将有关单证送交开户银行。开户银行审查无误后,将托收凭证及有关单证交付款人开户银行。付款人开户银行收到托收凭证及有关附件后,通知付款人。付款人在收到有关单据后,应立即审核。付款人的承付期依据验单付款或验货付款两种不同方式而确定。验单付款承付期为3天,验货付款承付期是10天。付款人可在承付期内根据实际情况提出全部或部分拒付理由,并填制"拒付理由书",经过银行审查同意后,办理全部拒付或部分拒付。

8.信用卡结算方式

信用卡(见图5-6)是指商业银行向个人和单位发行的,凭以向特约单位购物、消费和向银行存取现金,具有消费信用的特制载体卡片。信用卡按使用对象,分为单位卡和个人卡;按信誉等级,分为金卡和普通卡。

图 5-6 信用卡

信用卡的基本规定和主要特点:凡在中国境内金融机构开立基本存款账户的单位可申领单位卡,单位卡不得用于 10 万元以上的商品交易、劳务供应款项的结算;持卡人使用信用卡可透支;信用卡仅限于持卡人本人使用,不得出借或出租;信用卡丢失时可挂失,但挂失前被冒用,发生的损失由持卡人自己负责。

信用卡透支的规定:金卡最高不得超过 10 000 元,普通卡最高不得超过 5 000 元,透支期限最长为 60 天;信用卡透支利息,自签单日或银行记账日起 15 日内按日息万分之 5 计算;超过 15 日按日利息万分之 10 计算;超过 30 日或透支金额超过规定限额的,按日息万分之 15 计算,透支计算不分段,按最后期限或最高透支额的最高利率档次计息。

9.信用证结算方式

信用证是指开证银行依照申请人的申请开出的,凭符合信用证条款的单据支付的付款承诺。

采用信用证结算方式,付款单位应预先把一定款项专户存入银行,委托银行开出信用证,通知异地收款单位开户银行转知收款单位;收款单位按照合同和信用证规定的条件发货或交货以后,银行代付款单位支付货款。

信用证结算适用于国际、国内企业之间商品交易的结算。只限于转账结算,不得支取现金。信用证的主要特点:开证银行付第一性付款责任;它是一项独立的文件,不受购销合同的约束;信用证业务只处理单据,一切都以单据为准,信用证业务实质上是一种单据买卖。

二、资金筹集业务的核算

企业要从事生产经营活动,需要通过一定的渠道筹集生产所需的资金。企业资金的筹集主要有两个渠道:一是企业所有者作为资本投入的资金;二是债权人作为债权投入的资金。前者形成企业的所有者权益,后者形成企业的负债。

(一)投入资本的核算

投入资本是投资者(包括国家、法人单位、个人和外商)实际投入企业的各种财产物资的货币表现。它包括投资者原始投资及以后的追加投资。投资者可以用现金投资,也可以用材料物资、固定资产、专利技术等形式投资。投资者投入到企业的资本形成所有者权益,在企业的经营期限内不能随意抽回。

1. 账户设置

为了反映和监督投资者投入资本的增减变动情况,企业必须按照国家统一的《企业会计准则》设置"实收资本"或"股本"账户进行核算,真实地反映所有者投入企业资本的状况,维护所有者各方在企业的权益。除股份有限公司应通过"股本"账户核算以外,其他各类企业应通过"实收资本"账户核算。

"实收资本(股本)"账户:用以核算和反映企业所有者资本投入情况的账户,属所有者权益类账户。该账户的贷方登记所有者投资的增加额,借方登记所有者投资的减少额。其期末余额在贷方,表示所有者投资的实有数额。账户应按所有者设置明细账。其账户结构可表示如下:

借方	实收资本(股本)	贷方
减资退还的资本金	实际收到资本金	
	期末余额:实有资本金	

"资本公积"账户:资本公积是投资者或者他人投入到企业、所有权归属于全体出资人、并且金额上超过法定资本部分的资本,是企业所有者权益的重要组成部分,从形式上看,资本公积属于一种投入资本,只是这种投入资本不在核定的股本即注册资本之内。为了反映和监督资本公积金的增减变动及其结余情况,会计上应设置"资本公积"账户,并相应设置"股本溢价""其他资本公积"等明细账户。"资本公积"账户属于所有者权益类,其贷方登记从不同渠道取得的资本公积金即资本公积金的增加数,借方登记用资本公积金转增资本即资本公积金的减少数,期末余额在贷方,表示资本公积金的期末结余数。"资本公积"账户的结构可表示如下:

借方	资本公积	贷方
因按法定转增注册资本等原因而减少的数额	因接受捐赠、资本溢价等原因而增加的数额	
	期末余额:资本公积的结余数	

2. 核算举例

【例 5.1】 顺达实业公司收到投资者投入资本 800 000 元,已存入银行。

该项经济业务的发生一方面使企业的资产增加了 800 000 元,另一方面使实收资本增加了 800 000 元。编制会计分录如下:

借:银行存款   800 000

　　贷:实收资本   800 000

【例 5.2】 顺达实业公司收到 A 企业投入的新机器一台,价值 500 000 元。

该项经济业务的发生一方面使企业的资产增加了 500 000 元,另一方面使实收资本增加了 500 000 元。编制会计分录如下:

借:固定资产   500 000

　　　　　贷：实收资本　　　　　　　　　　　　　　　　　　　500 000

　　【例 5.3】　甲、乙、丙共同出资设立 A 有限责任公司,甲、乙、丙持股比例分别为 60%、30% 和 10%。按照章程规定,甲、乙、丙投入资本分别为 3 000 000 元、1 500 000 元和 500 000 元。A 公司已如期收到各投资者一次缴足的款项。A 有限责任公司的账务处理如下:

　　　　借：银行存款　　　　　　　　　　　　　　　　　5 000 000
　　　　　贷：实收资本——甲　　　　　　　　　　　　　　3 000 000
　　　　　　　　　　——乙　　　　　　　　　　　　　　1 500 000
　　　　　　　　　　——丙　　　　　　　　　　　　　　　500 000

　　实收资本的构成比例即投资者的出资比例或股东的股份比例,是确定所有者在企业所有者权益中所占的份额和参与企业财务经营决策的基础,也是企业进行利润分配或股利分配的依据,同时还是企业清算时确定所有者对净资产的要求权的依据。

　　【例 5.4】　2019 年 6 月 3 日,顺达实业公司接受重庆电机厂投资,投入机器设备一台,价值 2 000 000 元;投入专利权一项,价值 800 000 元;投入货币资金 3 000 000 元,已存入银行。

　　顺达实业公司接受重庆电机厂投资,增加固定资产、无形资产和银行存款,投资者投入的资本也同时增加。顺达实业公司接受投资,做出的账务处理是:

　　　　借：固定资产——机器设备　　　　　　　　　　　2 000 000
　　　　　　无形资产——专利权　　　　　　　　　　　　　800 000
　　　　　　银行存款　　　　　　　　　　　　　　　　3 000 000
　　　　　贷：实收资本——重庆电机厂　　　　　　　　　　5 800 000

　　【例 5.5】　甲有限责任公司由两位投资者投资 2 000 000 元设立,每人各出资 1 000 000 元。一年后,为扩大经营规模,引入第三位投资者加入。按照投资协议,新投资者需缴入现金 1 100 000 元,同时享有该公司 1/3 的股份。甲有限责任公司已收到该现金投资。甲有限责任公司的会计处理如下:

　　　　借：银行存款　　　　　　　　　　　　　　　　1 100 000
　　　　　贷：实收资本　　　　　　　　　　　　　　　　1 000 000
　　　　　　　资本公积——资本溢价　　　　　　　　　　　100 000

　　除股份有限公司外的其他类型的企业,在企业创立时,投资者认缴的出资额与注册资本一致,一般不会产生资本溢价。但在企业重组或有新的投资者加入时,常常会出现资本溢价。因为在企业进行正常生产经营后,其资本利润率通常要高于企业初创阶段,另外,企业有内部积累,新投资者加入企业后,对这些积累也要分享,所以新加入的投资者往往要付出大于原投资者的出资额,才能取得与原投资者相同的出资比例。投资者多缴的部分就形成了资本溢价。

　　【例 5.6】　顺达实业公司委托某证券公司代理发行普通股 5 000 万股,每股面值 1 元,发行价格每股 4.8 元,发行股款已全部收到存入银行。

　　股票发行价格超过股票面值即为溢价发行,此时应将发行价格分为面值和溢价两部分。该项经济业务应计入股本的股票面值为 50 000 000(50 000 000×1)元,溢价额为 190 000 000(50 000 000×4.8−50 000 000)元。这项经济业务的发生,一方面使得公司的银行存款增加 240 000 000(50 000 000+190 000 000)元,另一方面使得公司的股本增加

50 000 000 元,资本公积增加 190 000 000 元。该项经济业务涉及"银行存款""股本"和"资本公积"三个账户。银行存款的增加是资产的增加,应记入"银行存款"账户的借方,股本和资本公积的增加是所有者权益的增加,应分别记入"股本""资本公积"账户的贷方。编制的会计分录如下:

借:银行存款　　　　　　　　　240 000 000
　　贷:股本　　　　　　　　　　　　　50 000 000
　　　资本公积——股本溢价　　　　　190 000 000

(二)借入资金的核算

借入资金即债务融资,是企业获得并形成资产的重要渠道,是对所有者权益融资的重要补充。企业进行债务融资,通常可分为直接债务融资和间接债务融资。直接债务融资,即直接向银行等金融机构借入资金,按偿还期限的长短,又可分为短期借款和长期借款;间接债务融资通常指证券融资,主要是发行债券融资。限于篇幅,我们这里仅以直接债务融资中的短期借款和长期借款为例介绍借入资金筹集业务的核算内容。

1.短期借款

短期借款是指企业向银行或其他金融机构等借入的期限在一年以下(含一年)的各种借款。短期借款一般是企业为维持正常的生产经营所需的资金而借入的或者为抵偿某项债务而借入的款项。短期借款必须按期归还本金并按时支付利息。短期借款的利息支出属于企业在理财活动过程中为筹集资金而发生的一项耗费,在会计核算中,企业应将其作为期间费用(财务费用)加以确认。

(1)账户设置

对于短期借款的核算,企业需要设置"短期借款""财务费用"及"应付利息"等账户。

"短期借款"账户:该账户的性质是负债类,用来核算企业向银行或其他金融机构借入的期限在一年以内(含一年)的各种借款本金的增减变动及其结余情况的账户。该账户的贷方登记取得的短期借款即短期借款本金的增加,借方登记短期借款的偿还即短期借款本金的减少,期末余额在贷方,表示企业尚未偿还的短期借款的本金结余额。短期借款应按照债权人的不同设置相应的明细账户,并按照借款种类进行明细分类核算。

"短期借款"账户的结构可表示如下:

借方	短期借款	贷方
短期借款本金 的偿还(减少)	短期借款本金的 取得(增加)	
	期末余额:短期借款本金结余额	

会
计
学

"财务费用"账户:该账户的性质是损益类账户[①],用来核算企业为筹集生产经营所需资金等而发生的各种筹资费用,包括利息支出(减利息收入)、佣金、汇兑损失(减汇兑收益)以及相关的手续费等,企业在赊销商品过程中产生的现金折扣也在该账户核算。财务费用账

---

① 关于损益类账户,实际上这类账户反映了收入和费用两个要素的大部分内容,而企业的收入和费用又是计算损益的依据,因而,我们一般将反映这两类要素内容的账户统称为损益类账户。

户的借方登记发生的财务费用,贷方登记发生的应冲减财务费用的利息收入、汇兑收益以及期末转入"本年利润"账户的财务费用净额(即财务费用支出大于收入的差额,如果收入大于支出则进行反方向的结转),经过结转之后,该账户期末没有余额。财务费用账户应按照费用项目设置明细账户,进行明细分类核算。这里需要指出的是为购建固定资产而筹集长期资金所发生的诸如借款利息支出等费用,在固定资产尚未完工交付使用之前发生的,应对其予以资本化,计入有关固定资产的购建成本,不在该账户核算,待固定资产建造工程完工投入使用之后再发生的利息支出,则应计入当期损益,计入该账户。

"财务费用"账户的结构可表示如下:

借方	财务费用	贷方
利息支出 手续费 汇兑损失	利息收入 期末转入"本年利润" 账户的财务费用额	

"应付利息"账户:在实际工作中,银行一般于每季度末收取短期借款利息,企业的短期借款利息一般采用月末预提的方式进行核算。因此,企业应当设置"应付利息"账户,核算企业按照合同约定应支付的利息,包括分期付息到期还本的长期借款、企业债券等应支付的利息。在资产负债表日按照计算确定的短期借款利息费用,借记"财务费用"账户,贷记"应付利息"账户;实际支付利息时,根据已预提的利息,借记"应付利息"账户,贷记"银行存款"账户。

运用上述账户进行短期借款的会计处理,涉及三个方面的问题:第一,取得贷款;第二,借款利息;第三,归还贷款。企业取得短期借款本金时,借记"银行存款"账户,贷记"短期借款"账户,期末计算借款利息时,借记"财务费用"账户,贷记"银行存款"或"应付利息"账户,偿还借款本金、支付利息时,借记"短期借款""应付利息"账户,贷记"银行存款"账户。

(2)核算举例

【例5.7】 2019年6月8日,顺达实业公司向商业银行借款800 000元,期限6个月,借款年利率8%,已办妥相应的借款手续。

公司借款期限6个月,属短期借款。因此,该笔借款业务使公司银行存款和短期借款增加。顺达实业公司做出的账务处理是:

借:银行存款 800 000
　　贷:短期借款——商业银行 800 000

【例5.8】 2019年6月20日,顺达实业公司用存款支付本月从农业银行借入的短期借款利息1 000元。

支付的短期借款利息,属于企业为筹集生产经营资金等发生的费用,应记入"财务费用"账户。顺达实业公司做出的账务处理是:

借:财务费用——利息支出 1 000
　　贷:银行存款 1 000

【例5.9】 顺达实业公司于2019年6月1日向银行借入一笔生产经营用短期借款,共计240 000元,期限为9个月,年利率为8%。借款协议规定,该项借款的本金到期后一次归

还,利息按季支付。顺达实业的会计处理如下:

①6月1日借入短期借款时

借:银行存款   240 000

   贷:短期借款   240 000

②6月末计提6月份应计利息时

借:财务费用   1 600

   贷:应付利息   1 600

以后每月利息费用计提的处理与6月份相同。

③支付第二季度银行借款利息时

借:应付利息   1 600

   贷:银行存款   1 600

第三、四季度的会计处理同上,金额为4 800元。

④2020年2月末偿还银行借款本息时

借:短期借款   240 000

   财务费用   1 600

   应付利息   1 600

   贷:银行存款   243 200

2.长期借款

长期借款是指企业向银行或其他金融机构借入的期限在一年以上(不含一年)的各种借款。一般来说,企业举借长期借款,主要是用于固定资产的购建、改扩建工程、大修理工程、对外投资以及为了保持长期经营能力等方面。关于长期借款利息费用的处理,按照《企业会计准则》的规定,长期借款的利息费用等,应按照权责发生制原则的要求,按期预提计入所购建资产的成本(即予以资本化)或直接计入当期损益(财务费用),具体地说,就是在该长期借款所进行的长期工程项目完工之前发生的利息,应将其资本化,计入该工程成本;在工程完工达到可使用状态之后产生的利息支出应停止借款费用资本化而予以费用化,在利息费用发生的当期直接计入当期损益(财务费用)。

(1)账户设置

为了核算长期借款本金及利息的取得和偿还情况,需要设置"长期借款"账户,该账户的性质属于负债类,用来核算企业从银行或其他金融机构取得的长期借款的增减变动及其结余情况。其贷方登记长期借款的增加数(包括本金和各期计算出来的未付利息),借方登记长期借款的减少数(偿还的借款本金和利息)。期末余额在贷方,表示尚未偿还的长期借款本息结余额。该账户应按贷款单位设置明细账户,并按贷款种类进行明细分类核算。

"长期借款"账户的结构可表示如下:

借方	长期借款	贷方
长期借款本息的 偿还(减少)	长期借款本金的 取得和利息的计算(增加)	
	期末余额:长期借款本息结余额	

长期借款的还本付息方式一般有分期偿还本息、分期付息到期还本和到期一次还本付息等。不同的还本付息方式,应采用不同的会计处理方法,但总体来说,其常见的会计处理为:企业取得长期借款时,借记"银行存款"账户,贷记"长期借款"账户,计算利息时借记"在建工程""财务费用"等账户,贷记"长期借款"账户,偿还借款、支付利息时借记"长期借款"账户,贷记"银行存款"账户。

(2)核算举例

【例 5.10】　顺达实业为购建一条新的生产线(工期 2 年),于 2019 年 6 月 1 日向中国银行取得期限为 3 年的人民币借款 8 000 000 元,存入银行。顺达实业当即将该借款投入到生产线的购建工程中。

这项经济业务的发生,一方面使得公司的银行存款增加 8 000 000 元,另一方面使得公司的长期借款增加 8 000 000 元。涉及"银行存款"和"长期借款"两个账户。银行存款的增加是资产的增加,应记入"银行存款"账户的借方,长期借款的增加是负债的增加,应记入"长期借款"账户的贷方。这项经济业务应编制的会计分录如下:

借:银行存款　　　　　　　　　　　　　8 000 000
　　贷:长期借款　　　　　　　　　　　　　　8 000 000

【例 5.11】　承上例,假如上述借款年利率 6%,合同规定到期一次还本付息,单利计息。计算确定 2019 年应由该工程负担的借款利息。

在固定资产建造工程交付使用之前,用于工程的借款利息属于一项资本性支出,应计入固定资产建造工程成本。单利计息的情况下,其利息的计算方法与短期借款利息计算方法相同,即 2013 年的利息为 480 000(8 000 000×6%)元。所以,这项经济业务的发生,一方面使得公司的在建工程成本增加 480 000 元,另一方面使得公司的长期借款利息这项负债增加 480 000 元。涉及"在建工程"和"长期借款"两个账户。工程成本的增加是资产的增加,应记入"在建工程"账户的借方,借款利息的增加是负债的增加,应记入"长期借款"账户的贷方。这项经济业务应编制的会计分录如下:

借:在建工程　　　　　　　　　　　　　480 000
　　贷:长期借款　　　　　　　　　　　　　　480 000

【例 5.12】　顺达实业于 2016 年 11 月 30 日从银行借入资金 5 000 000 元,借款期限为 2 年,年利率为 6%,每年付息一次,到期一次还清本金,不计复利。所借款项已存入银行。顺达实业用该借款于当日购买需安装的设备一台,价款 4 900 000 元,另支付运杂费及保险等费用 100 000 元,该设备 2017 年 8 月安装完毕,投入使用。该公司的有关会计处理如下:

①取得借款时
借:银行存款　　　　　　　　　　　　　5 000 000
　　贷:长期借款——本金　　　　　　　　　　5 000 000
②支付设备款和运杂费、保险费时
借:在建工程　　　　　　　　　　　　　5 000 000
　　贷:银行存款　　　　　　　　　　　　　　5 000 000

【例 5.13】　承上例,顺达实业于 2016 年 12 月 31 日计提长期借款利息,假设实际利率等于合同利率。则,借款利息=(5 000 000×6%÷12)×1=25 000(元),该公司的会计处理如下:

借:在建工程　　　　　　　　　　　25 000
　　贷:应付利息　　　　　　　　　　　　25 000
2016 年 12 月 31 日支付利息时:
借:应付利息　　　　　　　　　　　25 000
　　贷:银行存款　　　　　　　　　　　　25 000
2017 年 8 月 31 日,该设备安装完毕,达到预定可使用状态,该期应计入设备成本的利息 = (5 000 000×6%÷12)×8 = 200 000(元),则:
借:在建工程　　　　　　　　　　　200 000
　　贷:应付利息　　　　　　　　　　　　200 000
借:固定资产　　　　　　　　　　　5 225 000
　　贷:在建工程　　　　　　　　　　　　5 225 000
2017 年 12 月 31 日,计算 2017 年 9—12 月份应计入财务费用的利息 = (5 000 000×6%÷12)×4 = 100 000(元),则:
借:财务费用　　　　　　　　　　　100 000
　　贷:应付利息　　　　　　　　　　　　100 000
2017 年 12 月 31 日,偿还利息:
借:应付利息　　　　　　　　　　　300 000
　　贷:银行存款　　　　　　　　　　　　300 000
2018 年 11 月 30 日,偿还本金及 2018 年利息:
借:长期借款　　　　　　　　　　　5 000 000
　　财务费用　　　　　　　　　　　275 000
　　贷:银行存款　　　　　　　　　　　　5 275 000

三、投资业务的核算

企业的投资业务可区分为对内投资和对外投资,对内投资①是企业生产经营活动顺利进行的重要保证和基础,主要表现为购置固定资产、无形资产等生产性投资;对外投资则是企业正常的生产经营活动之外,把闲置的货币资金、材料物资、固定资产、无形资产等资产直接投入到其他企业的生产经营或者通过证券交易市场购买其他企业发行的股票、债券、基金等证券投资,或到房地产市场购买房地产再出售以获取一定收益的行为。本节仅介绍企业证券投资业务的相关内容。

企业进行证券投资,涉及购买股票、债券等,持有期间获得的股利、利息等,以及期末计价和转让股票、债券等问题。

(一)交易性金融资产

交易性金融资产是指以交易为目的所持有的债券、股票、基金、权证等和直接指定为以公允价值计量且其变动计入当期损益的金融资产。

交易性金融资产应具备以下两个特点:①必须有活跃的市场报价,这是随时变现的前

---

① 对内投资,原则上应包括流动资产投资和非流动资产投资,但在会计学的核算范围内,通常将流动资产投资称为经营活动,而将非流动资产投资称为投资活动,具体核算过程中通常纳入经营过程的核算。

提;②以赚取差价为目的。

企业所持有的债券、股票、基金等如果不符合交易性金融性资产条件或企业没有指定为以公允价值计量且其变动计入当期损益的金融资产,则不作为交易性金融资产核算。

交易性金融资产会计处理着重于该金融资产与金融市场的紧密结合性,反映该类金融资产相关市场变量变化对其价值的影响,进而对企业财务状况和经营成果的影响。

设置交易性金融资产账户对交易性金融资产进行核算。①企业取得交易性金融资产时,按交易性金融资产的公允价值,借记本科目(成本),按发生的交易费用,借记"投资收益"科目,按已到期尚未支取的利息或已宣告尚未支取的现金股利借记"应收利息"或"应收股利",按实际支付的金额,贷记"银行存款"等科目。②交易性金融资产在持有期间被投资单位宣告发放的现金股利或应收取的债券利息,借记"应收股利"或"应收利息"科目,贷记"投资收益"科目。③资产负债表日,交易性金融资产的公允价值高于其账面余额的差额,借记本科目(公允价值变动),贷记"公允价值变动损益"科目;公允价值低于其账面余额的差额,做相反的会计分录。④出售交易性金融资产,应按实际收到的金额,借记"银行存款"科目,按该金融资产的账面余额,贷记本科目,按其差额,贷记或借记"投资收益"科目。同时,将原计入该金融资产的公允价值变动转出,借记或贷记"公允价值变动损益"科目,贷记或借记"投资收益"科目。

【例 5.14】　2019 年 6 月 1 日,顺达实业公司购入 A 公司股票 100 000 股,每股买价 10元,其中 0.50 元为已宣告但尚未领取的现金股利,另付经纪人佣金等费用 5 000 元。

2019 年 4 月 1 日,购入股票时

借:交易性金融资产——成本(A 公司股票)　950 000

　　应收股利　　　　　　　　　　　　　50 000

　　投资收益　　　　　　　　　　　　　5 000

　　贷:银行存款　　　　　　　　　　　　　　1 005 000

(二)债权投资、长期股权投资

其他涉及购买股票、债券等核算的账户还有债权投资、长期股权投资等。债权投资反映资产负债表日企业以摊余成本计量的长期债权投资的期末账面价值。长期股权投资是指企业通过各种形式而长期持有的其他企业的股权。企业应分别设置"债权投资""长期股权投资"等账户进行核算。

第三节　供应过程的核算

企业从不同途径筹集到各种资金之后,就可以将这些资金投入到企业正常的生产经营活动中去,发挥资金应有的作用,通过资金在企业内部的循环与周转,为企业带来经济利益。制造企业要进行正常的产品生产,就必须购置机器设备,建造厂房、建筑物等固定资产,购买和储备一定品种与数量的材料等存货。因此,固定资产购建业务和材料采购业务,就构成了供应过程核算的主要内容。

一、固定资产购建业务的核算

(一)固定资产的基本概念

固定资产是指同时具有以下特征的有形资产:①为生产商品、提供劳务、出租或经营管理而持有的;②使用年限超过一个会计年度。

从固定资产的定义看,固定资产具有以下特征:

(1)固定资产为生产商品、提供劳务、出租或经营管理而持有。

(2)使用年限超过一个会计年度。

(3)固定资产为有形资产。

(二)固定资产核算的账户设置

在固定资产的核算过程中,涉及的账户有"固定资产""工程物资""在建工程"等。

"固定资产"账户用来核算企业固定资产取得成本的增减变动及其结余情况。该账户应按照固定资产的种类设置明细账户,进行明细分类核算。在使用该账户时,必须注意固定资产达到预定可使用状态,其取得成本已经形成,才可以记入"固定资产"账户。

"工程物资"账户反映用于企业在建工程的各种物资的实际成本。

"在建工程"账户用来核算企业为进行固定资产基建、安装、技术改造以及大修理等工程而发生的全部支出(包括安装设备的价值),并据以计算确定工程成本的账户。该账户的借方登记工程支出的增加,贷方登记结转完工工程的成本。期末余额在借方,表示未完工工程的成本。"在建工程"账户应按工程内容如建筑工程、安装工程、技术改造工程、大修理工程等设置明细账户,进行明细核算。

"应交税费"账户:该账户的性质属于负债类,用来核算企业按税法规定应交纳尚未交纳的各种税费(印花税等不需要预计税额的税种除外)的计算与实际交纳情况的账户。其贷方登记计算出的各种应交而未交税费的增加,包括计算出的增值税、消费税、城建税、所得税、资源税等,借方登记实际交纳的各种税费。期末余额通常在贷方,表示未交税费的结余额;偶尔也会出现在借方,表示多交的税费。"应交税费"账户应按照税种设置明细账户,进行明细分类核算。

其中,增值税是对我国境内销售货物、进口货物或提供加工、修理修配劳务的增值额征收的一种流转税,企业应向国家交纳的增值税用当期销项税额减去当期进项税额计算确定。销项税额是企业销售产品或提供应税劳务按销售额和规定税率计算的并向购买方收取的增值税额;进项税额是企业购进原材料等或接受应税劳务向供货方支付的增值税额。企业购进原材料或接受应税劳务支付的增值税(进项税额)和实际向国家交纳的增值税记入"应交税费——应交增值税"账户的借方,企业销售产品或提供应税劳务向购买方收取的增值税(销项税额)记入"应交税费——应交增值税"账户的贷方。

(三)固定资产取得的账务处理

企业取得固定资产的账务处理的首要问题是如何确定固定资产的成本,即入账价值。一般来说,构成固定资产取得时实际成本的具体内容包括买价、运输费、保险费、包装费、相关税费、安装成本等,但要注意通常不包含增值税。

【例 5.15】 2019 年 6 月,甲公司购入一台不需要安装的生产用设备,取得的增值税专用发票上注明的价款为 100 000 元、增值税额为 13 000 元,发生的运杂费为 2 000 元,款项

已通过银行全部付清,设备交付使用。甲公司的会计处理如下:

借:固定资产　　　　　　　　　　　　　102 000

　　应交税费——应交增值税(进项税额)　 13 000

　　贷:银行存款　　　　　　　　　　　　　　115 000

若甲公司购入的设备需要安装,并于6月份支付安装费用3 000元,该设备于10月交付使用,则编制分录如下:

2019年6月,支付设备价款、税金、运杂费时

借:在建工程　　　　　　　　　　　　　102 000

　　应交税费——应交增值税(进项税额)　 13 000

　　贷:银行存款　　　　　　　　　　　　　　115 000

2019年7月,支付安装费时

借:在建工程　　　　　　　　　　　　　　3 000

　　贷:银行存款　　　　　　　　　　　　　　　3 000

2019年10月,设备安装完毕交付使用时

借:固定资产　　　　　　　　　　　　　105 000

　　贷:在建工程　　　　　　　　　　　　　　105 000

二、材料采购业务的核算

企业要进行正常的生产经营活动,除了进行固定资产等生产性投资外,还需要购买和储备一定品种和数量的材料,包括原材料、辅助材料、外购半成品、修理用备件、包装材料及燃料等。材料是制造企业生产产品不可缺少的物质要素,在生产过程中,材料经过加工而改变其原来的实物形态,构成产品。因此,产品制造企业要有计划地采购材料,既要保证及时、按质、按量地满足生产上的需要,同时又要避免储备过多,不必要的资金占用。

(一)原材料入账价值的确认

对于企业原材料的核算,其中一个非常重要的问题就是原材料成本的确定,即入账价值的确定。关于取得原材料成本的确定,不同方式取得的原材料,其成本的确定方法不同,成本构成内容也不同。其中购入的原材料,其实际采购成本由以下几项内容组成:

(1)买价,是指购货发票所注明的货款金额。

(2)采购过程中发生的运输费、包装费、装卸费、保险费、仓储费等。

(3)材料入库之前发生的整理挑选费用。

(4)按规定应计入材料采购成本中的各种税金,如从国外进口材料支付的关税等。

(5)其他费用,如大宗物资的市内运杂费等,但这里需要注意的是市内零星运杂费、采购人员的差旅费以及采购机构的经费等不构成材料的采购成本,而是直接计入期间费用。

(二)材料采购按实际成本计价的核算

当企业的经营规模较小,原材料的种类不是很多,而且原材料的收、发业务的发生也不是很频繁的情况下,可以按照实际成本计价方法组织原材料的收、发核算。原材料按照实际成本计价方法进行日常的收发核算,其特点是从材料的收、发凭证到材料明细分类账和总分类账全部按实际成本计价。原材料按实际成本计价组织收、发核算时应设置以下几个账户:

(1)"在途物资"账户:该账户的性质属于资产类,用来核算企业外购材料的买价和各种

采购费用,据以计算确定购入材料的实际采购成本,其借方登记购入材料的买价和采购费用(实际采购成本),贷方登记结转完成采购过程、验收入库材料的实际采购成本,期末余额在借方,表示尚未运达企业或者已经运达企业但尚未验收入库的在途材料的采购成本。"在途物资"账户应按照购入材料的品种或种类设置明细账户,进行明细分类核算。

(2)"原材料"账户:该账户的性质属于资产类,是用来核算企业库存材料实际成本的增减变动及其结存情况的账户。其借方登记已验收入库材料实际成本的增加,贷方登记发出材料的实际成本(即库存材料成本的减少),期末余额在借方,表示库存材料实际成本的期末结余额。"原材料"账户应按照材料的保管地点、材料的种类或类别设置明细账户,进行明细分类核算。

(3)"应付账款"账户:该账户的性质属于负债类,用来核算企业单位因购买材料物资、接受劳务供应而与供应单位或接受劳务单位发生的结算债务的增减变动及其结余情况的账户。其贷方登记应付供应等款项(买价、税金和代垫运杂费等)的增加,借方登记应付供应单位款项的减少(即偿还)。期末余额一般在贷方,表示尚未偿还的应付款的结余额。该账户应按照供应单位等的名称设置明细账户,进行明细分类核算。

(4)"预付账款"账户:该账户的性质属于资产类,用来核算企业按照合同规定向供应单位预付购料款而与供应单位发生的结算债权的增减变动及其结余情况的账户。其借方登记结算债权的增加即预付款的增加,贷方登记收到供应单位提供的材料物资而应冲销的预付款(即预付款的减少)。期末余额一般在借方,表示尚未结算的预付款的结余额。该账户应按照供应单位的名称设置明细账户,进行明细分类核算。

以下举例说明原材料按实际成本计价的账务处理:

【例 5.16】 A、B公司均为增值税一般纳税人。[①] 2019 年 6 月 3 日,A公司从 B公司购入下列材料:甲材料 8 200 千克,单价 39 元;乙材料 3 500 千克,单价 24 元,增值税率 13%,全部款项通过银行付清。做出 A公司经济业务分录。

对于这项经济业务,首先要计算购入材料的买价和增值税进项税额。甲材料的买价为 319 800(39×8 200)元,乙材料的买价为 84 000(24×3 500)元,甲、乙两种材料的买价计为 403 800(319 800+84 000)元,增值税进项税额为 52 494(403 800×13%)元。这项经济业务的发生,一方面使得公司购入甲材料的买价增加 319 800 元,乙材料的买价增加 84 000 元,增值税进项税额增加 52 494 元,另一方面使得公司的银行存款减少计 456 294(319 800＋84 000＋52 494)元。涉及"在途物资""应交税费——应交增值税""银行存款"三个账户。材料买价的增加是资产的增加,应记入"在途物资"账户的借方,增值税进项税额的增加是负债的减少,应记入"应交税费——应交增值税"账户的借方,银行存款的减少是资产的减少,应记入"银行存款"账户的贷方。所以,这项经济业务应编制的会计分录如下:

```
借:在途物资——甲材料              319 800
         ——乙材料               84 000
   应交税费——应交增值税(进项税额)   52 494
   贷:银行存款                              456 294
```

【例 5.17】　承上例,A 公司用银行存款 11 700 元支付上述购入甲、乙材料的外地运杂费,运杂费按照材料的重量比例进行分配。

首先需要对甲、乙材料应共同负担的 11 700 元外地运杂费进行分配:

分配率＝11 700÷(8 200＋3 500)＝1(元/千克)
甲材料负担的采购费用＝1×8 200＝8 200(元)
乙材料负担的采购费用＝1×3 500＝3 500(元)

这项经济业务的发生,一方面使得公司的材料采购成本增加 11 700 元,其中甲材料采购成本增加 8 200 元,乙材料采购成本增加 3 500 元,另一方面使得公司的银行存款减少 11 700 元。涉及"在途物资"和"银行存款"两个账户。材料采购成本的增加是资产的增加,应记入"在途物资"账户的借方,银行存款的减少是资产的减少,应记入"银行存款"账户的贷方。所以,这项经济业务应编制的会计分录如下:

```
借:在途物资——甲材料        8 200
         ——乙材料         3 500
   贷:银行存款                      11 700
```

【例 5.18】　顺达实业为增值税一般纳税人。2019 年 6 月 1 日,顺达实业从甲公司购入一批材料,货款 500 000 元,增值税 65 000 元,对方代垫运杂费 5 000 元。材料已运到并验收入库,款项尚未支付。顺达实业的会计处理如下:

```
借:原材料                   505 000
   应交税费——应交增值税(进项税额)  65 000
   贷:应付账款——甲公司              570 000
```

【例 5.19】　顺达实业按照合同规定用银行存款预付给兴达工厂丙材料订货款400 000 元。

预付订货款的增加是资产(债权)的增加,应记入"预付账款"账户的借方,银行存款的减少是资产的减少,应记入"银行存款"账户的贷方。所以,这项经济业务应编制的会计分录如下:

```
借:预付账款——兴达工厂      400 000
   贷:银行存款                      400 000
```

【例 5.20】　承上例,顺达实业收到兴达工厂发运来的、之前已预付货款的丙材料,并验收入库。随货物附来的发票注明该批丙材料的价款 750 000 元,增值税进项税额 97 500 元,除冲销原预付款 400 000 元外,不足款项立即用银行存款支付。另发生运杂费 8 500 元,用现金支付。

这项经济业务的发生,一方面使得公司的材料采购支出(丙材料的买价和采购费用)增加计 758 500(750 000＋8 500)元,增值税进项税额增加 97 500 元,另一方面使得公司的预付款减少 400 000 元,银行存款减少 447 500(750 000＋97 500－400 000)元,现金减少 8 500 元。涉及"在途物资""应交税费——应交增值税""预付账款""银行存款"和"库存现金"五个账户。应编制的会计分录如下:

借:在途物资——丙材料　　　　　　　　　　758 500
　　应交税费——应交增值税(进项税额)　　　97 500
　　贷:预付账款——兴达工厂　　　　　　　　　　400 000
　　　　银行存款　　　　　　　　　　　　　　　447 500
　　　　库存现金　　　　　　　　　　　　　　　　8 500

材料采购业务核算示意如图 5-7 所示。

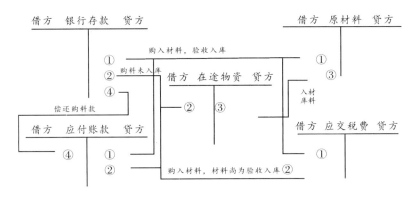

图 5-7　材料采购业务核算示意

课 外 阅 读

材料采购按计划成本计价的核算

材料按照实际成本进行计价核算,能够比较全面、完整地反映材料资金的实际占用情况,可以准确地计算出生产过程所生产产品的成本中的材料费用额。但是,当企业材料的种类比较多,收发次数又比较频繁的情况下,其核算的工作量就比较大,而且也不便于考核材料采购业务成果,分析材料采购计划的完成情况。所以在一些大、中型企业里,材料就可以按照计划成本计价组织收、发核算。材料按计划成本计价进行核算,就是材料的收发凭证按计划成本计价,材料总账及明细账均按计划成本登记,通过增设"材料成本差异"账户来核算材料实际成本与计划成本之间的差异额,并在会计期末对计划成本进行调整,以确定库存材料的实际成本和发出材料应负担的差异额,进而确定发出材料的实际成本。

原材料按计划成本组织收、发核算时,应设置以下几个账户:

(1)"原材料"账户:按计划成本核算所设置的"原材料"账户与按实际成本核算所设置的"原材料"账户基本相同,只是将其实际成本改为计划成本,即"原材料"账户的借方、贷方和期末余额均登记和表示材料的计划成本。

(2)"材料采购"账户:该账户的性质是资产类,用来核算企业购入材料的实际成本和结转入库材料的计划成本,并据以计算确定购入材料成本差异额的账户。其借方登记购入材料的实际成本和结转入库材料实际成本小于计划成本的节约差异,贷方登记入库材料的计划成本和结转入库材料的实际成本大于计划成本的超支差异。期末余额在借方,表示在途材料的实际成本。该账户应按照材料的种类设置明细账户,进行明细分类核算。

(3)"材料成本差异"账户:该账户的性质是资产类,是用来核算企业库存材料实际成本与计划成本之间的超支或节约差异额的增减变动及其结余情况的账户。其借方登记结转入库材料的超支差异额,贷方登记结转入库材料的节约差异额。期末余额如果在借方,表示库存材料的超支差异额,如果在贷方,表示库存材料的节约差异额。

材料按计划成本计价核算,除上述三个账户外,其他的账户同材料按实际成本计价核算所涉及的相关账户。

第四节　生产过程的核算

生产过程是指从投料开始,经过一系列的加工,直至成品的全过程。在生产过程中,主要是劳动者运用劳动工具,直接或间接地作用于劳动对象,使之按人们预定目的变成工业产品。比如对于典型的机械加工来说,生产过程是将原材料转变为机械产品的全过程。

企业的生产过程,是企业劳动者借助于机器、设备,将材料加工成符合顾客需要的产品的过程。生产过程是产品制造企业生产经营活动的中心环节。从会计核算的角度看,其主要表现形式是生产费用的发生、归集和分配以及完工产品的入库,构成生产过程核算的主要内容。生产过程的核算,既是生产核算的过程,也是生产成本计算的过程,专门会计方法称之为成本计算。

一、生产成本的构成内容

企业的生产成本,也称制造成本,是指企业在生产产品过程中所发生的成本,是能够计入产品价值的费用。纳入生产成本的项目主要包括直接材料、直接人工和制造费用项目,即通常所说的"料、工、费"。

企业在一定时期内发生的、用货币额表现的生产耗费,称为生产费用。这些生产费用最终都要归集、分配到一定种类的产品上,形成各种产品的成本。有些费用在发生时,就能直接确认是为生产某种产品而发生的,称为直接费用,可以直接计入某种产品的成本,如直接材料、直接工资;有些费用在发生时,不能直接确认是为生产哪种产品而发生的,称为间接费用。间接费用需要采用一定的分配方法,分配计入相关产品的成本中,如车间制造费用。因此,在产品生产过程中生产费用的发生、归集和分配以及完工产品的入库,就构成了产品生产过程核算的主要内容。

企业在生产经营过程中,由于管理和组织生产的需要而发生的管理费用、财务费用、销售费用,因其不能归属于某个特定产品,而是归属于某个特定的期间,实践中统称为期间费用,作为当期损益处理,不计入产品的生产成本。

二、生产过程核算设置的主要账户

(一)"生产成本"账户

该账户属于成本类账户,主要用来核算和监督企业在产品生产过程中所发生的各项生产费用,包括生产各种产成品、自制半成品、提供劳务、自制材料、自制工具及自制设备等所发生的各项费用。该账户借方登记增加数,表示当期实际发生的各项生产费用,贷方登记减少数,表示完工产品已转出的实际成本数额。期末余额在借方,表示尚未完工的在产品成本,该账户需按产品种类、规格分别设置明细账户,进行明细核算。

借方	生产成本	贷方
生产活动领用或发生的 材料、人工和制造费用	完工验收入库产品成本结转	
期末余额:在产品		

(二)"制造费用"账户

该账户属于成本类账户,主要用来核算和监督企业为生产产品和提供劳务而发生的各项间接费用,即在产品生产或提供劳务的过程中不能直接记入"生产成本"的各种费用,是企业制造部门(车间、分厂)为管理和组织生产而发生的各项费用。账户借方登记增加数,表示本期发生的全部制造费用,如车间管理人员的工资、车间房屋折旧、照明费,以及其他不能直接记入产品成本的费用,如机器设备折旧费等;贷方登记减少数,表示企业按一定标准分配记入"生产成本"账户借方并由各种产品负担的制造费用数额。该账户期末结转后一般无余额,该账户应按不同部门和成本项目设置明细账户,进行明细分类核算。

借方	制造费用	贷方
车间一般消耗的 材料、人工及各项杂费	期末结转计入生产成本	

(三)"库存商品"账户

"库存商品"属于资产类账户,核算企业库存的各种商品的实际成本(或进价)或计划成本(或售价),包括库存产成品、外购商品、存放在门市部准备出售的商品、发出展览的商品以及寄存在外的商品等。接受来料加工制造的代制品和为外单位加工修理的代修品,在制造和修理完成验收入库后,视同企业的产成品,也通过本科目核算。本科目可按库存商品的种类、品种和规格等进行明细核算。企业产品完工入库时,借记本科目;因出售等原因而减少库存商品时,贷记本科目;本科目期末借方余额,反映企业库存商品的实际成本(或进价)或计划成本(或售价)。

借方	库存商品	贷方
生产完工验收入库的商品成本	因销售等原因出库减少的库存商品成本	
期末余额:企业期末库存的商品成本		

(四)"管理费用"账户

该账户属于损益类账户,主要用于核算和监督企业行政管理部门为组织和管理生产经营活动而发生的各项费用,包括行政管理部门人员的工资及福利费、办公费、折旧费、工会经费、职工教育经费、业务招待费、劳动保险费等。账户借方登记增加数,表示本期发生的各项管理费用;贷方登记减少数,表示期末转入"本年利润"账户的管理费用,结转后应无余额。该账户需按费用项目进行明细分类核算。

借方	管理费用	贷方
厂部生产经营管理一般消耗的材料、人工及各项杂费	期末结转计入当期损益	

三、生产过程的核算举例

【例 5.21】 生产成本核算案例:

顺达实业公司 2019 年 6 月份为了生产甲、乙两种产品,发生如下经济业务:

6 月 2 日,从仓库领用 A 材料 900 000 元用于产品生产。其中,538 000 元的材料用于甲产品的生产,362 000 元的材料用于乙产品的生产。

6 月 4 日,从仓库领取 B 材料 50 000 元,供生产车间作为辅助材料使用。

6 月 30 日,结算本月份的职工工资 590 000 元。其中,甲产品生产工人的工资为 300 000 元,乙产品生产工人的工资为 210 000 元,生产车间管理人员工资为 60 000 元,行政管理部门职工的工资为 20 000 元。

6 月 30 日,分别按职工工资总的 10%、12%、2%、10%、2% 和 1%,计提职工医疗保险费、养老保险费、失业保险费、住房公积金、工会经费和职工教育经费。总的计提比例为 37%,其中,社会保险费的计提比例为 24%(10%+12%+2%)。

6 月 30 日,计提固定资产折旧 73 200 元。其中,生产车间使用固定资产计提折旧 57 600 元,行政管理部门使用固定资产计提折旧 15 600 元。

6 月 30 日,将制造费用按生产工人工资比例分配到甲、乙两种产品。

6 月 30 日,甲、乙两种产品全部完工,甲产品 2 000 件和乙产品 1 000 件经验收全部合格并入库。

顺达实业公司 2019 年 6 月份生产业务的账务处理如下:

(1)6 月 2 日,领用 A 材料用于直接生产

生产产品直接领用的材料,直接计入相关产品,为几种产品共同领用,往往要按照合理

的标准,采用适当的分配方法,分配计入各种产品。

借:生产成本——基本生产成本——甲产品　538 000

　　　　　　　　　　　　——乙产品　362 000

　　贷:原材料——A材料　　　　　　　　　　 900 000

(2)6月4日,车间领用B材料辅助使用

车间领用一般性消耗辅助用材料,应先计入制造费用。

借:制造费用　　　　　　　　　　　　50 000

　　贷:原材料——B材料　　　　　　　　　 50 000

(3)6月30日,计算当月职工薪酬

借:生产成本——基本生产成本——甲产品　300 000

　　　　　　　　　　　　——乙产品　210 000

　　制造费用　　　　　　　　　　　　60 000

　　管理费用　　　　　　　　　　　　20 000

　　贷:应付职工薪酬——工资　　　　　　　 590 000

▲下月通知银行发放职工薪酬的时候

借:应付职工薪酬——工资　　　　　　590 000

　　贷:银行存款　　　　　　　　　　　　 590 000

(4)计提各种保险费等

各种保险费等的计提,是以工资为基础按计提百分比提取并计入与工资相应的成本费用项目。

借:生产成本——基本生产成本——甲产品　111 000

　　　　　　　　　　　　——乙产品　 77 700

　　制造费用　　　　　　　　　　　　22 200

　　管理费用　　　　　　　　　　　　 7 400

　　贷:应付职工薪酬——社会保险费　　　　 141 600

　　　　　　　　　　——住房公积金　　　　 59 000

　　　　　　　　　　——工会经费　　　　　 11 800

　　　　　　　　　　——职工教育经费　　　　 5 900

(5)6月30日,计提折旧

企业的固定资产一般有较长的使用期限,而且其价值会随着固定资产的使用等原因而逐期减少。通常,将固定资产使用中的磨损或因科技进步等原因而逐渐转移的价值,称为固定资产折旧。这部分转移的价值以折旧费用的形式计入成本费用中。

为了对固定资产计提的折旧费进行核算,会计上需设置"累计折旧"账户,结合本例,具体核算方法为:

借:制造费用　　　　　　　　　　　　57 600

　　管理费用　　　　　　　　　　　　15 600

　　贷:累计折旧　　　　　　　　　　　　 73 200

(6)6月30日,分配制造费用

制造费用是按照车间归集的,如果一个车间同时生产两种以上的产品,如企业生产甲、乙两种产品,则归集的制造费用需要在甲、乙两种产品之间采用适当的方法进行分配。

分配率=(50 000+60 000+22 200+57 600)/(300 000+210 000)=0.372 157

甲产品分配制造费用=300 000×0.372 157=111 647(元)

乙产品分配制造费用=210 000×0.372 157=78 153(元)

借:生产成本——基本生产成本——甲产品　111 647

　　　　　　　　　　　　——乙产品　　78 153

　　贷:制造费用　　　　　　　　　　　　　　189 800

(7)6月30日,结转完工产品成本

借:库存商品——甲产品　　　　　　　1 060 647

　　　　　　——乙产品　　　　　　　　727 853

　　贷:生产成本——甲产品　　　　　　1 060 647

　　　　　　　　——乙产品　　　　　　　727 853

生产过程核算示意如图5-8所示。

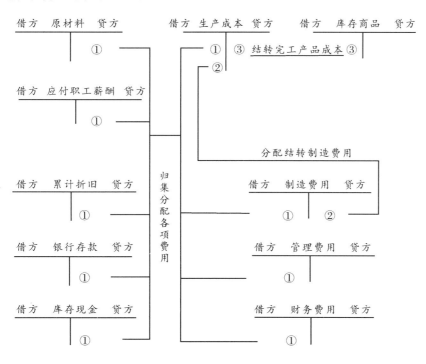

图5-8　生产过程核算示意

课 外 阅 读

流动资产损失鉴定案例的启发

杭州某厂2010年12月31日发生一起重大火灾,一座三层楼房的第一车间、第五车间和一个劳动保护用品库被大火烧毁,造成了该厂固定资产和流动资产的巨大损失。该厂组成的财产损失核算小组对火灾事故造成的财产损失数额上报为 1 464 000 元,其中流动资产损失上报为 174 000 元。

为了查明杭州某厂火灾事故造成的财产损失数额,杭州市人民检察院法纪检察处委托本单位技术处对杭州某厂发生火灾造成的损失进行鉴定。运用核对方法对该厂的生产成本账、成本计算单和火灾前后的在产品盘点表、流动资产损失表进行了检验;运用复核方法对该厂财务科提供的供销科劳动保护用品仓库损失表及其明细表进行了复核。

鉴定结论为:杭州某厂火灾事故造成的财产损失总金额竟高达 180 余万元,其中流动资产损失为 466 993 元。

 本章小结

本章以产品制造企业基本业务的核算为例介绍了借贷记账法的具体应用。筹资与投资业务介绍了企业资金的取得与资金投资的核算;采购业务介绍了原材料入账价值的确认与计量,以及由此引起的应付账款、应付票据等的账务处理;生产业务主要涉及直接材料、直接人工、制造费用的归集与分配以及完工产成品的核算。

 关键词

库存现金 cash on hand　　　　银行存款 cash in bank
应收票据 note receivable　　　应收账款 account receivable
原材料 material　　　　　　　产成品 finished goods
商品 goods　　　　　　　　　成本 cost
直接材料 direct material　　　直接工资 direct labor
制造费用 overhead　　　　　　存货 inventory
原材料 raw material

 思考题

1.采购成本由哪些内容构成?

2.现金折扣如何处理?

3.生产成本主要由哪些项目构成?

4.什么是存货? 它具体包括哪些项目?

5.存货的入账价值是如何构成的?

 练习题

习题一

[目的]练习工业企业资金筹集业务的核算。

[资料]甲有限责任公司发生下列经济业务:

(1)收到股东追加的投资 200 000 元存入银行,协议计入资本 150 000 元,其余作为溢价。

(2)向银行借入 3 个月期借款 100 000 元存入银行。

(3)向银行借入 3 年期借款 800 000 元存入银行。

(4)从银行存款中支付本季度短期借款利息 32 000 元,本季度前两个月已预提短期借款利息 21 000 元。

(5)以银行存款偿还短期借款 50 000 元,长期借款 100 000 元。

(6)收到乙公司投资的企业商标权一项,投资双方确认的价值为 200 000 元。

(7)按规定将盈余公积金 30 000 元转作资本金。

[要求]根据上述资料编制会计分录。

习题二

[目的]练习工业企业供应过程的核算。

[资料]宏远股份有限公司对材料采用实际成本法核算,2019 年 9 月发生的部分经济业务如下:

(1)购入一台需安装方可投入使用的设备,增值税专用发票上注明的买价为 150 000 元,增值税税额为 19 500 元,支付各种采购费用 1 000 元,以上款项均已通过银行转账付讫。

(2)对前述购入设备进行安装调试,并以银行存款支付安装调试费 30 000 元。

(3)前述设备经安装调试完毕投入使用,结转其总成本。

(4)采购员张某向公司预借差旅费 1 200 元,以现金付讫。

(5)从 A 公司购入甲材料一批,收到的增值税专用发票上注明的价款为 60 000 元、增值税税额为 7 800 元,甲材料已运达公司但尚未验收,相关款项尚未支付。

(6)为采购乙材料,向 B 公司预付材料款 20 000 元。

(7)收到 B 公司发来的乙材料并验收入库,收到的增值税专用发票上注明的价款为 18 000 元、增值税税额为 2 340 元,余款以银行存款付讫。

(8)将前述所购的甲材料验收入库。

(9)向 C 公司购入下列材料(见表 5-1),相关款项以商业承兑汇票结算,增值税税率为 13%。

表 5-1 宏远股份购入的 C 公司材料

材料种类	数量/千克	单价(不含税)/元	合计/元
丙材料	800	15	12 000
丁材料	1 200	13	15 600

(10)收到上述所购的丙、丁两种材料,同时将其验收入库,以现金支付各种采购费用 900 元(采购费用按材料重量比例分配)。

(11)开出转账支票,支付以前会计期间所欠 D 公司的货款 113 000 元。

(12)采购员张某出差归来,报销差旅费 1500 元,差额以现金补付。

[要求]

(1)根据上述经济业务,为宏远公司编制相关的会计分录。

(2)登记"在途物资"和"原材料"账户的总分类账及明细分类账(采用"T"字形账户形式)。

习题三

[目的]练习工业企业生产过程的核算。

[资料]宏远股份有限公司 2019 年 10 月发生如下经济业务：

(1)生产车间主任报销办公费 840 元,以现金付讫。

(2)开出现金支票,支付车间保险费 1 500 元。

(3)用银行存款支付本月车间机器设备修理费 3 000 元。

(4)以银行存款支付本月水电费 16 500 元,其中:生产车间负担 13 000 元,行政管理部门负担 3 500 元。

(5)摊销年初已支付应由本月负担的车间财产保险费用 500 元。

(6)月末根据仓库报送的本月汇总领料单,本月耗用的材料如表 5-2 所示。

表 5-2　2019 年 10 月耗用的材料

用途	甲材料		乙材料		合计/元
	数量/千克	金额/元	数量/千克	金额/元	
生产 A 产品	1 500	15 000	2 500	37 500	52 500
生产 B 产品	3 000	30 000	3 500	52 500	82 500
小计	4 500	45 000	6 000	90 000	135 000
车间一般耗用	650	6 500	320	4 800	11 300
合计	5 150	51 500	6 320	94 800	146 300

(7)计提本月固定资产折旧 25 000 元,其中:生产车间用固定资产应提折旧 18 000 元,行政管理部门用固定资产应提折旧 7 000 元。

(8)月末人事部门报来的工资计算单注明本月工资总额为 140 000 元,其中:A 产品生产工人工资 40 000 元,B 产品生产工人工资 60 000 元,生产车间管理人员工资 19 000 元,行政管理人员工资 21 000 元。同时公司分别按照职工工资总额的 10%、12%、2% 和 10% 的比例计提医疗保险费、养老保险费、失业保险费和住房公积金。

(9)从银行提取 110 000 元现金,以备发放工资。

(10)以现金支付职工工资 110 000 元。

(11)按 A、B 产品的生产工人工资比例分配结转本月制造费用。

(12)本月生产的 A 产品(1500 件)全部没有完工,B 产品(2000 件)全部完工并验收入库。结转本月完工产品的生产成本。(假定 A、B 两种产品期初均无在产品)

[要求]

(1)根据上述经济业务,为宏远公司编制相关的会计分录。

(2)登记公司的"生产成本"和"制造费用"总分类账。

(3)计算 B 产品的总成本及单位成本。

附　录

成本计算

成本计算是把一定时期内企业生产经营过程中所发生的生产费用,按其性质和发生地点,分类归集、汇总、核算,计算出该时期内生产经营费用发生总额以及分别计算出每种产品的实际成本和单位成本的一系列方法和程序的总称。成本计算是会计的一项专门方法。成本计算的基本方法有品种法、分批法和分步法,这里我们以品种法为例说明成本计算的过程。

(一)材料费用的核算

生产经营过程中实际消耗的材料通常包括原材料、辅助材料、备品配件、外购半成品、燃料、动力、包装物、低值易耗品等。各个生产部门需用材料时,应填制领料凭证,一般称为领料单,向仓库办理领料手续。仓库根据领料凭证发出材料后,应将领料单传递给财会部门。期末,财会部门根据领料的车间及领料用途的不同编制发料凭证汇总表,并以此编制会计分录。

对于发生的材料费用,应根据其用途的不同进行相应的会计处理。为生产产品领用的直接材料成本,应根据其发生额,借记"生产成本——基本生产成本",贷记"原材料"。

对于一些构成产品实体的原料、主要材料等,为几种产品共同耗用,往往要按照合理的标准,采用适当的分配方法,分配计入各种产品。常用的分配标准有:定额耗用量比例、系数比例、产品产量比例等。现以材料定额消耗量比例或材料定额成本比例为例,说明共同耗用材料的分配方法。计算公式如下:

$$分配率=\frac{材料实际消耗量(或实际成本)}{各种产品材料定额消耗量等(或定额成本等)之和}$$

$$某种产品应分配的材料数量(费用)=\frac{该种产品的材料定额}{消耗量(或定额成本等)}\times 分配率$$

例:甲、乙两种产品共同领用原材料 60 000 元,甲、乙两种产品的产量分别为 400 件、500 件,甲产品的单位消耗定额为 500 元,乙产品的单位消耗定额为 200 元。分配结果如下:

分配率=60 000/(200 000+100 000)=0.2

应分配的材料费用:

甲产品:0.2×200 000=40 000(元)

乙产品:0.2×100 000=20 000(元)

借:生产成本——基本生产成本(甲产品)　　　40 000
　　　　　　　——基本生产成本(乙产品)　　　20 000
　　贷:原材料　　　　　　　　　　　　　　　　60 000

发生的材料费用如为车间管理领用的,应记入制造费用账户的借方;为厂部管理领用的,应记入管理费用账户的借方。同时,企业库存材料减少,应记入原材料账户的贷方。

在实际工作中,材料费用的分配一般是通过"材料费用分配表"进行的。这种分配表应该按照材料的用途和材料类别,根据归类的领料凭证编制。其格式内容举例见表5-3。

表 5-3　材料费用分配表

应借科目			共同耗用原材料的分配					直接领用的原材料/元	耗用原材料总额/元
总账及二级科目	明细科目	成本或费用项目	产量/件	单位消耗定额/元	定额消耗用量/元	分配率	应分配材料费/元		
生产成本——基本生产成本	甲产品	直接材料	400	500	200 000		40 000	200 000	240 000
	乙产品	直接材料	500	200	100 000		20 000	100 000	120 000
	小计				300 000	0.2	60 000	300 000	360 000

应借科目			共同耗用原材料的分配					直接领用的原材料/元	耗用原材料总额/元
总账及二级科目	明细科目	成本或费用项目	产量/件	单位消耗定额/元	定额消耗用量/元	分配率	应分配材料费/元		
生产成本——辅助生产成本	供电车间	直接材料						62 000	62 000
	锅炉车间	直接材料						10 000	10 000
	小计							72 000	72 000
制造费用	基本车间	机物料消耗						4 000	4 000
管理费用		其他						6 000	6 000
合计					300 000		60 000	382 000	442 000

根据"材料费用分配表"分配材料记入有关科目,其会计分录如下:

借:生产成本——基本生产成本——甲产品　240 000

　　　　　　　　　　　　——乙产品　120 000

　　　　——辅助生产成本——供电车间　62 000

　　　　　　　　　　　　——锅炉车间　10 000

　制造费用——基本车间　4 000

　管理费用　6 000

　　贷:原材料　442 000

（二）职工薪酬费用的核算

职工薪酬是指企业应支付给职工的各项劳动报酬,包括职工工资、奖金、津贴和补贴、职工福利费、医疗(养老、失业、工伤)等社会保险,住房公积金,工会经费,职工教育经费以及非货币性福利等。

职工薪酬是通过设置应付职工薪酬账户来核算的。应付职工薪酬账户属于负债类账户,主要用来核算和监督企业应付给职工的各项报酬。账户借方登记减少额,表示本月实际支付给职工的全部职工薪酬额;贷方登记增加额,表示本月应付给职工的全部职工薪酬额。该账户贷方余额,表明企业应付未付职工薪酬额;借方余额,表示企业多支付的职工薪酬额。

企业当月实际发生的各项职工薪酬,应根据其发生额,借记"生产成本——基本生产成本"或"制造费用"等账户,贷记"应付职工薪酬"。实际支付薪酬时,借记"应付职工薪酬",贷记"银行存款"等。

直接从事生产劳动的生产工人的职工薪酬应直接计入生产成本,如果只生产一种产品,可直接计入该种产品的生产成本;如果生产多种产品,应采用一定的分配方法在各种产品之间进行分配。职工薪酬费用的分配,通常采用一定的标准,如按产品实用工时的比例分配。其计算公式如下:

$$分配率=\frac{生产工人工资总额}{各种产品实用工时之和}$$

某种产品应分配的工资费用＝该种产品实用工时×分配率

非直接从事生产劳动的其他人员的职工薪酬应根据用途的不同分别计入"制造费用""管理费用"等账户。

实践中,职工薪酬费用的分配通常通过编制"职工薪酬费用分配表"或"职工薪酬费用分配汇总表"进行(见表 5-4)。

表 5-4 职工薪酬费用分配汇总表

应借科目		工 资				职工福利费/元
总账及二级科目	明细科目	分配标准/工时	生产人员工资/元 (270 000/67 500＝4)	管理人员工资/元	工资合计/元	
生产成本——基本生产成本	甲产品	40 500	162 000		162 000	22 680
	乙产品	27 000	108 000		108 000	15 120
	小 计	67 500	270 000		270 000	37 800
生产成本——辅助生产成本	供电车间			10 000	10 000	1 400
	锅炉车间			12 000	12 000	1 680
	小 计			22 000	22 000	3 080
制造费用	基本车间				8 000	1 120
管理费用					30 000	4 200
合 计				330 000	330 000	46 200

根据"职工薪酬费用分配汇总表"分配人工费用记入有关科目,其会计分录如下:

借:生产成本——基本生产成本——甲产品 162 000
　　　　　　　　　　　　　——乙产品 108 000
　　　　　——辅助生产成本——供电车间 10 000
　　　　　　　　　　　　　——锅炉车间 12 000
　　制造费用——基本车间 8 000
　　管理费用 30 000
　　贷:应付职工薪酬——工资 330 000

提取的职工福利费:

借:生产成本——基本生产成本——甲产品 22 680
　　　　　　　　　　　　　——乙产品 15 120
　　　　　——辅助生产成本——供电车间 1 400
　　　　　　　　　　　　　——锅炉车间 1 680
　　制造费用——基本车间 1 120
　　管理费用 4 200
　　贷:应付职工薪酬——福利费 46 200

(三)其他费用的核算

企业在产品生产过程中,除了发生材料、职工薪酬等费用外,还要发生一些诸如固定资产的折旧费、修理费、水电费等其他费用。这些费用都是间接费用,不能直接计入产品成本,要经过归集、分配后,才能计入某种产品的成本。

1.固定资产的折旧费

企业的固定资产一般有较长的使用期限,而且其价值会随着固定资产的使用等原因而逐期减少。通常,将固定资产使用中的磨损或因科技进步等原因而逐渐转移的价值,称为固定资产折旧。这部分转移的价值以折旧费用的形式计入成本费用中。

为了对固定资产计提的折旧费进行核算,会计上需设置累计折旧账户。累计折旧账户是一个资产类账户。该账户专门用来反映固定资产累计所计提的折旧额。从性质上来说,它与其他资产类账户的结构有所不同,即其贷方登记增加数,表示企业计提的固定资产的折旧额;借方登记减少数,表示因固定资产实物的减少而冲销的累计折旧额;余额在贷方,表示企业的固定资产已累计计提的折旧额。

借方	累计折旧	贷方
固定资产报废结转	累计计提的折旧金额	
	累计计提的折旧余额	

累计折旧账户是固定资产账户的备抵调整账户。期末,固定资产账户的借方余额减去累计折旧账户的贷方余额,可求得固定资产的折余价值(亦称净值),以反映企业现有固定资产的新旧程度。

在企业计提折旧时,企业应根据固定资产的用途不同分别计入相应的成本费用账户。其中,生产车间的固定资产折旧费计入制造费用;厂部的固定资产折旧费计入管理费用;同时增加固定资产的折旧总额。

[业务1]华兴公司计提企业本月的固定资产折旧5 000元,其中生产车间计提4 000元,厂部计提1 000元。

该项经济业务的发生,一方面,企业固定资产的折旧增加,应记入累计折旧账户的贷方;另一方面,生产车间和厂部的折旧费用增加了,应分别记入制造费用和管理费用账户的借方。具体的会计分录为:

借:制造费用   4 000

  管理费用   1 000

  贷:累计折旧   5 000

2.固定资产的修理费

固定资产的修理费是指固定资产在整个使用过程中的一种后续支出,为了维持固定资产的正常运转和使用,使它一直处于良好的工作状态,就必须进行必要的维修。但该项支出不应计入固定资产的价值之中,而应作为企业的一项成本费用加以反映。

[业务2]华兴公司以银行存款支付本月固定资产的日常修理费300元。

在此例中,一方面,企业的银行存款减少了,应记入银行存款账户的贷方;另一方面,固定资产的修理费作为当期损益,应记入管理费用账户的借方。具体的会计分录为:

借:管理费用   300

  贷:银行存款   300

3.办公费、水电费的核算

[业务3]以银行存款支付企业的办公费2 400元,水电费1 600元,其中生产车间负担2 200元,厂部负担1 800元。

这项经济业务的发生,一方面,企业的银行存款少了;另一方面,车间负担的应记入制

造费用账户的借方,厂部负担的应记入管理费用账户的借方。具体的会计分录为:

借:制造费用　　　　　　　　　　　　　　2 200

　管理费用　　　　　　　　　　　　　　1 800

　　贷:银行存款　　　　　　　　　　　　4 000

4. 差旅费的核算

出差人员预借的差旅费应通过其他应收款账户反映。

"其他应收款"账户:该账户是资产类账户,反映企业与其他单位或个人除产品销售、劳务供应之外所发生的各种应收及暂付款项。如应收的罚款、赔款,预借的差旅费、备用金及存出保证金等。账户的借方登记增加数,表示发生的其他应收款项;贷方登记减少数,表示收回的其他应收款项;余额一般在借方,表示企业尚未收回的其他应收款项。该账户应按不同的债务人设明细账进行明细分类核算。

[业务4]厂长助理李明出差预借差旅费1 000元,以现金支付。

该项经济业务的发生,一方面,企业的现金减少了,应记入现金账户的贷方;另一方面,企业应向厂长李明收取的款项增加了,应记入其他应收款账户的借方。具体的会计分录为:

借:其他应收款——李明　　　　　　　　　1 000

　　贷:现金　　　　　　　　　　　　　　1 000

[业务5]李明出差回来,报销差旅费800元,退回多余的款项,结清前借款。

这项经济业务的发生,一方面,厂部负担的差旅费发生了800元,应记入管理费用账户的借方,同时企业的现金增加200元,应记入现金账户的借方;另一方面,收回李明之前借的差旅费款项1 000元,应记入其他应收款账户的贷方。具体的会计分录为:

借:管理费用　　　　　　　　　　　　　　800

　现金　　　　　　　　　　　　　　　　200

　　贷:其他应收款——李明　　　　　　　1 000

(四)制造费用的核算

制造费用是指各个车间为组织和管理生产所发生的不能归入直接材料、直接人工成本的所有其他费用,如车间管理人员的工资及福利费、车间房屋及建筑物和机器设备的折旧费、租赁费、修理费、水电费、办公费等。

企业发生的各种制造费用,应根据其发生额,借记"制造费用",贷记"原材料""应付职工薪酬""累计折旧""银行存款"等账户。期末,将各个产品应负担的制造费用分配转入"生产成本"账户,借记"生产成本——基本生产成本",贷记"制造费用"。

在生产一种产品的车间中,制造费用可直接计入其产品成本。在生产多种产品的车间中,就要采用既合理又简便的分配方法,将制造费用分配计入各种产品成本。制造费用分配计入产品成本的方法,常用的有按生产工时、定额工时、机器工时、直接人工费等比例分配的方法。其计算公式如下:

$$分配率 = \frac{制造费用总额}{各种产品实用工时之和}$$

某种产品应分配的制造费用 = 该种产品实用工时 × 分配率

例:假设企业基本生产车间生产甲产品的实用工时为40 500小时,生产乙产品的实用工时为 27 000 小时,本月发生制造费用 116 600 元。要求在甲、乙产品之间分配制造费用(见表 5-5),并编制会计分录。

表 5-5　制造费用分配表

借方科目	生产工时/小时	分配率	分配金额/元
生产成本——基本生产成本——甲产品	40 500	0.6	69 960
生产成本——基本生产成本——乙产品	27 000	0.4	46 640
合　计	67 500	1.00	116 600

借:生产成本——基本生产成本——甲产品　　69 960
　　　　　　　　　　　　——乙产品　　46 640
　贷:制造费用　　　　　　　　　　　　　116 600

(五)完工产品成本结转

通过上述各项费用的归集和分配,基本生产车间在生产过程中发生的各项费用,已经集中反映在"生产成本——基本生产成本"科目及其明细账的借方,这些费用都是本月发生的生产的费用,并不是本月完工产成品的成本。要计算出本月的完工产品成本,需要将本月发生的生产费用,加上月初在产品成本,然后再将其在本月完工产品和月末在产品之间进行分配,以求得本月产成品成本。其账务处理是,借记"库存商品"账户,贷记"生产成本——基本生产成本"账户。

例:假定企业的甲产品期末在产品成本按照年数固定计算,完工产品成本计算如表 5-6所示。

表 5-6　生产费用分配表　　　　　　　　　　　　　单位:元

成本项目	生产费用合计	完工产品成本	月末在产品成本
直接材料	240 000	236 000	4 000
直接人工	184 680	183 880	800
制造费用	69 960	68 160	1 800
合　计	494 640	488 040	6 600

完工产品入库的会计分录如下:
借:库存商品——甲产品　　　　　　　　　488 040
　贷:生产成本——基本生产成本——甲产品　　488 040

产品完工后,根据完工产品成本,结转产品成本,借记"库存商品",贷记"生产成本——基本生产成本"。

第六章　借贷记账法的具体应用(下)

学习目标

通过本章学习,要求理解和掌握:

1. 制造业销售业务的核算;
2. 损益的核算;
3. 期末账项调整业务;
4. 利润及其分配的核算。

【引例】　同学甲和同学乙在讨论要学习销售过程的核算,同学甲信心满满地说,根据复式记账原理,采购材料借记"原材料",贷记"银行存款";生产领用材料借记"生产成本",贷记"原材料";产品完工验收入库借记"库存商品",贷记"生产成本";那么生产的产品卖出去该怎么记账呢?会不会是借记"银行存款",贷记"库存商品"呢?同学乙满腹疑团,回答道:不会吧?

第一节　销售过程的核算

销售业务是企业日常经营业务的最终环节,也是企业获得经济利益的主要渠道。销售业务销售的商品,主要包括企业为销售而生产的产品和为转售而购进的产品,如制造业企业生产的产品、商品流通企业购进的商品等。此外,企业销售的其他存货如包装物、原材料等也视同企业的商品。由销售商品而形成的收入是制造业企业和商品流通企业收入的主要来源。

一、销售收入的确认

(一)收入确认模型

收入确认的核心原则是"企业应当在履行了合同中的履约义务,即在客户取得相关商品或服务的控制权时确认收入"。基于该原则,收入确认计量应采用"五步法"模型,即:①识别与客户订立的合同;②识别合同中的单项履约义务;③确定交易价格;④将交易价格分摊至各单项履约义务;⑤履行每一单项履约义务时确认收入。

客户,是指与企业订立合同以向该企业购买其日常活动产出的商品或服务并支付对价的一方。客户是为了获取企业日常活动产出的商品或服务,如果一项交易或事件不是因与客户之间的合同而发生,那么该交易或事件产生的收入不属于收入准则的范围,而应当继续按照其他准则进行处理。

合同,是指双方或多方之间订立有法律约束力的权利义务的协议。合同有书面形式、口头形式以及其他形式。合同的定义强调,当双方或多方之间达成的协议确立了有约束力的权利和义务时,才存在合同。当企业与客户之间的合同同时满足下列条件时,企业应当在客户取得相关商品控制权时确认收入,即合同需具备的要件包括:①合同各方已批准该合同并承诺将履行各自义务;②该合同明确了合同各方与所转让商品或提供劳务(以下简称"转让商品")相关的权利和义务;③该合同有明确的与所转让商品相关的支付条款;④该合同具有商业实质,即履行该合同将改变企业未来现金流量的风险、时间分布或金额;⑤企业因向客户转让商品而有权取得的对价很可能收回。

履约义务,是指合同中企业向客户转让可明确区分商品的承诺。履约义务既包括合同中明确的承诺,也包括由于企业已公开宣布的政策、特定声明或以往的习惯做法等导致合同订立时客户合理预期企业将履行的承诺。日常商品的销售通常为单项履约义务,比如顺达实业公司销售它的产品。对包含多重交易安排的合同准则就要求企业在合同开始日对合同进行评估,识别合同所包含的各单项履约义务,按照各单项履约义务所承诺商品(或服务)的单独售价的相对比例将交易价格分摊至各单项履约义务,进而在履行各单项履约义务时确认相应的收入。企业为履行合同而应开展的初始活动,通常不构成履约义务,除非该活动向客户转让了承诺的商品。

交易价格,是指企业因向客户转让商品而预期有权收取的对价金额。企业代第三方收取的款项(例如收取的增值税销项税额)以及企业预期将退还给客户的款项,应当作为负债进行会计处理,不计入交易价格。包含多重交易安排的合同交易价格要分摊至各单项履约义务。比如,当合同中包含两项或多项履约义务时,为了使企业分摊至每一单项履约义务的交易价格能够反映其因向客户转让已承诺的相关商品(或提供已承诺的相关服务)而预期有权收取的对价金额,企业应当在合同开始日,按照各单项履约义务所承诺商品的单独售价的相对比例,将交易价格分摊至各单项履约义务。

2019年6月1日,甲公司与客户签订合同,向其销售A、B两项商品,A商品的单独售价为6 000元,B商品的单独售价为24 000元,合同价款为25 000元。合同约定,A商品于合同开始日交付,B商品在一个月之后交付,只有当两项商品全部交付之后,甲公司才有权收取25 000元的合同对价。假定A商品和B商品分别构成单项履约义务,其控制权在交付时转移给客户。上述价格均不包含增值税,且假定不考虑相关税费影响。

【解析】 分摊至A商品的合同价款为5 000元:[(6 000÷(6 000+24 000)×25 000];分摊至B商品的合同价款为20 000元:[24 000÷(6 000+24 000)×25 000]。

企业应当根据实际情况,首先判断履约义务是否满足在某一时段内履行的条件,如不满足,则该履约义务属于在某一时点履行的履约义务。

(二)折扣

收入的计量通常涉及折扣问题,包括商业折扣、现金折扣和销售折让。企业(销售方)发生商业折扣时,应按扣除商业折扣以后的实际交易金额确定销售商品收入金额。对于销售折让,企业(销售方)通常应在实际发生折让时冲减当期销售商品收入。

▲现金折扣,对于销售方而言也称为销货折扣,是销售企业采取赊销行为,为尽早收回货款所给予购货方的付款优惠,通常表示为 2/10、1/20、N/30,表明信用期限为 30 天,折扣期分别为 10 天和 20 天,即 10 天内付款,可享受 2%的折扣,20 天内付款可享受 1%的折扣,超过 20 天付款,则无折扣。企业销售商品涉及现金折扣的,我们认为更多的与融资安排而不是销售有关,因此,应当按照扣除现金折扣前的金额确定销售商品收入金额,现金折扣在实际发生时计入财务费用。

▲商业折扣,商业折扣是指企业为促进销售而在商品标价上给予的扣除。在销售实际已发生,企业销售实现时,按扣除商业折扣后的净额确认销售。

二、销售过程核算设置的主要账户

销售过程核算主要应设置的账户有"应收账款""应收票据""主营业务收入""主营业务成本"等。

(一)"应收账款"账户

应收账款是指企业因销售商品提供劳务应向购货单位或接受劳务单位收取的款项。企业因销售商品、提供劳务发生应收账款时,应按应收金额借记"应收账款"账户,按实现的营业收入贷记"主营业务收入"或"其他业务收入"账户,按增值税专用发票上注明的增值税额贷记"应交税费——应交增值税(销项税额)"账户。收回应收账款时,应借记"银行存款"账户,贷记"应收账款"账户。如果预收账款改用商业汇票结算,在收到承兑的商业汇票时,应按面值借记"应收票据"账户,贷记"应收账款"账户。

借方	应收账款	贷方
销售商品、提供劳务赊销发生的应收账款增加	应收账款的收回	
应收账款期末余额		

(二)"应收票据"账户

票据是具有一定格式的书面债据,是由出票人签发的在未来日期无条件支付一定款项的书面承诺。企业所持有的尚未兑现的各种票据称为应收票据。在我国,应收票据特指商业汇票。

企业因销售商品、提供劳务等取得商业汇票时,应按票据的面值,借记"应收票据"账户,按实现的营业收入,贷记"主营业务收入"或"其他业务收入"账户,按增值税专用发票上注明的增值税额,贷记"应交税费——应交增值税(销项税额)"账户。企业收到用以抵偿应收账款的商业汇票时,应按票据的面值,借记"应收票据"账户,贷记"应收账款"账户。

票据到期收回票款时,应按票据的面值,借记"银行存款"账户,贷记"应收票据"账户。商业承兑汇票到期承兑人违约拒付或无力支付票款时,企业应按票据的面值,借记"应收账款"账户,贷记"应收票据"账户。

借方	应收票据	贷方
销售商品、提供劳务收到商业汇票而发生的应收票据增加	应收票据的收回或到期	
应收票据期末余额		

（三）"主营业务收入"账户

主营业务收入属于损益类（收入）账户，核算企业确认的销售商品、提供劳务等主营业务形成的收入，可按主营业务的种类进行明细核算。企业确认实现营业收入时，贷记本科目；期末，应将本科目的余额转入"本年利润"科目，结转时应借记本科目；结转后本科目应无余额。

借方	主营业务收入	贷方
期末贷方发生额合计数转入"本年利润"科目	销售商品、提供劳务等主营业务形成的收入	

（四）"主营业务成本"账户

主营业务成本属于损益类（费用）账户，核算企业确认销售商品、提供劳务等主营业务收入时应结转的成本，可按主营业务的种类进行明细核算。企业确认发生的主营业务成本时，借记本科目；期末，将本科目的余额转入"本年利润"科目时，贷记本科目；结转后本科目应无余额。

借方	主营业务成本	贷方
销售商品、提供劳务等主营业务成本	期末借方发生额合计数转入"本年利润"科目	

三、销售过程的核算举例

企业售出商品满足收入确认条件，应当按已收或应收的合同或协议价款，加上应收取的增值税额，借记"银行存款""应收账款""应收票据"等账户，按确定的收入金额，贷记"主营业务收入"或"其他业务收入"账户，按应收取的增值税额，贷记"应交税费——应交增值税（销项税额）"账户；同时，按售出商品的成本，借记"主营业务成本"或"其他业务成本"账户，贷记"库存商品""原材料"等账户。如果售出商品不满足收入确认条件，则不应确认收入，已经发出的商品应当通过"发出商品"账户进行核算。

【例 6.1】 顺达实业公司赊销一批商品给乙企业，按价目表上标明的价格计算，其售价金额为 200 000 元，由于是批量销售，顺达实业公司给予乙企业 10% 的商业折扣，折扣金额为 20 000 元，适用的增值税率为 13%，所销售的产品成本为 120 000 元。顺达实业公司的会计处理如下。

（1）销售商品时，做如下会计分录：

```
借:应收账款                           203 400
    贷:主营业务收入                           180 000
        应交税费——应交增值税(销项税额)         23 400
```
(2)收回应收账款时,做如下会计分录:
```
借:银行存款                           203 400
    贷:应收账款                             203 400
```
(3)月末结转成本时,做如下会计分录:
```
借:主营业务成本                       120 000
    贷:库存商品                             120 000
```

【例 6.2】　顺达实业公司售给丙企业材料一批,取得收入 50 000 元,适用的增值税率为 13%,货款 56 500 元存入银行,材料的实际成本为 35 000 元。顺达实业公司的会计处理如下:

(1)销售材料收取货款时,做如下会计分录:
```
借:银行存款                            56 500
    贷:其他业务收入                          50 000
        应交税费——应交增值税(销项税额)          6 500
```
(2)月末结转材料成本,做如下会计分录:
```
借:其他业务成本——材料成本             35 000
    贷:原材料                               35 000
```

【例 6.3】　顺达实业公司销售一批商品给乙公司,货已发出,增值税专用发票上注明的商品价款 500 000 元、增值税额为 65 000 元。当日收到乙公司签发的不带息商业承兑汇票一张,该票据的期限为 3 个月。顺达实业公司做如下会计分录:
```
借:应收票据                           565 000
    贷:主营业务收入                           500 000
        应交税费——应交增值税(销项税额)         65 000
```
3 个月后票据到期收回票款时,顺达实业公司做如下会计分录:
```
借:银行存款                           565 000
    贷:应收票据                             565 000
```
如果该票据到期,乙公司违约拒付或无力支付票款,顺达实业公司应做如下会计分录:
```
借:应收账款                           565 000
    贷:应收票据                             565 000
```

【例 6.4】　顺达实业公司 2019 年 6 月 11 日销售商品一批,共 500 件,增值税发票注明的售价为 570 000 元、增值税额 74 100 元。该批产品的成本为 280 000 元。规定的现金折扣条件为:2/10,1/20,n/30,公司采用总价法核算现金折扣,6 月 15 日收回货款。顺达实业公司为此项经济业务所做的会计分录为:

(1)6 月 11 日销售实现时,按总价确认收入:
```
借:应收账款                           644 100
    贷:主营业务收入                           570 000
        应交税费——应交增值税(销项税额)         74 100
```

| 借:主营业务成本 | 280 000 | |
| 贷:库存商品 | | 280 000 |

(2)6月15日收回货款时:

借:银行存款	632 700	
财务费用	11 400	
贷:应收账款		644 100

销售过程的核算示意如图6-1所示。

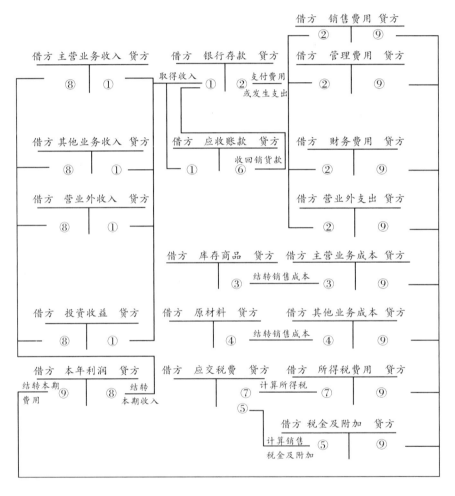

图6-1 销售过程核算示意

课外阅读

应收账款坏账核算

1. 坏账的确认

企业无法收回或收回的可能性极小的应收款项称为坏账。由于发生坏账而产生的损失,称为坏账损失。

一般来说,企业的应收款项符合下列条件之一的,应确认为坏账:①债务人死亡,以其遗产清偿后仍然无法收回;②债务人破产,以其破产财产清偿后仍然无法收回;③债务人较长时期内未履行其偿债义务,并有足够的证据表明无法收回或收回的可能性极小。

2.坏账损失的核算

坏账损失的核算方法有两种:直接转销法和备抵法。依据我国《企业会计准则》,企业应采用备抵法核算坏账损失。

备抵法是指按期估计坏账损失,形成坏账准备,当实际发生坏账时,按其金额冲减坏账准备,同时转销相应的应收款项的一种核算方法。

企业提取坏账准备时,借记"信用减值损失"账户,贷记"坏账准备"账户。冲回已计提的坏账准备时,借记"坏账准备"账户,贷记"信用减值损失"账户。实际发生坏账时,借记"坏账准备"账户,贷记"应收账款"或"其他应收款"账户。已确认并转销的坏账以后又收回,应按收回的金额借记"应收账款"或"其他应收款"账户,贷记"坏账准备"账户;同时,借记"银行存款"账户,贷记"应收账款"或"其他应收款"账户。

企业采用备抵法核算坏账损失时,首先要按期估计坏账损失。估计坏账损失的方法有应收账款余额百分比法、账龄分析法、销货百分比法、个别认定法等。

(1)余额百分比法

应收账款余额百分比法是根据会计期末应收款项的余额和估计的坏账率估计坏账损失的方法。

会计期末,企业应先按应收款项期末余额计算应提取的坏账准备金额,然后将其与坏账准备账面余额进行比较,以确定本期是补提坏账准备还是冲回已计提的坏账准备。如果按应收款项期末余额计算的应提取的坏账准备金额大于坏账准备账面余额,应按其差额补提坏账准备;如果按应收款项期末余额计算的应提取的坏账准备金额小于坏账准备账面余额,应按其差额冲回已计提的坏账准备。

例:某公司 2016 年年初坏账准备账面余额为零,年末应收账款余额为 500 000 元;2017 年发生坏账 7 600 元,其中甲企业 4 000 元,乙企业 3 600 元,年末应收账款余额为 660 000 元;2018 年,已冲销的甲企业应收账款 4 000 元又重新收回,年末应收账款余额为 750 000 元。该公司坏账准备的提取比例为 1%。该公司的会计处理如下。

①2016 年年末提取坏账准备时:

按应收账款期末余额计算的应提取的坏账准备=500 000×1%=5 000(元)

坏账准备账面余额=0(元)

本期应补提的坏账准备=5 000-0=5 000(元)

根据以上计算结果,做如下会计分录:

借:信用减值损失　　　　　　　　　　5 000

　　贷:坏账准备　　　　　　　　　　　　5 000

②2017 年实际发生坏账时,做如下会计分录:

借:坏账准备　　　　　　　　　　　　7 600

　　贷:应收账款——甲企业　　　　　　4 000

　　　　　　——乙企业　　　　　　3 600

③2017 年年末提取坏账准备时:

按应收账款期末余额计算的应提取的坏账准备=660 000×1%=6 600(元)

坏账准备账面余额＝5 000－7 600＝－2 600(元)

本期应补提的坏账准备＝6 600－(－2 600)＝9 200(元)

根据以上计算结果,做如下会计分录:

借:信用减值损失   9 200

 贷:坏账准备   9 200

④2018年重新收回已核销的坏账时,做如下会计分录:

借:应收账款——甲企业   4 000

 贷:坏账准备   4 000

借:银行存款   4 000

 贷:应收账款——甲企业   4 000

⑤2018年年末提取坏账准备时:

按应收账款期末余额计算的坏账准备＝750000×1％＝7 500(元)

坏账准备账面余额＝6 600＋4 000＝10 600(元)

本期应冲回的坏账准备＝10 600－7 500＝3 100(元)

根据以上计算结果,做如下会计分录:

借:坏账准备   3 100

 贷:信用减值损失   3 100

(2)账龄分析法

账龄分析法是根据应收款项账龄的长短来估计坏账损失的方法。

会计期末,企业首先应根据应收款项的账龄计算应提取的坏账准备金额,然后将其与坏账准备账面余额进行比较,以确定本期是补提坏账准备还是冲回已计提的坏账准备。

例:2018年12月31日,某公司估计坏账损失前坏账准备账面余额为9 800元,应收款项账龄及估计的坏账损失如表6-1和表6-2所示。

表6-1 应收款项账龄分析表

客户名称	账户余额/元	未到期/元	已过信用期限/天				
			1～30天	31～60天	61～120天	121～180天	180天以上
A公司	280 000	250 000		30 000			
B公司	140 000	80 000	30 000		30 000		
C公司	440 000	350 000	20 000			70 000	
D公司	75 000	20 000		55 000			
E公司	20 000						20 000
合 计	955 000	700 000	50 000	85 000	30 000	70 000	20 000

表6-2 坏账损失估计表

账 龄	金 额/元	坏账率/％	估计损失额/元
未到期	700 000	0.5	3 500
1～30天	50 000	1	500
31～60天	85 000	2	1 700
61～120天	30 000	3	900
121～180天	70 000	6	4 200

账　龄	金　额/元	坏账率/%	估计损失额/元
181 天以上	20 000	10	2 000
合　计	955 000		12 800

如表 6-2 所示,某公司 2018 年 12 月 31 日根据应收款项的账龄计算应提取的坏账准备金额为 12 800 元,本期应补提的坏账准备为 3 000 元(12 800－9 800)。该公司的会计处理如下:

借:信用减值损失　　　　　　　　　　　　　　3 000
　　贷:坏账准备　　　　　　　　　　　　　　　　　3 000

(3)赊销净额百分比法

赊销净额百分比法是根据当期赊销净额的一定百分比来估计坏账损失的方法。

这种方法只考虑当期的赊销额,不考虑已有的应收款项,因此,会计期末企业根据当期赊销金额的一定百分比估计的坏账损失就是本期提取的坏账准备金额,不需要考虑坏账准备的账面余额。

第二节　损益的核算

损益是指企业在一定时期内全部生产经营活动的成果,"损益"又称"利润或亏损"。核算的账户有:主营业务收入、其他业务收入、公允价值变动损益、投资收益、营业外收入、主营业务成本、其他业务成本、税金及附加、销售费用、管理费用、财务费用、信用减值损失、资产减值损失、营业外支出、所得税费用等。

损益类账户,是为核算"本年利润"服务的,具体包括收入类账户和费用类账户;在期末(月末、季末、年末)这类账户累计余额需转入"本年利润"账户,结转后这些账户的余额应为零。

一、经营活动收入

构成企业经营成果的经营活动收入除了销售商品收入外,还有提供劳务收入和让渡资产使用权收入等。

(一)提供劳务收入

1.提供劳务收入的计量

提供劳务的总收入应按企业与接受劳务方签订的合同或协议确定,现金折扣在实际发生时作为财务费用处理。

2.提供劳务收入的会计处理

提供劳务收入的核算内容主要包括提供劳务收入的确认、因提供劳务而应交纳的各种税金及劳务成本的核算等。

核算时设置的账户主要有:"劳务成本""主营业务收入""主营业务成本""营业税金及

附加""""销售费用"等。

企业应当采用完工百分比法确认提供劳务收入。完工百分比法,是指按照提供劳务交易的完工进度确认收入和费用的方法。

本期确认的收入=劳务总收入×本期末止劳务的完工进度-以前期间已确认的收入

本期确认的费用=劳务总成本×本期末止劳务的完工进度-以前期间已确认的费用

如果"劳务成本"账户有余额,期末应并入资产负债表"存货"项目反映。

【例6.5】 某计算机软件研究所于2018年承接了A企业的一项管理软件研制工程。双方约定,研制工作自当年6月开始,第二年7月结束。合同总金额100万元,A企业分2次平均付款。第一次在项目开始时支付,第二次在项目结束时支付。2018年年末,实际发生成本为35万元,研究所预计还需发生成本40万元。2018年12月31日,经确认,软件的开发完成程度为55%。

(1)2018年

应确认的收入=劳务总收入×劳务的完成程度-以前年度已确认的收入
$$=100×55\%-0=55(万元)$$

应确认的费用=劳务总成本×劳务的完成程度-以前年度已确认的费用
$$=(35+40)×55\%-0=41.25(万元)$$

有关账务处理为:

①发生成本时

借:劳务成本   350 000
　　贷:存货、应付职工薪酬等   350 000

②预收款项时

借:银行存款   500 000
　　贷:预收账款——A企业   500 000

③确认收入时

借:预收账款——A企业   550 000
　　贷:主营业务收入   550 000

④结转成本时

借:主营业务成本   412 500
　　贷:劳务成本   412 500

(2)2019年

应确认的收入$=100×100\%-55=45(万元)$

应确认的费用$=75×100\%-41.25=33.75(万元)$

有关账务处理同2018年。

(二)让渡资产使用权收入

1.他人使用本企业资产取得收入的种类

在企业经营活动过程中,由于他人使用本企业资产及让渡资产使用权而取得收入是很常见的。如使用费收入,主要是指他人使用本企业的无形资产(如商标权、专利权、专营权、版权)等而形成的使用费收入,以及租金收入,是指因他人使用本企业的固定资产而取得的租金收入。

2.他人使用本企业资产取得收入的确认

他人使用本企业资产取得收入的确认,相对于销售商品及提供劳务收入的确认来说,要简单许多。一般而言,只要在计量和收款上不存在重大不确定因素,能够满足收入确认的两个基本条件,即与交易相关的经济利益能够流入企业、收入的金额能够可靠的计量,就可以确认这部分收入。

【例 6.6】 顺达实业公司于 2018 年 1 月 1 日向新城公司转让某专利权的使用权,协议约定转让期为 5 年,每年年末收取使用费 200 000 元,假设收到款项。2018 年该专利权计提的摊销额为 12 000 元,每月计提的金额为 10 000 元。假定不考虑其他因素,顺达实业公司的会计处理如下:

2018 年年末确认收入

借:银行存款　　　　　　　　　　　　　　　　20 000

　　贷:其他业务收入　　　　　　　　　　　　　20 000

2018 年每月末计提专利权摊销额

借:其他业务成本　　　　　　　　　　　　　　1 000

　　贷:累计摊销　　　　　　　　　　　　　　　1 000

二、经营活动费用

费用是指企业在日常活动中所发生的、会导致所有者权益减少的、与向所有者分配利润无关的经济利益的总流出。企业的费用主要有主营业务成本、其他业务成本、营业税金及附加、销售费用、管理费用和财务费用等。其中,企业的经营活动费用,主要包括管理费用、销售费用和财务费用等三项期间费用。

(一)主营业务成本和其他业务成本

主营业务成本和其他业务成本①统称为营业成本。营业成本是企业销售商品、提供劳务等经营性活动所发生的成本。企业一般在确认销售商品、提供劳务等主营业务收入时,或在月末,将已销售商品、已提供劳务的成本转入主营业务成本。企业应当设置"主营业务成本"("其他业务成本")科目,按主营业务的种类进行明细核算,用于核算企业因销售商品、提供劳务或让渡资产使用权等日常活动而发生的实际成本,借记该科目,贷记"库存商品""劳务成本"等账户。期末,将主营业务成本的余额转入"本年利润"账户,借记"本年利润",贷记该账户,结转后,"主营业务成本"科目无余额。

借方	主营业务成本	贷方
因销售商品、提供劳务或让渡资产使用权等日常活动而发生的实际成本	期末余额转入"本年利润"账户	

---

① 其他业务成本是指企业确认的除主营业务活动以外的其他日常经营活动所发生的支出。其他业务成本包括销售材料的成本、出租固定资产的折旧额、出租无形资产的摊销额、出租包装物的成本或摊销额等。采用成本模式计量投资性房地产的,其投资性房地产计提的折旧额或摊销额,也构成其他业务成本。企业应当设置"其他业务成本"科目,核算企业确认的除主营业务活动以外的其他日常经营活动所发生的支出。

(1)企业销售商品提供劳务,结转成本时:

借:主营业务成本

　　贷:库存商品等

(2)期末余额转入本年利润:

借:本年利润

　　贷:主营业务成本

续例6.3,若该批商品成本为350 000元,则月末结转该批商品成本时:

借:主营业务成本　　　　　　　　　　　　　　　　350 000

　　贷:库存商品等　　　　　　　　　　　　　　　　350 000

(二)税金及附加

税金及附加是指企业经营活动应负担的相关税费,包括消费税、城市维护建设税、教育费附加、资源税、房产税、城镇土地使用税、车船税、印花税等。[①]

企业应当设立"税金及附加"科目,核算企业经营活动发生的消费税、城市维护建设税、教育费附加、资源税、房产税、城镇土地使用税、车船税、印花税等相关税费。其中,按规定计算确定的与经营活动相关的消费税、城市维护建设税、资源税、教育费附加、房产税、城镇土地使用税、车船税等税费,企业应借记"税金及附加"账户,贷记"应交税费"账户。期末,应将"税金及附加"账户余额转入"本年利润"账户,结转后,"税金及附加"账户无余额。通常企业交纳的印花税,不会发生应付未付税款的情况,不需要预计应纳税金额,同时也不存在与税务机关结算或者清算的问题。因此,企业交纳的印花税不通过"应交税费"账户核算,于购买印花税票时,直接借记"税金及附加"账户,贷记"银行存款"账户。

借方	税金及附加	贷方
确认计算应交的税金及附加	期末余额转入"本年利润"账户	

(1)确认计算应交的应交消费税、城市维护建设税、资源税等

借:税金及附加

　　贷:应交税费——应交消费税、城市维护建设税、资源税、教育费附加及房产税、土地使用税、车船使用税等

[①] 消费税是对生产委托加工及进口应税消费品(主要指烟、酒、化妆品、高档次及高能耗的消费品)征收的一种税。消费税的计税方法主要有从价定率、从量定额,或者从价定率和从量定额复合计税种,从价定率是根据商品销售价格和规定的税率计算应交消费税;从量定额是根据商品销售数量和规定的单位税额计算应交的消费税;复合计税是两者的结合。

城市维护建设税(以下简称城建税)是对从事生产经营活动的单位和个人,以其实际交纳的增值税、消费税为依据,按纳税人所在地适用的不同税率计算征收的一种税费。

教育费附加是对交纳增值税、消费税、营业税的单位和个人征收的一种附加费。

资源税是对在我国境内从事资源开采的单位和个人征收的一种税。

房产税以房屋为征税对象,按房屋的计税余值或出租房产取得的租金收入为计税依据,向产权所有人征收的一种财产税。

城镇土地使用税是以城市、县城、建制镇、工矿区范围内使用土地的单位和个人为纳税人,以其实际占用的土地面积为计税依据,按照规定的税额计算征收的一种税。年应纳税税额等于实际占用应税土地面积乘以适用税额。

车船税是对行驶于我国公共道路的车辆和航行于国内河流、湖泊或领海口岸的车船,按其种类实行定额征收的一种税。

印花税是对经济活动和经济交往中订立、领受具有法律效力的凭证的行为所征收的一种税。

(2)确认计算并交纳印花税时

借:税金及附加

　　贷:银行存款

(3)交纳时

借:应交税费——应交消费税、城市维护建设税、资源税、教育费附加及房产税、土地使
　　用税、车船使用税等

　　贷:银行存款

(三)管理费用

管理费用是指企业为组织和管理生产经营活动而发生的各种费用,包括企业在筹建期
间发生的开办费,董事会和行政管理部门在企业的经营管理中发生的,或者应当由企业统
一负担的公司经费(包括行政管理部门职工工资、修理费、物料消耗、低值易耗品摊销、办公
费和差旅费等),工会经费,董事会费(包括董事会成员津贴、会议费和差旅费等),聘请中介
机构费,咨询费(含顾问费),诉讼费,业务招待费,技术转让费,矿产资源补偿费,研究费用,
排污费,各种摊销,存货盘亏或盘盈(不包括应计入营业外支出的存货损失)以及企业生产
车间(部门)和行政管理部门等发生的固定资产修理费用等。

管理费用的账务处理主要包括:

(1)企业在筹建期间发生的开办费,包括人员的工资、办公费、培训费、差旅费、印刷费、
注册登记费以及不计入固定资产成本的借款利息费用等

借:管理费用

　　贷:银行存款

(2)行政管理部门人员的职工薪酬

借:管理费用

　　贷:应付职工薪酬

(3)行政管理部门计提的固定资产折旧

借:管理费用

　　贷:累计折旧

(4)无形资产的摊销

借:管理费用

　　贷:累计摊销

(5)发生的办公费、水电费、业务招待费、聘请中介机构费、咨询费、诉讼费、技术转让
费、研究费用等

借:管理费用

　　贷:银行存款

　　　　研发支出

(6)按规定交纳矿产资源补偿费

借:管理费用

　　贷:银行存款

(7)期末,结转"管理费用"账户余额,结转后应无余额

借:本年利润

贷:管理费用

企业对管理费用的使用和管理,通常采用"备用金"制度。备用金是企业拨给企业内部有关单位或职工个人作为零星采购、差旅费等用途的备用款项。按照对备用金管理方式的不同,备用金可分为定额备用金和非定额备用金两类。

定额备用金是指用款部门或个人按照核定定额持有的备用金。在定额备用金管理方式下,财会部门根据用款部门或个人的实际需要核定备用金定额并拨出款项,同时规定备用金的用途和报销期限,待用款部门或个人实际支付款项后,凭有效单据向财会部门报销,财会部门对各项原始凭证进行审核后,再根据报销数用现金补足备用金定额。备用金定额一经确定,不得随意更改。因特殊情况经批准撤销定额备用金制度时,根据收回定额备用金数额,借记"库存现金"账户,贷记"其他应收款"账户。

【例 6.7】 顺达实业公司对公共服务部实行定额备用金管理制度,发生下列有关备用金业务:

(1)2018 年 6 月 1 日,核定公共服务部的备用金限额为 5 000 元,以现金拨付。根据拨付清单做如下会计分录:

借:其他应收款——备用金(公共服务部) 5 000
    贷:库存现金 5 000

(2)2018 年 7 月 20 日,公共服务部持单据向财会部门报销办公费用及误餐费等 1 280 元。根据报销单据做如下会计分录:

借:管理费用 1 280
    贷:库存现金 1 280

(3)2018 年 12 月 21 日,因业务发生变动,决定撤销其备用金 1 000 元。

借:库存现金 1 000
    贷:其他应收款 1 000

非定额备用金是指用款部门或个人所持有的备用金没有定额规定,当用款部门或个人由于零星采购、出差或其他日常开支需要使用备用金时,逐次向财会部门申请报批,经财会部门审核同意后逐次借用和报销。

【例 6.8】 某公司 2018 年 3 月发生下列有关备用金业务:

(1)3 月 5 日,职工李林出差采购物品,预支差旅费 3 000 元。根据借款单做如下会计分录:

借:其他应收款——备用金(李林) 3 000
    贷:库存现金 3 000

(2)3 月 20 日,李林报销差旅费 2 600 元。根据差旅费报销单做如下会计分录:

借:管理费用 2 600
    库存现金 400
    贷:其他应收款——备用金(李林) 3 000

(四)销售费用

销售费用是企业在销售商品和材料、提供劳务过程中发生的费用,包括企业销售商品过程中发生的保险费、包装费、展览费和广告费、商品维修费、预计产品质量保证损失、运输费、装卸费等以及为销售本企业商品而专设的销售机构(含销售网点、售后服务网点等)的职工薪酬、业务费、折旧费、固定资产修理费等。商品流通企业在购买商品过程中发生的运输费、装卸费、包装费、保险费、运输途中的合理损失和入库前的整理挑选费用也包括在内。

销售费用的账务处理主要包括：

(1)企业销售商品过程中发生的保险费、包装费、展览费和广告费、商品维修费、运输费、装卸费等

借：销售费用

　　贷：库存现金

　　　　银行存款

(2)企业预计产品质量保证损失

借：销售费用

　　贷：预计负债

(3)为销售本企业商品而专设的销售机构(含销售网点、售后服务网点等)的职工薪酬、业务费、折旧费、固定资产修理费等

借：销售费用

　　贷：应付职工薪酬

　　　　银行存款

　　　　累计折旧

(4)期末，结转"销售费用"账户，结转后应无余额

借：本年利润

　　贷：销售费用

企业可设置"销售费用"账户核算已确认的销售费用。如果企业已发出了商品，但未能满足销售收入确认的条件，则当期发生的销售费用应按照配比原则区分为两部分，一部分由当期已确认的部分补偿，计入"销售费用"账户；另一部分递延到确认收入的期间再予确认。

(五)财务费用

财务费用是企业筹集生产经营所需资金而发生的筹资费用，包括利息支出(减利息收入)、汇兑损失(减汇兑收益)以及相关的手续费、企业发生的现金折扣或收到的现金折扣。

财务费用的账务处理主要包括：

(1)企业发生财务费用

借：财务费用

　　贷：银行存款

　　　　应付利息

(2)企业发生应冲减财务费用的利息收入、汇兑损益、现金折扣

借：银行存款

　　应付账款

　　贷：财务费用

(3)期末，结转"财务费用"账户，结转后应无余额

三、非常收支

非常收支主要是指企业发生的营业外收入和营业外支出，是企业发生的与日常经营活

动无直接关系的各项收支。但其同样会对企业的利润总额以及净利润产生影响。

（一）营业外收入

营业外收入是指企业发生的与生产经营活动无直接关系的各项利得。营业外收入主要包括处理非流动资产收益、非货币资产交换收益、债务重组收益、罚没收入、政府补助收入、收到的因享受税收优惠而返还的消费税等税金、确实无法支付的应付账款、资产盘盈收益和捐赠收益等。

企业发生的营业外收入，根据其发生额进行账务处理。

借：库存现金
  银行存款
  待处理财产损溢
  固定资产清理
  应付账款
  贷：营业外收入

期末结转"营业外收入"，结转后应无余额。

借：营业外收入
  贷：本年利润

【例 6.9】 顺达实业公司收到政府补助款 40 000 元，以补偿公司因受台风影响而受到的部分损失。

借：银行存款   40 000
  贷：营业外收入   40000

（二）营业外支出

营业外支出是指企业发生的与生产经营活动无直接关系的各项损失。营业外支出主要包括处理非流动资产损失、非货币资产交换损失、债务重组损失、罚没支出、公益性捐赠支出、非常损失和盘亏损失等。

企业发生的营业外支出，根据其发生额进行账务处理。

借：营业外支出
  贷：待处理财产损溢
    库存现金
    银行存款
    固定资产清理

期末结转"营业外支出"，结转后应无余额。

借：本年利润
  贷：营业外支出

【例 6.10】 顺达实业公司以银行存款捐赠某公益部门 19 700 元。该企业的会计处理如下：

借：营业外支出   19 700
  贷：银行存款   19 700

第三节　会计期末账项调整

每个会计期间结束,会计在完成本期业务记录以后,还应完成期末账项调整工作。会计期末账项调整即期末会计人员按照权责发生制原则,确定本期的应得收入和应负担的费用,并据以有关账项做出必要调整的会计处理方法。

一、账项调整的目的和依据

账项调整的目的是正确地分期计算损益,即正确地划分相邻会计期间的收入和费用,使应属报告期的收入和成本费用相配比,以便正确地结算各期的损益和考核各会计期间的财务成果。

持续经营和会计分期是会计核算的两个前提条件(会计假设)。基于这两个前提条件,会计核算要求遵循配比原则和权责发生制基础,即将某一会计期间的成本费用与其有关的收入相互配合比较,以正确计算该期的损益。但在日常业务中,有些收入款项虽然在本期预先收到并入账,但并不能确认为本期收入;而有些收入虽然在本期内尚未收到现金,却应归属于本期。有些费用虽然在本期已经预付出去并已入账,但并不应确认为本期的费用;而有些费用虽在本期内尚未支付,却应归属于本期。会计在期末结账之前,为了更好地保证权责发生制的基础,需要对那些收支期和归属期不相一致的收入和费用进行调整。通过调整,使未收到款项的应计收入和未付出款项的应计费用以及已收到款项而不属于本期的收入和已经付出款项而不属于本期的费用,归属于相应的会计期间,使各期收入和费用在相关的基础上进行配比,从而更好地反映企业的财务状况和经营成果。

账项调整时所编制的会计分录,就是调整分录。企业需要调整账项的多少视企业规模的大小及相关经济业务发生的多少而定,但通常的账项调整包括四类:①应计收入的记录;②应计费用的记录;③预收收入的分配;④预付费用的摊销。

二、期末账项调整的主要内容

通常情况下,企业期末需要进行账项调整的内容主要包括三大类:收支期间滞后于归属期间的应计项目(应计收入和应计费用)、收支期间提前于归属期间的递延项目(预收收入和预付费用)以及估计项目(固定资产折旧和坏账准备等)。下面以顺达实业公司为例,说明顺达实业公司在 2019 年 6 月末对有关账项的调整。

(一)应计项目的调整

1.应计收入

应计收入,是指企业在本期已经发生且符合收入确认条件,但尚未收到款项而未登记入账的产品销售收入或劳务收入,如应收金融机构的存款利息等。根据权责发生制的要求,凡属于本期的收入,不管其款项是否收到,都应作为本期收入处理,期末,应将那些本期已实现但尚未收到款项的收入编制调整分录,记入"应收账款""应收利息"等账户的借方,同时,将确认为本期的收入,记入有关收入账户或相关账户的贷方。

【例 6.11】　顺达实业公司 2019 年 7 月 1 日将一幢办公楼出租,约定租金每年 180 000 元,租金每年收取一次,出租满一年时收取。

【分析】　2019 年 12 月 31 日,顺达实业公司尽管由于尚未收取租金而尚未入账,但已具有收取租金的权利。按照权责发生制原则的"应收"标准,此事项应确认当月收入,这就构成了顺达实业公司的应计业务收入——其他业务收入。此事项的发生,一方面使企业资产——"应收账款"增加;另一方面,使企业收入——"其他业务收入"增加。

【结论】　为了真实地反映 2019 年的收入,应编制调整分录如下:

调(1)借:应收账款　　　　　　　　　　　　　15 000
　　　贷:其他业务收入　　　　　　　　　　　　　　15 000

2.应计费用

企业在期末除发生应计收入外,还会产生已经发生但尚未入账,也未支付现金的应计费用。这是因为在平时按现金收支来登记入账时,无法将一些业已形成但尚未到支付日期的项目记作费用,如应付银行借款利息、应付职工薪酬、应交各种税费等。凡属于本期的费用,不管其款项是否支付都应计为本期费用处理。

对企业来说,费用发生后,企业就有支付现金的责任,从而形成了企业的负债。所以,对未入账费用的账项调整,同时还要增加企业的负债。下面举例说明。

企业有很多服务费用是在对方提供服务满一个计价单位或全部服务提供完毕后才一次性支付,由此形成了企业已享受服务但尚未支付服务报酬的应付服务费项目。期末应将那些本期已发生但尚未支付款项的费用编制调整分录,记入"制造费用""销售费用""财务费用"等账户的借方;同时,将尚未支付的款项记入"应付利息""应付职工薪酬""应交税费"等账户的贷方。

【例 6.12】　2019 年 7 月 1 日,顺达实业公司与海天广告服务公司签订一项服务合同,由海天公司为其进行广告宣传,为期两年。顺达实业公司到期一次性支付全部的广告费 1 200 000 元。

【分析】　按照权责发生制的要求,只要企业已经享受了海天公司所提供的广告服务,就应该确认与这笔服务相关的费用,因此,顺达实业公司应当在 2019 年 7 月 31 日的账项调整中,确认 7 月份的应计费用 50 000 元。此事项的发生,一方面使企业费用——"销售费用"增加,另一方面,使企业负债——"应付账款"增加。

【结论】　所做调整分录如下:

调(2)借:销售费用　　　　　　　　　　　　　50 000
　　　贷:应付账款　　　　　　　　　　　　　　50 000

应计收入或应计费用项目的一个共同特点是:现金收支行为的发生,在时间上晚于经济业务的发生。现实经济生活中还存在另一类现象,那就是:现金收支行为的发生,在时间上要早于实际经济活动的发生。这种现象就形成了下面所要述及的预收和预付交易事项。

(二)递延项目的调整

1.预收收入

预收收入是指已经收款但不属于本期或部分属于本期的收入,此时款项已经收取入账,但尚未提供产品销售收入或劳务收入,如预收产品销售货款,预收租金等。按照权责发生制,虽然企业已收到现金,但只要相应的义务未履行,这笔收入就不能算作企业已经实现的收入,在以后期间里,企业就有义务履行相关的义务。对商业企业来说,预收收入上的义务要在后续期间里以商品交付的方式来履行。如果企业没有履行相应的义务,就不能将预收收入作为本期的收入入账;如果企业履行了部分的义务,就有权利将这部分的预收收入转为本期已实现的收入。因此,每期的期末都要对预收收入账项进行调整,将已实现的部分转为本期的收入,未实现的部分递延到下期。

企业预收款项时,因尚未提供产品或劳务,所以收入还未实现,也就不能直接全部记入有关收入账户,应通过负债类的"预收账款"账户核算。待期末确认实现的收入后,再编制调整分录,根据确认的属于本期已实现的收入金额,借记"预收账款"账户,贷记有关收入账户。

【例 6.13】 2018 年 10 月 30 日,顺达实业公司与华茂公司签订一份为期一年的劳务合同,合同总金额 720 000 元。从 2018 年 11 月 1 日起,顺达实业公司负责为华茂公司运送商品。华茂公司按合同规定于 11 月 1 日预付相当于前半年的运输劳务费 360 000 元,2019 年 10 月 30 日,合同期满,华茂公司支付其余 50% 的运输劳务费 360 000 元。

【分析】 按照权责发生制的要求,顺达实业公司收到预付的运输劳务费 360 000 元时,因尚未提供相应的劳务,所以还没有实现劳务收入,不能直接计入公司的有关收入账户,需通过负债类的"预收账款"账户核算。至 11 月末,顺达实业公司已履行了部分的义务,有权将这部分的预收收入转为本期已实现的收入。

【结论】

2018 年 11 月 1 日收到预付运输费时:

借:银行存款　　　　　　　　　　　　　　360 000
　　贷:预收账款　　　　　　　　　　　　　　360 000

2018 年 11 月 30 日和 12 月 31 日应分别确认当月实现的运输收入,编制调(3)分录:

调(3)借:预收账款　　　　　　　　　　　　60 000
　　　　贷:主营业务收入　　　　　　　　　　60 000

在这笔调整分录过账以后,预收 360 000 元收入中有 120 000 元已转作本年的收入,剩余的 240 000 元预收款将递延到下一年。

2.预付费用

企业在经营过程中会因为各种原因出现大量的先支付、后受益的事项。这些支付在先、发生在后的费用就是预付费用。如果该预付费用支付与受益的时间差不超过一个会计年度,则称为收益性支出。收益性支出应在一个会计年度内按实际发生或受益情况全部摊销完毕,如预付保险费、预付房屋租金等。如果支付与受益的时间差超过一个会计年度,则称为资本性支出,应该按它的可能受益年限分摊,如计提固定资产折旧就属于这类调整事项。企业预付各项支出时,由于尚未接受相应的服务,因此该项支出就不属于或不完全属于本期费用,也就不能直接全部记入有关费用财产,应通过资产类的"预付账款"账户核算。待已接受部分服务时,再编制调整分录,按照本期和以后各期受益的程度,将分别来确认为本期的费用,借记有关费用账户,贷记"预付账款"等账户。

【例 6.14】 顺达实业公司在 2019 年 1 月初预付了 1 年的行政管理部门办公用房租费 72 000 元。

【分析】 按照权责发生制的要求,顺达实业公司预付办公用房租费 72 000 元时,由于尚未接受相应的服务,因此该项支出就不属于或不完全属于本期费用,不能直接计入公司的有关费用账户,需通过资产类的"预付账款"账户核算。至1月末,顺达实业公司已接受了部分服务,本月的房租已经发生,应按相应的比例确定12个月的房租费用(72 000÷12＝6 000),确认相应的本期费用。

【结论】

调整分录如下:

2019年年初预付时的会计分录:

借:预付账款   72 000

    贷:银行存款   72 000

每月摊销时:

调(4)借:管理费用(房租费用)   6 000

        贷:预付账款   6 000

(三)估计项目的调整

按照权责发生制的要求,为了使企业在每一会计期间的收入和费用相配比,以便正确地结算各期的损益,在会计期末,除了对上述应计项目和递延项目进行调整,还需对某些特殊账项进行调整。由于这些账项与上述账项有所不同,常常需要进行估计,故被称为估计项目,如固定资产折旧、应收账款坏账准备的计提等。

1.折旧的账项调整

从经济意义上讲,企业购买固定资产的支出也是一种支付在先、受益在后的巨额预付费用。由于固定资产金额较大,且使用寿命一般长于一年,有的甚至达数十年之久。因此,按照划分资本支出与收益支出的原则,固定资产上的支出应作为一项资本性支出处理,它的收回通过折旧的方式分期进行。

所谓折旧,就是固定资产等生产资料在使用过程中通过磨损而转移到最终完工产品(或劳务)价值中去的价值部分。它实际上是固定资产价值的减少,折旧发生时可以直接贷记固定资产账户,减少固定资产价值。但在现实经济生活中,固定资产价值的高低代表了一个企业的生产规模或生产能力,如果账面上固定资产的价值随折旧的计提而降低,将给人以企业规模在不断萎缩的印象。而实际上,固定资产在其有效使用寿命期内,只要维护适度,都能基本保持其生产能力或水平。这样,就要求固定资产账户能反映各固定资产购入或取得时的价值,对折旧的计提,另设"累计折旧"予以反映。

【例6.15】 2019年7月,顺达实业公司的全部设备经计算应当计提35 000元折旧,其中记入制造费用的有25 000元,记入管理费用的有10 000元。调整分录如下:

调(5)借:制造费用(折旧费)   25 000

          管理费用(折旧费)   10 000

        贷:累计折旧   35 000

累计折旧账户相当于固定资产账户的一种抵减账户,用来登记所有折旧费用的计提。这样,固定资产账户能够反映企业固定资产购入或取得时的原始价值,相当于企业的生产能力或生产规模。固定资产账户与累计折旧账户相抵减,就得出固定资产净值,它与原值相比较,就可以确定企业固定资产的新旧程度。

2.应收账款坏账准备的计提

应收账款是指企业在正常的经营过程中因赊销商品、产品,提供劳务等业务,应向购买单位收取的款项。这类资产有可能会由于债务人的无力偿还而使其中的部分款项无法收回,企业无法收回或收回的可能性极小的应收款项被称为坏账。由于实际发生坏账而产生的损失称为坏账损失。企业只要存在应收账款,就有发生坏账的可能。但由于赊销过程中已经确认了相应的销售收入,若不考虑坏账的存在,则必然导致企业资产和利润的高估。因此,必须在期末合理估计可能的坏账损失,以正确反映企业的财务状况和经营成果。

根据会计谨慎性原则,企业应当定期或者至少每年年度终了,对应收项进行全面检查,预计各项应收款项可能发生的坏账,对于没有把握收回的应收款项,应当计提坏账准备。

企业设置了"坏账准备"会计科目,用以核算企业提取的坏账准备。企业在提取坏账准备时,应借记"资产减值损失——计提坏账准备"账户,贷记"坏账准备"账户,而不是直接贷记"应收账款"账户。这是因为会计期末时,并不知道哪笔应收款是无法收回的,也无法确定具体的金额,只能是估计的数值。故只有对于确实无法收回的应收款项,才能按管理权限报经批准后作为坏账处理,转销应收款项,借记"坏账准备"账户,贷记"应收票据""应收账款"等。

【例 6.16】 2018 年 12 月 31 日,顺达实业公司应收账款的期末余额为 2 000 000 元,经估计有 2%无法收回,则调整分录如下:

调(6)借:信用减值损失(2 000 000×2%)　　　40 000

　　　　贷:坏账准备　　　　　　　　　　　　　　　40 000

根据经济业务编制好调整分录后,还需根据所编调整会计分录登记有关账户。

第四节　利润和利润分配

利润是企业经营活动的成果,企业的利润由营业利润和营业外收支净额构成,在缴纳所得税后形成了企业的净利润(企业的利润构成如图 6-2 所示)。对于净利润,企业要进行一定的分配,分配剩余的金额即构成了企业的留存收益。[①]

一、利润的形成

企业的利润,从构成内容看,既有企业通过各种生产经营活动和投资活动而获得的利润,如主营业务收入、投资收益;也有一些与生产经营活动没有直接关系的事项所引起的损益,如营业外收支。具体包括营业利润、利润总额和净利润。

营业利润=营业收入－营业成本－税金及附加－管理费用－销售费用－研发费用

　　　　－财务费用－资产减值损失－信用减值损失±公允价值变动损益

　　　　±投资收益＋其他收益

[①] 留存收益是指公司在经营过程中创造的,由于公司经营发展的需要或法定原因,没有分配给所有者而留存在公司的盈利。它来源于企业的生产经营活动所实现的净利润,包括企业的盈余公积金和未分配利润两个部分。

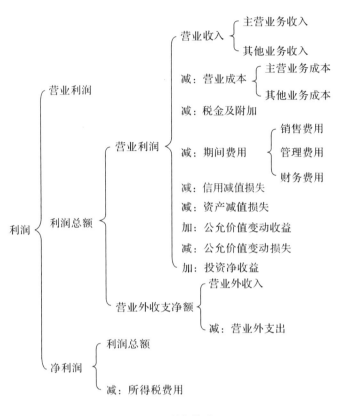

图 6-2 利润构成

其中,

营业收入＝主营业务收入＋其他业务收入

营业成本＝主营业务成本＋其他业务成本

利润总额＝营业利润＋营业外收入－营业外支出

净利润＝利润总额－所得税费用

企业期末在结账过程中,结清所有损益类账户的过程,就是形成利润的过程。企业完成所有的结账程序后,如果"本年利润"账户的余额在贷方,则表示企业在当期盈利了;相反,如果"本年利润"账户的余额在借方,则说明企业在当期亏损了。

【例 6.17】 顺达实业公司在 2019 年 6 月 30 日结账前所有损益类账户的余额如表 4-3 所示。

表 6-3　2019 年 6 月 30 日顺达实业公司损益类账户余额　　　　　　　　　　单位:元

收益类	期末贷方余额	费用类	期末借方余额
主营业务收入	1 270 000	主营业务成本	750 000
其他业务收入	50 000	其他业务成本	35 000
投资收益	31 500	税金及附加	2 000
营业外收入	40 000	管理费用	158 000
		销售费用	20 000

收益类	期末贷方余额	费用类	期末借方余额
		财务费用	41 500
		资产减值损失	12 000
		公允价值变动损益	1200
		营业外支出	19 700

根据表 6-3 的资料,顺达实业公司 2019 年 6 月的结账分录如下:

(1)结转各项收入、利得类科目

借:主营业务收入	1 270 000
其他业务收入	50 000
投资收益	31 500
营业外收入	40 000
贷:本年利润	1 391 500

(2)结转费用、损失类科目

借:本年利润	1 039 400
贷:主营业务成本	750 000
其他业务成本	35 000
税金及附加	2 000
管理费用	158 000
销售费用	20 000
财务费用	41 500
信用减值损失	12 000
公允价值变动损益	1 200
营业外支出	19 700

经过上述结转后,"本年利润"账户的贷方发生额合计 1 391 500 元减去借方发生额合计 1 039 400 元,即为税前会计利润,也称利润总额 352 100 元,也就是说公司在 6 月份盈利 352 100 元。其中,主营业务收入 1 270 000 元减去主营业务成本 750 000 元,即为销售毛利 520 000 元;其他业务收入 50 000 元减去其他业务成本 35 000 元,即为其他业务毛利15 000元。

二、所得税费用与净利润

企业获得盈利后,必须依法交纳所得税,交纳所得税后形成净利润。除享受税收优惠外,目前中国企业的所得税税率统一为 25%。税务部门在计算企业应交纳的所得税时,是以税法为依据,对会计利润(利润表中的利润总额)进行调整后形成应纳税所得额,也称为税法利润或应税利润,然后以应税利润为依据计算应交纳所得税;企业则以会计利润为依据计算应计入费用的所得税费用。因此,应交纳所得税和所得税费用可能会不一致,从而形成差异,即形成递延所得税资产或递延所得税负债(这已超出本书的范围,不做深入探讨)。

【例 6.18】　顺达实业公司 2019 年 6 月份的会计利润为 352 100 元,则顺达实业公司 2019 年 6 月份应交纳所得税 88 025 元(352 100×25%),做如下会计分录:

(1)确认所得税费用

借:所得税费用　　　　　　　　　　　　　　88 025

　　贷:应交税费——应交所得税　　　　　　　　　　88 025

(2)实际交纳税金

借:应交税费——应交所得税　　　　　　　　88 025

　　贷:银行存款　　　　　　　　　　　　　　　　88 025

(3)结转"所得税费用"账户余额,结转后无余额

借:本年利润　　　　　　　　　　　　　　　88 025

　　贷:所得税费用　　　　　　　　　　　　　　　　88 025

三、利润的分配

(一)利润分配的顺序

根据现行法律、法规及有关制度的规定,企业所实现的净利润,除国家另有规定外,应当按照下列顺序进行分配。

(1)弥补以前年度亏损。

(2)提取盈余公积,包括法定盈余公积和任意盈余公积,统称为盈余公积(外商投资企业的盈余公积有特别规定,与此不同)。首先,提取法定盈余公积。根据企业净利润的10%提取,如果企业提取的法定盈余公积累计超过注册资本的50%,可以不再提取;其次,提取任意盈余公积。企业经过股东大会或类似机构批准可以按净利润的一定比例(通常是5%～10%)提取任意盈余公积。企业提取的盈余公积主要用于弥补亏损、转增资本(盈余公积转增资本后,剩余数额不得低于注册资本的25%)和分配现金股利或利润。

(3)向投资者分配利润或支付现金股利。

企业实现的净利润加上年初的未分配利润,按照上述顺序分配后,余下部分即为本年度未分配利润,留待以后会计年度进行分配。

(二)利润分配的账务处理

1.企业按规定提取法定盈余公积金,根据提取的数额做会计分录

借:利润分配——提取法定盈余公积

　　贷:盈余公积——法定盈余公积

2.企业按规定提取任意盈余公积,根据提取的数额做会计分录

借:利润分配——提取任意盈余公积

　　贷:盈余公积——任意盈余公积

3.分配利润或现金股利

企业经股东大会或类似机构批准,分配给股东或投资者利润或现金股利,根据分配金额做会计分录。

借:利润分配——应付利润或应付股利

　　贷:应付股利

4.结转年度净利润

(1)如果盈利则

借:本年利润

　　贷:利润分配——未分配利润

　　(2)如果亏损则

　　借:利润分配——未分配利润

　　　　贷:本年利润

　　同时,结转"利润分配"账户的借方明细科目"提取法定盈余公积""提取任意盈余公积"和"应付利润或应付股利"的余额,结转后,"利润分配"账户除"未分配利润"明细账户外,其他明细账户无余额,此时"利润分配——未分配利润"账户的余额就是企业年度实现但未分配的利润。

　　借:利润分配——未分配利润

　　　　贷:利润分配——提取法定盈余公积

　　　　　　　　　　——提取任意盈余公积

　　　　　　　　　　——应付利润或应付股利

　　【例 6.19】　假定顺达实业公司 2019 年度年初未分配利润 20 000 元,本年度实现净利润 237 901 元,按 10% 的比例提取法定盈余公积,按 5% 的比例提取任意盈余公积,向投资者分配利润 32 215.85 元。会计处理如下:

　　(1)分配利润时

借:利润分配——提取法定盈余公积	23 790.10
——提取任意盈余公积	11 895.05
贷:盈余公积——提取法定盈余公积	23 790.10
——提取任意盈余公积	11 895.05
借:利润分配——应付利润	32 215.85
贷:应付股利	32 215.85

　　(2)年度终了,结转本年实现的利润和分配的利润

借:本年利润	237 901
贷:利润分配——未分配利润	237 901
借:利润分配——未分配利润	67 901
贷:利润分配——提取法定盈余公积	23 790.10
——提取任意盈余公积	11 895.05
——应付利润	32 215.85

　　结转后,"利润分配——未分配利润"账户的贷方余额 190 000(170 000＋20 000)就是顺达实业公司 2019 年度尚未分配的利润。

 ## 本章小结

　　本章续前一章,继续介绍了借贷记账法的具体应用,与采购业务相对应的是销售业务,销售业务主要的问题是收入的确认与计量,以及由此引起的应收账款、应收票据等的账务处理;企业在生产经营过程中,还要发生管理费用、销售费用、财务费用等直接计入当期损益的期间费用以及营业外收支。期末时,会计人员要进行期末的账项调整业务;企业生产

经营管理形成的收入、费用以及利得和损失都转入本年利润计算当期经营成果,计算交纳所得税,并提取盈余公积以及分配股利或利润。

关键词

营业收入 operating revenue

费用 expenses

期间费用 current expenses

利润分配 distributed retained earnings

账项调整 adjustment

营业外收入和营业外支出 extraordinary items

产品的生产成本 manufactory cost

利润 net income

收入 revenue

思考题

1.什么是收入? 收入具有哪些特点,可以有哪些分类?

2.费用具有哪些特点,可以有哪些分类?

3.企业利润由哪些内容构成?

4.利润如何分配?

练习题

习题一

[目的]练习工业企业销售过程的核算。

[资料]宏远股份有限公司 2019 年 11 月发生的部分经济业务如下:

(1)公司接到银行转来的进账通知单,上月 A 公司所欠的款项 120 000 元已收到。

(2)销售产品一批,价款 500 000 元,增值税税额 65 000 元,全部款项均已收到并存入银行。

(3)开出现金支票,支付电视广告费 100 000 元。

(4)公司专职的营销业务员小李报销销售业务费 2 100 元,以现金付讫。

(5)销售产品一批,价款 650 000 元,增值税税款 84 500 元,收到对方开来的银行承兑汇票。

(6)制作产品宣传材料一批,价款共计 10 000 元,以银行存款付讫。

(7)销售产品一批,价款 355 000 元,增值税 46 150 元,以现金代垫采购费用 2 000 元,款项尚未收到。

(8)销售不需用的材料一批,价款 5 000 元,增值税款 650 元,款项已收到并存入银行。

(9)结转本月公司已销产品成本 750 000 元,结转已销材料成本 4 500 元。

(10)计提专设销售机构的固定资产折旧 2 500 元。

(11)经计算本月公司应负担的城市维护建设税为 4 100 元,税款尚未支付。

(12)经计算,本月公司专设销售机构及其他专职销售人员的工资薪酬共计 560 000 元。

[要求]根据上述经济业务,为宏远股份有限公司编制相关的会计分录。

习题二

[目的]练习工业企业财务成果的核算。

[资料]宏远股份有限公司 2019 年有关损益类账户的发生额如表 6-4 所示。

表 6-4　2019 年有关损益账户的发生额

会计账户名称	发生额(借或贷)	金额/元
主营业务收入	贷	1 550 000
其他业务收入	贷	77 000
公允价值变动损益	贷	3 000
投资收益	贷	60 000
营业外收入	贷	10 000
主营业务成本	借	800 000
其他业务成本	借	57 000
税金及附加	借	15 000
销售费用	借	70 000
管理费用	借	60 000
财务费用	借	15 000
资产减值损失	借	80 000
营业外支出	借	3 000

[要求]根据以下经济业务事项编制相关的会计分录:

(1)将各损益类账户的本期发生额结转到"本年利润"账户。

(2)假定宏远股份有限公司本年度无任何纳税调整项目,也无递延所得税费用和收益。按利润总额 25% 的比例计算应交的所得税,同时结转所得税费用和净利润。

(3)按净利润的 10% 提取法定盈余公积金。

(4)按净利润的 40% 提取任意盈余公积金。

(5)公司宣布按净利润的 30% 准备发放现金股利。

(6)结转法定盈余公积金、任意盈余公积金及现金股利。

习题三

[目的]练习权责发生制与收付实现制。

[资料]顺达实业 2019 年 3 月份发生下列部分经济业务:

(1)公司以银行存款预付下半年度门市房屋租金 60 000 元。

(2)公司以银行存款支付本季度短期借款利息 6 300 元。

(3)公司收到 4 月份的销货款 50 000 元。

(4)计提固定资产折旧 35 600 元,其中生产车间应计提折旧 25 600 元。

(5)分摊本月应负担的门市房屋租金 1 000 元及财产保险费 400 元。

(6)公司以银行存款预付材料款 7 500 元。

(7)公司以银行存款支付 2 月份所欠的材料款 10 000 元。

(8)本月份实现 2 月份预收货款的产品销售收入 55 000 元。

[要求]

(1)根据以上经济业务,按权责发生制编制会计分录。

(2)分别按权责发生制与收付实现制计算本月份的利润,并比较其差异。

习题四

[目的]练习账项调整。

[资料]顺达实业2019年3月份发生下列部分需要调整的经济业务：

(1)计算提取固定资产折旧35 600元,其中:生产车间应计提折旧25 600元,公司管理部门应计提折旧10 000元。

(2)分摊应由本月负担的公司报纸杂志费1 400元。

(3)本月份出租包装物,每月租金1 900元(半年租金已预收)。

(4)按计划本月应负担银行短期借款利息2 100元。

(5)预收出租办公楼(本月份出租)半年租金45 000元。

(6)本月份应计存款利息收入800元。

[要求]根据以上经济业务编制相应的调整分录。

习题五

[目的]练习并掌握收入的确认。

[资料]某律师事务所2019年现金收入6 000 000元,另有以下项目:

	2018年12月31日	2019年12月31日
应收账款	97 000元	140 000元
预收账款	42 000元	21 000元

[要求]计算该律师事务所2019年的服务收入。

第七章　会计循环

通过本章学习,要求理解和掌握:

1.会计循环的基本概念和会计循环的基本程序;

2.会计凭证的种类;

3.会计凭证填制和审核的方法;

4.会计账簿的种类;

5.会计账簿登记方法;

6.对账与结账。

【引例】　某财经大学二年级学生小王暑假来到某公司财务部实习,财务部赵经理将该部门的同事介绍给小王,有总账会计老杨、明细账会计小李和小张、成本会计老姚以及出纳小红,并介绍了财务部的工作流程。小王听了感觉有点纳闷:为什么会计工作会有那么多分工? 这不同的岗位之间又是如何衔接的? 是否所有的企业都必须建立这样的工作程序? 你能帮小王解开这些疑惑吗?

第一节　会计循环概述

一、会计循环的意义

会计从经济业务发生到运用记账方法在账户中登记,并汇总编制成会计报表,这一整个会计信息的生成过程要经历一定的程序,而在每一会计期间会计工作都是按照这一基本程序有步骤地、连续不断地、周而复始地进行。因此,会计上就把在一定会计期间内依次完成的会计工作的程序称为会计循环,又称会计工作程序(见图7-1)。

正确确定会计工作程序对于建立正常的会计工作秩序,保证会计工作有步骤地进行和会计数据处理的连贯性,提高会计工作质量和效率都具有重要意义。

二、会计循环的步骤

在实际的会计工作中,会计循环各步骤的实施具体表现在相关的凭证、账簿和报表的编制和审核工作之中。因此,结合相对应的凭证与账簿,一个完整的会计循环包括以下几

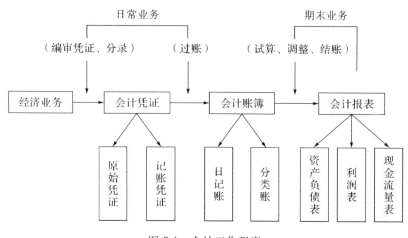

图 7-1　会计工作程序

个基本步骤。

（一）会计循环的起点：分析经济业务

会计作为对企业经济活动的反映与记录，与企业的经济活动是不可分割的，因此会计工作首先应该对企业的交易与事项进行分析，区分经济业务与非经济业务。

1.经济业务

经济业务是指发生在主体与主体之间或主体内部，导致各会计要素产生实际数量变化的企业各类经济活动以及内部事项。例如，购买设备、偿还到期债务、产品生产完工入库和计提折旧等。企业经济业务发生的最初证明，在会计工作中被称为原始凭证。诸如出差乘坐的车船票、采购材料的发货票、到仓库领料的领料单等用以明确经济责任、作为记账依据的最初书面证明文件就是原始凭证。

2.非经济业务

凡不引起会计要素数量变化的活动都不能作为会计上的经济业务，比如签订一份合同，虽然会影响企业未来的经济活动，但由于合同在实际履行之前，尚未引起会计要素数量上的变化，因此，会计上不能作为经济业务加以记录。

会计循环的第一步，就是分析经济业务，也就是运用复式记账原理，分析企业经济活动对各项会计要素的影响。对于每一笔经济业务，需要分析的具体问题包括：

第一，该业务影响到哪些会计要素；

第二，影响的方向是增加还是减少；

第三，被影响的要素通过什么会计账户反映。

（二）编制会计分录

为了客观、真实地反映经济业务的发生对会计要素的影响，在分析的基础上必须以经办人员填制或取得的原始凭证为依据，经会计人员审核整理后，按照设置的会计科目，运用复式记账法，编制会计分录。这一步骤为会计实务中编制记账凭证的工作。

（三）账簿登记

将每一笔经济业务做成会计分录，仅仅是确定了该笔经济业务发生后应记入的账户、账户的方向及其金额；会计分录只是分散地反映了经济业务对各账户的影响，还不能够连续、系统地反映一定会计期间内全部经济业务对各账户的综合影响。为了实现这一目的，还需要将会计分录的数据过到相关账户中去。这一过程，称为过账。包括把记账凭证中的每一笔会计分录的借方、贷方的金额，依据同样的会计凭证，按照同一借贷方向、相等的金额和在同一会计期间将之过入总分类账和明细分类账的有关账户中去。

▲账簿，是由具有一定格式而又互相联系的账页所组成，用以全面、系统、连续地记录各项经济业务的簿籍，是编制会计报表的依据，也是保存会计资料的重要工具。
▲登记账簿是指根据审核无误的原始凭证及记账凭证，按照国家统一会计制度规定的会计科目，运用复式记账法将经济业务序时地、分类地登记到账簿中去。

（四）期末账项调整

除非有证据表明企业即将破产清算，会计核算通常是假定企业将持续经营下去的。但是，连续不断的经营过程需要人为地分割成相等的会计期间（年、半年、季、月），以便信息使用者能够及时了解企业的经营成果和财务状况。

为了全面、充分地反映本期收入和费用，每个会计期间的期末，应该按权责发生制予以调整，以便合理地反映企业的经营成果。这种期末按权责发生制要求对部分会计事项予以调整的行为，就是账项调整；账项调整时所编制的会计分录，就是调整分录。

（五）试算平衡

试算平衡，就是根据借贷记账法的"有借必有贷，借贷必相等"的平衡原理，检查和验证账户记录正确性的一种方法。

根据借贷记账法的记账规则，每一笔经济业务发生所做的会计分录，其所有会计分录借贷发生额之和应该相等。很显然，一定会计期间的全部经济业务做成的会计分录过账后，如果记账没有差错，那么所有账户的借方发生额合计必然等于其贷方发生额合计。这样，我们可以利用借贷记账法的这一机制，检查账户记录的正确性。

这就要求会计人员在平时记账、登账过程中，养成良好的习惯，不要马虎潦草、随意错乱，导致最终试算无法进行。除了进行试算平衡以外，还应对一切会计记录定期或不定期地及时进行复核，以保证会计数据的正确性。

（六）结账

结账是指在把一定时期（月份、季度、年度）内所发生的全部经济业务登记入账的基础上，在期末按照规定的方法计算出该期账簿记录的发生额合计数和余额，并将其余额结转下期或者转入新账以及划出结账标志的程序和方法。

（七）编制会计报表

试算平衡及结账后，标志着与本期有关的全部会计事项已经登记入账且账务处理过程不存在明显差错，下一步就可以根据试算平衡表，编制基本会计报表。我国目前要求企业编制的会计报表包括资产负债表、利润表和现金流量表。

在编制会计报表之前，为了减少发生差错的可能，可以在试算平衡表的基础上编制工作底表。工作底表由调整试算平衡后的余额、利润表项目、资产负债表项目三部分组成。

从分析经济业务到会计报表编制，就是循着上述程序周而复始地进行，形成会计循环。

第二节　会计凭证

一、会计凭证的概念和作用

会计凭证,是记录经济业务发生或完成的书面证明,也是登记账簿的依据。

任何会计凭证都必须经过有关人员的严格审核,只有审核无误的会计凭证才能据以收付款项、收发财物和登记账簿。

填制和审核会计凭证是会计核算方法之一,是会计核算的初始阶段和基本环节,是一项重要的基础性会计工作。会计凭证工作的意义主要体现在以下三个方面:

(1)记录经济业务,提供记账依据;

(2)明确经济责任,强化内部控制;

(3)监督经济活动,控制经济运行。

二、会计凭证的种类

会计凭证按照编制程序和用途一般可以分为原始凭证和记账凭证两类。

(一)原始凭证

原始凭证又称单据,是在经济业务发生或完成时取得或填制的,用以记录或证明经济业务的发生或完成情况的文字凭据(见图7-2)。

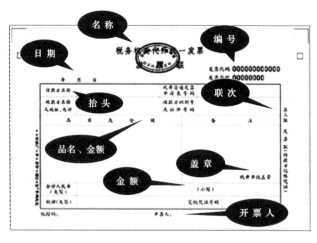

图 7-2　原始凭证举例

1.按照来源不同分类(见图7-3)

(1)自制原始凭证。自制原始凭证是指在经济业务执行或完成时,由本单位经办部门或人员自行填制的、仅供内部使用的原始凭证。

自制原始凭证在企业占很大比重。例如收料单(见图7-4)、领料单、限额领料单、产品入库单等。

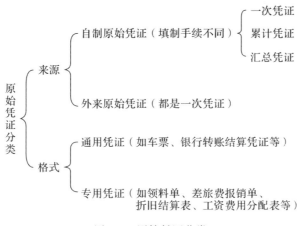

图 7-3　原始凭证分类

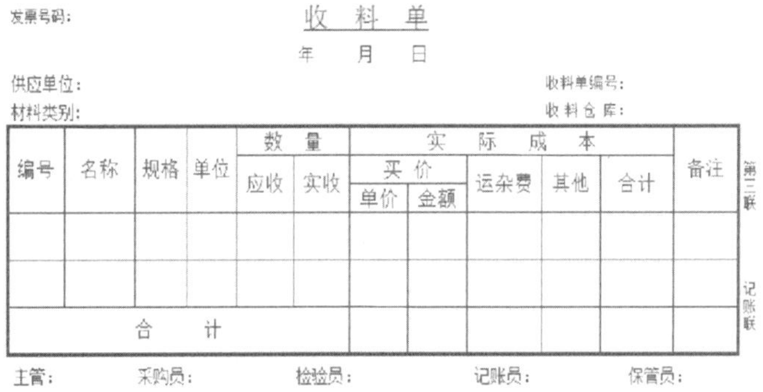

图 7-4　收料单

自制原始凭证按照填制手续不同分类,可以分为一次凭证、累计凭证和汇总凭证。

(2)外来原始凭证。外来原始凭证是指在经济业务发生或完成时,从其他单位或个人直接取得的原始凭证。例如(购货)发票、飞机和火车的票据、银行收付款通知单、增值税专用发票等。

2. 按照格式不同分类(见图 7-3)

(1)通用凭证。通用凭证是指由有关部门统一印制、在一定范围内使用的具有统一格式和使用方法的原始凭证。如全国通用的火车票、专用发票等。

(2)专用凭证。专用凭证是指由单位自行印制、仅在本单位内部使用的原始凭证。

3. 原始凭证的基本内容

无论使用哪种原始凭证,作为记录和证明经济业务的发生或完成情况、明确经办单位和人员的经济责任的原始证据,必须具备以下基本内容:原始凭证名称、填制原始凭证的日期、凭证的编号、接受凭证单位名称(抬头人)、经济业务内容(含数量、单价、金额等)、填制单位签章、有关人员(部门负责人、经办人员)签章、填制凭证单位名称或者填制人姓名、凭证附件。

4. 填制原始凭证的基本要求

(1)记录要真实。

(2)内容要完整。

(3)手续要完备。单位自制的原始凭证必须有经办单位领导或者其他指定的人员签名盖章。

（4）书写要清楚、规范。不得使用未经国务院公布的简化汉字,大小写金额必须相符且填写规范。

（5）编号要连续。预先印定编号的原始凭证,在写坏作废时,应加盖"作废"戳记,不得撕毁。

（6）不得涂改、刮擦、挖补。原始凭证有错误的,应当由出具单位重开或更正,更正处应当加盖出具单位印章。原始凭证金额有错误的,应当由出具单位重开,不得在原始凭证上更正。

（7）填制要及时。

☆ **会计作假手法——伪造、篡改、不如实填写原始凭证**

会计作假手法是指行为人使用涂改等手法更改凭证的日期、摘要、数量、单价、金额等,或采用伪造印鉴、冒充签名、涂改内容等手法,来制造证明经济业务的原始凭证。

如某厂职工利用一张字迹模糊,只有小写金额没有大写金额的发票,在金额"50.12"元前添写"1",改为"150.12"元,同时按150.12元添加大写金额,在财务科顺利报销。

又如伪造单据套取现金,私设小金库。单位以购买某种物品为名,编造假发票,套取现金单独存放,用于不当支出。某炼油厂按规定应列支年度业务招待费为28万元,但到当年6月底招待费实际支出额已达25万元,为了使年度招待费不超过28万元,厂领导和会计人员便商定,以报销劳保用品为名套取现金,用于招待费支出。随后,从劳保商店搞来一张空白发票,自己编造了有关数据,填入空白发票,共计10万元,会计人员依照伪造的发票进行了相关的会计处理,套取现金10万元,以个人名义存储,专门用于"压缩"招待费超支。

——摘自 https://www.sohu.com/a/208396545_99938602

（二）记账凭证

记账凭证又称记账凭单,是会计人员根据审核无误的原始凭证按照经济业务事项的内容加以归类,并据以确定会计分录后所填制的会计凭证。

1. 记账凭证的分类

根据记账凭证使用范围的不同,大致可以分为以下几类。

（1）按其用途分类。记账凭证按其用途可以分为专用记账凭证和通用记账凭证。

①专用记账凭证,是指分类反映经济业务的记账凭证。这种记账凭证按其反映经济业务的内容不同,又可以分为收款凭证、付款凭证和转账凭证。

收款凭证:是指用于记录现金和银行存款收款业务的会计凭证(见图7-5)。

付款凭证:是指用于记录现金和银行存款付款业务的会计凭证(见图7-6)。

转账凭证:是指用于记录不涉及现金和银行存款业务的会计凭证(见图7-7)。

②通用记账凭证,是指用来反映所有业务的记账凭证(见图7-8)。

（2）按其填列会计科目的数目分类。记账凭证按其填列会计科目的数目分类,可以分为单式记账凭证和复式记账凭证两类。

①单式记账凭证。单式记账凭证是指每一张记账凭证只填列经济业务事项所涉及的一个会计科目及其金额的记账凭证。填列借方科目的称为借项凭证,填列贷方科目的称为贷项凭证。

②复式记账凭证。复式记账凭证是指将每一笔经济业务事项所涉及的全部会计科目及其发生额均在同一张记账凭证中反映的一种凭证。

（3）按其包括的内容分类。记账凭证按其包括的内容分类可以分为单一记账凭证、汇总记账凭证和科目汇总表三类。

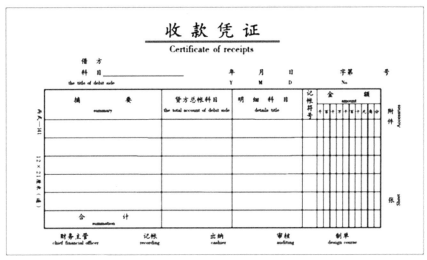

图 7-5 收款凭证示例

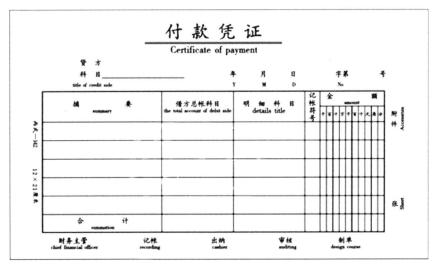

图 7-6 付款凭证示例

①单一记账凭证,是指只包括一笔会计分录的记账凭证。上述的专用记账凭证和通用记账凭证,均为单一记账凭证。

②汇总记账凭证,是指根据一定时期内的同类单一记账凭证加以汇总而重新编制的记账凭证。汇总记账凭证又可以分为汇总收款凭证、汇总付款凭证和汇总转账凭证。

③科目汇总表(亦称记账凭证汇总表、账户汇总表),是指根据一定时期内所有的记账凭证定期加以汇总而重新编制的记账凭证,其目的也是简化总分类账的登记手续。

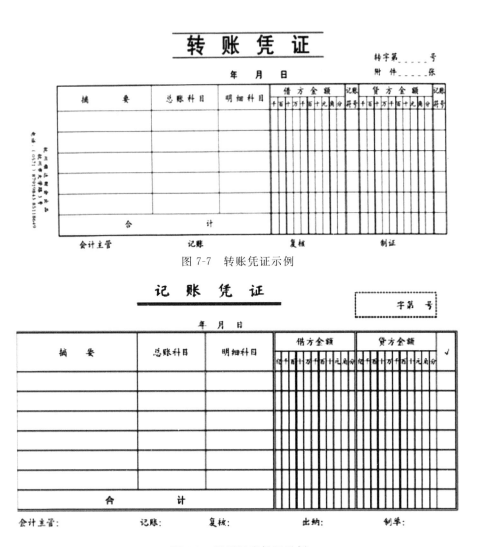

图 7-7　转账凭证示例

图 7-8　通用记账凭证示例

☆**会计作假手法——取得虚假发票**

　　这种虚假发票包括两种情况，一种是发票本身是假的，另一种情况就是发票所记载的内容是虚假的。虽然国家以法律形式明文规定不得使用假发票，并且要求各单位要重视发票的管理和使用，但近年来假发票却风行天下，十分猖獗。单位之间相互开具假发票，甚至有人专门以开具假发票牟利。如 1998 年严肃查处的浙江省金华县虚开增值税专用发票案。这起税案是 1994 年税制改革以来，全国虚开发票数额最大的案件。从 1995 年 3 月至 1997 年 3 月，金华县共有 218 家企业参与虚开发票，开出发票共计 65 536 份，价税合计63.1 亿元。案件总共涉及 36 个省区市和计划单列市，涉案企业之多、范围之广、历史之长、数额之大实属罕见，在全国引起了很大反响，再一次为"打假"敲响了警钟。

　　假发票盛行，给国家财政收入和经济管理带来了严重后果。一些单位以虚开增值税发票牟取暴利，一些单位以取得的假发票来逃避税务机关的检查，给国家财政造成巨大损失。如有的企业经济效益好了，就要在职工福利方面大开"绿灯"，为职工搞福利本无可非议，但超标准、超范围的福利行为就属于违反规定的行为。某企业在为职工购买皮衣时,因属违规行为,不敢直接列报,就采取弄虚作假的错误做法,在购买服装付款时,要求对方不按皮装开具,而将服装换成一般生产用材料和运杂费来填写发票,财会部门收到对方填写的虚假发票和有关结算凭证时,做如下账务处理。

借:材料采购
　　贷:银行存款

企业为了掩盖真相,又办理了假入库和假出库手续。会计部门均以假出库凭单处理。

借:原材料　　　　　　　　借:制造费用
　　贷:材料采购　　　　　　　　贷:原材料

一些单位用假发票开支吃喝招待费用,形成公款吃喝风。如某公司一次就以运费名义开具假发票报销餐费 2 万余元。一些单位用假发票滥发财物。如某单位办公室采购人员,购进 30 万元商品,但由供货单位开具的发票金额为 38 万元,该单位付给供货单位 38 万元银行支票,该采购人员即从供货单位提取现金 8 万元据为己有,使公有财产化为私有,这种假发票的危害性不能不予以重视。

——摘自 https://kaoshi.china.com/kjz/news/647449-1.htm

2.记账凭证的基本内容

一张完整的记账凭证须包括以下内容:记账凭证的名称,填制记账凭证的日期,记账凭证的编号,经济业务事项的内容摘要,经济业务事项所涉及的会计科目及其记账方向,经济业务事项的金额,记账标记,所附原始凭证张数,会计主管、记账、审核、出纳、制单等有关人员签章。

3.记账凭证的编制要求

(1)记账凭证各项内容必须完整。

(2)记账凭证应连续编号。一笔经济业务需要填制两张以上记账凭证的,可以采用分数编号法编号。

(3)记账凭证的书写应清楚、规范。相关要求同原始凭证。

(4)记账凭证可以根据每一张原始凭证填制,或根据若干张同类原始凭证汇总编制,也可以根据原始凭证汇总表填制,但不得将不同内容和类别的原始凭证汇总填制在一张记账凭证上。

(5)除结账和更正错误的记账凭证可以不附原始凭证外,其他记账凭证必须附有原始凭证。

(6)填制记账凭证时若发生错误,应当重新填制。发现以前年度记账凭证有错误的,应当用蓝字填制一张更正的记账凭证。

(7)记账凭证填制完经济业务事项后,如有空行,应当自金额栏最后一笔金额数字下的空行处至合计数上的空行处划线注销。

三、会计凭证的传递

会计凭证的传递是指从会计凭证的取得或填制时起至归档保管的过程中,在单位内部有关部门和人员之间传送的程序(见图7-9)。

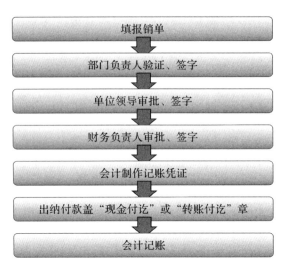

图 7-9　会计凭证的传递

四、会计凭证的保管

（1）会计凭证应定期装订成册，防止散失。从外单位取得的原始凭证遗失时，应取得原签发单位盖有公章的证明，并注明原始凭证的号码、金额、内容等，由经办单位会计机构负责人、会计主管人员和单位负责人批准后，才能代作原始凭证。若确实无法取得证明的，如车票丢失，则应由当事人写明详细情况，由经办单位会计机构负责人、会计主管人员和单位负责人批准后，代作原始凭证。

（2）会计凭证封面应注明单位名称、凭证种类、凭证张数、起止号数、年度、月份、会计主管人员、装订人员等有关事项，会计主管人员和保管人员应在封面上签章。

（3）会计凭证应加贴封条，防止抽换凭证。原始凭证不得外借，其他单位如有特殊原因确实需要使用时，经本单位会计机构负责人、会计主管人员批准，可以复制。向外单位提供的原始凭证复制件，应在专设的登记簿上登记，并由提供人员和收取人员共同签名、盖章。

（4）原始凭证较多时可单独装订（同时在所属记账凭证上注明"附件另订"及原始凭证的编号和名称）。

（5）严格遵守会计凭证的保管期限要求，期满前不得任意销毁。

第三节　会计账簿

会计账簿将会计凭证提供的大量分散的核算资料加以整理，归类登记，是继会计凭证后记载企业经济业务的重要载体。

一、会计账簿的含义

会计账簿是由一定格式、相互联系的账页所组成，用来序时、分类、全面地记录和反映一个单位经济业务事项的会计簿籍,是会计资料的主要载体之一。

会计账簿是会计核算的重要手段之一,是对会计凭证提供的大量分散数据或资料进行归集整理,以全面、连续、系统地记录和反映经济活动情况。它是保存会计资料的重要工具,也是编制会计报表的重要依据。

二、会计账簿的种类

会计账簿的种类很多,但从会计工作实际情况来看,依法建立各种会计账簿,仍是一个十分薄弱的环节。因此,《会计法》不仅规定了各单位必须依法建账,还对各单位设置的会计账簿的种类进行了规定,一般的,可按其用途、外表形式与账页格式三个方面进行分类(见图7-10)。

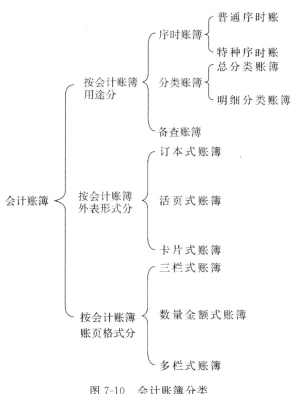

图7-10　会计账簿分类

（一）按会计账簿用途分

按会计账簿用途分,可分为序时账簿、分类账簿和备查账簿。

1.序时账簿

序时账簿又称日记账,是按经济业务发生时间的先后顺序进行登记的账簿。在会计实务中,序时账簿是按照会计部门收到凭证的先后顺序,亦即按照记账凭证编号的先后顺序逐日逐笔进行登记的。由于序时账簿按要求逐笔进行登记,每日进行结计,所以便于有关人员及时了解经济业务的发生和完成情况,并且也可以和分类账及其他有关账户进行检查核对。序时账簿按其记录经济业务的范围不同,可分为普通序时账和特种序时账。

（1）普通序时账

普通序时账亦称普通日记账或分录日记账,是将每日发生的经济业务按其发生的时间先后顺序,根据原始凭证在账簿中逐笔编制会计分录,所以,在会计实务中,由于经济业务的复杂多样性,使得采用这一账簿进行记录时比较困难,因此手工记账一般很少采用,但此种账簿适用于会计电算化。

（2）特种序时账

特种序时账亦称特种日记账,是对某一类重要的、发生频繁的经济业务进行序时登记,主要包括现金日记账和银行存款日记账。这两种账簿各单位必须设置,以便于加强货币资金的管理,提供货币资金收付业务的详细、及时的会计信息。

2.分类账簿

分类账簿是按照账户进行分类登记的账簿。按其反映经济内容详细程度的不同,分类账簿可分为总分类账簿、明细分类账簿。

（1）总分类账簿

总分类账簿亦称总账,是根据总账科目设置的账簿,用于分类登记单位的全部经济业务事项,提供资产、负债、所有者权益、费用、成本、收入和财务成果总括核算的资料,各单位可以根据所采用的记账方法和账务处理程序的需要设置总账。

（2）明细分类账簿

明细分类账簿亦称明细账,是根据总账科目所属的明细科目设置的,用于分类登记某一经济业务事项,提供有关明细核算资料的账簿。明细账是会计资料形成的基础环节。利用明细账,可以对经济业务信息或数据做进一步的加工整理和分析,也能为了解会计资料的形成提供具体的情况和有关线索。

3.备查账簿

备查账簿也称辅助账簿,是为备忘备查而设置的。它可以对某些序时账和分类账中未能记录或记录不全的经济业务的内容提供必要的参考资料,在会计实务中,主要包括:租借设备、代管物资的辅助登记、有关担保、抵押备查簿等。

（二）按会计账簿外表形式分

按会计账簿外表形式分,可分为订本式账簿、活页式账簿和卡片式账簿。

1.订本式账簿

简称订本账,它是在使用前就将若干账页固定装册的账簿。订本式账簿的优点是可以避免账页散失和抽换账页,从而能够保证账簿资料的完整。但由于账页固定,不能增减,因此使用前必须先估计每一账户所需使用账页的数量,预留空白账页,这样,留页过多,造成浪费,留页过少,影响账簿记录的连续性。另外,订本式账簿在同一时间内,仅容许一人记账,不便于记账人员分工。在会计实务中,订本式账簿一般用于现金日记账、银行存款日记账和总分类账。

2.活页式账簿

简称活页账,是指在启用前和使用中都不把账页固定成册,而将账页用账夹夹起来,可以随时增减账页的一种账簿。活页账的优点在于可随时增减空白账页,便于会计人员之间分工协作,提高工作效率。其缺点在于账页容易散失或被抽换。所以为保证账簿资料的完整,使用活页账簿时必须注意顺序编号。在使用完毕不再登记时,应装订成册,妥善保管。

在会计实务中,活页账主要用于各种明细分类账。

3.卡片式账簿

简称卡片账,是指由许多具有账页格式的硬纸卡组成,并且这些硬纸卡被存放在卡片箱中的一种账簿。卡片账的优缺点与活页账基本相同。存放卡片的卡片箱应由专人负责。在使用完毕后应予以封扎,妥善保管。在会计实务中,卡片账主要用于财产明细账,如固定资产实物卡片账、材料卡片账等。

(三)按会计账簿账页格式分

按会计账簿账页格式分,可分为三栏式账簿、数量金额式账簿和多栏式账簿。

1.三栏式账簿

三栏式账簿是指设有借方、贷方和余额三个基本栏目的账簿。各种日记账、总分类账以及资本、债权、债务明细账都可采用三栏式账簿。三栏式账簿又分为设对方科目和不设对方科目两种,区别是在摘要栏和借方科目栏之间是否有一栏"对方科目"。有"对方科目"栏的,称为设对方科目的三栏式账簿;不设"对方科目"栏的,称为不设对方科目的三栏式账簿。

2.数量金额式账簿

数量金额式账簿的借方、贷方和余额三个栏目内,都分设数量、单价和金额三小栏,借以反映财产物资的实物数量和价值量。原材料、库存商品、产成品等明细账一般都采用数量金额式账簿。

3.多栏式账簿

多栏式账簿是在账簿的两个基本栏目借方和贷方按需要分设若干专栏的账簿。收入、费用明细账一般均采用这种格式的账簿。

> ◎"帐""账"的由来
>
> "帐"字本身与会计核算无关,在商代,人们把帐簿叫作"册";从西周开始又把它更名为"籍"或"籍书";战国时代有了"簿书"这个称号;西汉时,人们把登记会计事项的帐册称为"簿"。据现有史料考察,"帐"字引申到会计方面起源于南北朝。
>
> 南北朝时,皇帝和高官显贵都习惯到外地巡游作乐。每次出游前,沿路派人登记帏帐,帐内备有各种生活必需品及装饰品,奢侈豪华,供其享用,此种帏帐被称为"供帐"。供帐内所用之物价值均相当昂贵,薪费数额巨大,为了维护这些财产的安全,指派专门官吏掌管并实行专门核算,在核算过程中,逐渐把登记这部分财产及供应之费的簿书称为"簿帐"或"帐",把登记供帐内的经济事项称为"记帐"。以后"簿帐"或"帐"之称又逐渐扩展到整个会计核算领域,后来的财计官员便把登记日用款目的的簿书通称作"簿帐"或"帐",又写作"账簿"或"账"。从此,"帐""账"就取代了一切传统的名称。现在又统一改作"账"。
>
> ——资料来源:"帐""账"的由来.中国工会财会,2006(8):42

三、会计账簿的设置与登记

(一)会计账簿的设置原则

为了实现会计的核算和监督职能,完成会计核算的任务,各单位必须设置账簿。账簿的设置应适合本企业经济业务的特点和经营管理的需要,所以必须遵循一定的原则,确定本企业账簿的种类、账簿和账页的格式、登记的内容和方法等。账簿设置的原则一般包括以下几个方面：

（1）账簿的设置应符合会计准则和会计制度中的有关规定，这样才能保证会计核算的规范性及会计信息的合规性和完整性。

（2）账簿的种类和数量，必须根据本单位经济业务的特点和经营管理的需要来确定。不同的单位，其经济业务和经营管理的要求不同，所以账簿的设置必须体现这些需求的特点，切合实际地反映单位的经济活动，同时也要有利于会计分工和加强岗位责任制。

（3）账簿设置要注意账簿体系的科学严密。不同账簿有不同的作用和特点，有关账簿之间要有统驭关系或平行制约关系，并应避免重复记账和漏记。

（4）账簿的设置应根据所记录经济业务的内容和所需要提供的核算指标设置格式。要求既简明又实用，既要保证会计记录的系统性和完整性，又要避免过于烦琐，以便于日常使用和保存。

（二）日记账的登记

日记账按其记录经济业务范围的不同，分为普通日记账和特种日记账。

1. 普通日记账

普通日记账是用来登记全部经济业务的账簿，也称分录簿。此种日记账的格式分为两栏式和多栏式两种，两栏式日记账即日记账分借方和贷方两个金额栏，格式如表7-1所示。

表7-1　两栏式日记账的格式

年		摘　要	账户名称	借　方	贷　方	过　账
月	日					

普通日记账的登记方法如下：

①日期栏：登记经济业务发生的日期。

②摘要栏：对经济业务做简要说明。

③会计科目（或账户名称）及金额栏：将根据经济业务编制的会计分录记在相应的栏目内，并将借方金额填写在借方栏内，贷方金额填写在贷方栏内。

④过账栏：根据日记账中应借应贷科目及其金额过入分类账后，应将分类账中该账户的账页号数记入过账栏，或在过账栏内注明"√"符号，以示已经过账。

2. 特种日记账

特种日记账就是专门用来登记某一类经济业务的日记账，在会计实务中，可以从普通日记账中分离出来单独设置若干本日记账，如现金日记账、银行存款日记账和转账日记账等。这种日记账有利于记账分工，清晰地反映各类经济业务情况。

一般的，企业为了加强货币资金的管理，都应设置现金日记账和银行存款日记账，用以序时地反映现金和银行存款收入、支出以及每日结存数。也有的单位设置购货、销货日记账，序时登记这些业务的发生情况。下面，我们详细介绍现金日记账和银行存款日记账。

（1）现金日记账（见表7-2）

表 7-2　现金日记账

年		凭证字号	对方科目	摘要	分类账页	收　入								付　出								余　额								核对
月	日					十	万	千	百	十	元	角	分	十	万	千	百	十	元	角	分	十	万	千	百	十	元	角	分	

现金日记账是用来登记库存现金每天收入、支出和结存情况的账簿。其格式通常采用"收入""付出""余额"三栏式，由出纳员根据审核后的现金的收、付款凭证，按时间先后顺序逐日逐笔登记，登记时，应填明经济业务发生的日期、凭证字号、摘要、对方科目（若账簿上开设）、收入、付出、余额。同时，对于从银行提取现金的业务，据本章第二节会计凭证所述，习惯上，为防止重复记账，只编银行付款凭证，不编现金收款凭证。所以此时现金收入数，应根据审核后的银行付款凭证登记现金日记账，每日终了，应及时结出余额，并与当日库存现金实有数相核对。为防止散失，现金日记账和下述银行存款日记账，必须采用订本式账簿，并为每一张账页顺序编号，不可随意抽换账页，以利于日后查阅。

三栏式现金日记账的登记方法：

①日期栏：登记现金收付业务实际发生的日期。

②凭证字号：登记收款凭证或付款凭证的种类和编号，如：该项业务是由现金收款凭证第5号登记的，可简写为"现收字第5号"。

③对方科目栏：登记现金收入或支出的对应账户名称。

④摘要栏：登记经济业务的简要说明。

⑤收入及付出栏：登记现金收入金额和现金付出金额，每日终了，应计算当日现金收入及现金付出合计数。

⑥金额栏：在登记每日现金收入和支出后，应结出当日现金余额，填入当日余额栏内。

（2）银行存款日记账（见表7-3）

表 7-3　银行存款日记账

年		凭证字号	对方科目	摘要	分类账页	收　入								付　出								余　额								核对
月	日					十	万	千	百	十	元	角	分	十	万	千	百	十	元	角	分	十	万	千	百	十	元	角	分	

银行存款日记账是用来登记银行存款每日收入、付出和余额情况的账簿。其格式与现金日记账相同，也是由出纳员根据审核后的银行收、付款凭证按时间顺序逐日逐笔登记，登记时，应填明经济业务发生的日期、凭证字号、摘要、对方科目、收入、付出、余额。同时，对于将现金存入银行的业务，因习惯上只编现金付款凭证，不编银行收款凭证，所以，此时的银行存款收入数应根据相关的现金付款凭证登记。每日终了，应结出账面余额，银行存款日记账应定期（一般一月一次）与银行转来的银行对账单逐笔进行核对。如若不符，查明原因，若属未达账项，应编制银行存款余额调节表进行调节使之相符；若调节后不相符，则属于双方记账差错，应及时与银行协调，予以更正。银行存款日记账与现金日记账相同，均采用三栏式、订本式日记账，登记方法也与现金日记账相同。

（三）总分类账的登记

分类账是按照账户进行分类登记的账簿。分类账按其反映的经济业务详细程度的不同，可以分为总分类账和明细分类账两类。

总分类账简称总账，用以全面、总括地反映经济活动状况，并为编制会计报表提供核算资料。任何单位都应设置总分类账，在总分类账中，应按照一级科目的编码顺序分设账户，并为每个账户预留若干账页，以集中登记属于各账户的经济业务及其发生的增减变动。

总分类账应采用订本式账簿，其账页格式有三栏式和多栏式两种，以三栏式最为常用。

1. 三栏式总分类账

所谓三栏式总分类账，是指其格式设有借方、贷方、余额三个金额栏，三栏式总分类账的格式设计也有两种。

第一种是对某一账户只设有借方、贷方、余额三栏，而不反映对方科目，其格式如表7-4所示。

表7-4　总分类账的格式1

总分类账

年		凭证号	摘　要	借　方	贷　方	借/贷	余　额
月	日						

第二种是在总分类的借方和贷方两栏内，分别设置"对方科目"栏，以便使设账科目和对方科目能够反映出来，账户对应关系更加清晰。这种总分类账格式如表7-5所示。

表7-5　总分类账的格式2

总分类账

年		凭证号	摘　要	借　方		贷　方		借/贷	余　额
月	日			对方科目	金　额	对方科目	金　额		

2. 多栏式总分类账

所谓多栏式总分类账，是将所有的总账科目合并设置在一张账页上。典型的多栏式总分类账是一种序时账与分类账相结合的联合账簿,也称日记总账。其格式如表 7-6 所示。

表 7-6 日记总账的格式

日记总账

年		凭证		摘 要	发生额	科 目		科 目		科 目
月	日	字	号							
				月初余额						
				发生额合计						
				月末余额						

总分类账登记的依据和方法,取决于所采用的会计核算组织程序。在不同的会计核算组织程序下,总分类账可以直接根据各种记账凭证逐笔登记,也可将记账凭证先汇总编制成科目汇总表或汇总记账凭证,再据以登记,还可以根据多栏式日记账登记。但是,无论采取哪一种方式,会计人员每月都应将全月已发生的经济业务全部登记入账,并于月末结出总分类账户的本期发生额和期末余额,作为编制会计报表的依据。总分类账的具体登记方法此处不再做详细说明。

(四)明细分类账的登记

1.明细分类账的格式及其适用性

明细分类账简称明细账,它是按明细科目或二级科目开设账户,用于反映某一类经济业务详细资料的账簿。它提供的资料比较详细,是编制各种明细报表的依据,各单位在设置总分类账的基础上,根据企业经营管理的需要,设置必要的明细分类账。

明细账一般采用活页式账簿或卡片式账簿,其格式可结合各项经济业务内容和经营管理的实际需要来设计,其格式主要有三栏式,数量、金额式和多栏式三种。

(1)三栏式明细分类账

三栏式明细分类账的格式与总分类账格式相同,仅设"借方""贷方"和"余额"三个金额栏。它适用于只要求进行金额明细核算而不要求其他(如数量)度量核算的账户,如"应收账款""应付账款""实收资本"等科目,其格式如表 7-7 所示。

表 7-7 三栏式明细分类账的格式

明细分类账

二级明细科目: 第 页

年		凭证号数	摘 要	借 方	贷 方	借/贷	余 额
月	日						

(2)数量、金额式明细分类账

数量、金额式明细分类账是为满足企业对财产物资管理的需要而设置的账簿,这种账簿既提供货币指标,又提供实物指标,其格式是在收入、支出和结存三大栏下分别设置数量、单价和金额三个小栏,这种格式适用于既要进行金额核算,又要进行实物数量核算的明细分类账,如"原材料""产成品"等科目,通常情况下,按照实物品种、规格等级等分设账户,其格式如表 7-8 所示。

表 7-8　数量、金额式明细分类账

原材料　明细分类账

类别　甲材料　　　　单位:元

年		凭证号数	摘　要	收　入			支　出			结　存		
月	日			数　量	单　价	金　额	数　量	单　价	金　额	数　量	单　价	金　额
12	1	略	期初余额							500	100	50 000
	5		购入材料	100	100	10 000				600	100	60 000

（3）多栏式明细分类账

多栏式明细分类账是根据经济业务的内容和提供的会计资料的要求,在同一张账页上按某一总账科目所属明细科目或明细项目分设若干专栏,用以在同一账页上集中反映某一总账科目所属各种有关明细科目或明细项目核算资料,这与前述三栏式明细账和数量、金额式明细分类账分设账页的形式不同,多栏式明细分类账适用于只需要进行金额核算,并且管理上要求反映项目构成情况的成本、费用支出、收入、财务成果类科目,如"生产成本""制造费用""管理费用""本年利润"等科目的明细分类核算,多栏式明细分类账格式设计登记方法因科目类别及核算内容不同而分为三种情况。

①成本费用支出类科目:在每一总账科目下,都有若干明细科目或明细项目,反映成本费用支出的构成,由于这类会计科目在会计期间内发生的经济业务主要是借方发生额,因此按借方设专栏,如发生贷方发生额,以红字记在借方,月末将借方发生额合计数从贷方一笔转出,记入有关账户。各专栏下的发生额也相应在转出行用红笔冲减为零。成本费用支出类明细分类账格式如表 7-9 所示。

表 7-9　借方多栏式明细分类账

（账簿名称）

单位:元

年		凭证		摘　要	借方（项目）						贷方	余额
月	日	字	号		差旅费	工　资	办公费			合　计		
12	6	略		宗良报销差旅费	470					470		
	15			发放工资		2 000				2 470		
	21			购买办公用品			220			2 690		

②收入类科目:其总账科目下的所属明细科目或明细项目,反映出某一收入指标构成。由于这类科目在会计期间内发生的经济业务主要应登记在贷方,因此收入类明细账按贷方设多栏,反映各明细科目或明细项目贷方发生额,如发生冲减有关收入事项,用红字在贷方登记。月末,将贷方发生额合计数从借方转出,记入有关账户。各专栏发生额在本期转出行以红笔冲减为零。收入类多栏式明细分类账格式如表 7-10 所示。

表 7-10　贷方多栏式明细分类账

（账簿名称）

年		凭证		摘　要	贷方（项目）						借方	余额
月	日	字	号						合　计			

2.明细分类账的登记方法

各种明细分类账的登记方法,应根据各个单位业务量的大小、经营管理上的需要以及所记录的经济业务内容加以确定。登记明细分类账的依据主要为原始凭证。汇总原始凭证或记账凭证,一般情况下应逐笔登记经济业务。

四、会计账簿的记账规则

记账工作是会计核算工作的重要环节,会计账簿是储存会计资料的重要会计档案。为保证账簿记录的正确、完整和清楚,明确记账责任,记账必须遵循以下规则:

(1)启用新账时,应首先填写"账簿启用表"上所要求的内容,并加盖公章。

(2)为了保证账簿资料的完整,记账时必须按页次顺序连续登记,不得跳行隔页。若发生这种情况,应将空行、隔页划红色对角线,注明作废,并由记账员盖章证明。

(3)为保证记账的正确性,记账的依据必须是审核无误的会计凭证。每次记账完毕,应随即在日记账(或记账凭证)过账栏内打"√"并注明账簿页数,表明已经过账,避免发生重记、漏记和错记的现象。

(4)为使账簿记录整洁清晰,防止篡改,并且能长期保持,不脱色,记账时必须利用蓝黑色墨水笔或碳素墨水笔书写,不得使用铅笔和圆珠笔,红色墨水笔只适用于冲账、划线和改错时使用。

(5)摘要栏应简明清晰,金额栏的数字书写清楚,字体大小一般应占账格的 $1/2 \sim 2/3$,以便发生错账时,能留有余地予以更正。

(6)每页账页应登记至倒数第二行,账页最后一行应结出本账页的发生额合计和余额,摘要栏注明"过次页"或"转下页",并在下一页第一行摘要栏内注明"承上页",将上页的发生额合计及余额记入本页第一行,然后再继续往下登记,月终时应结出每个账户的本期发生额合计数。必要时,还要结出年初至本月止的累计数。

(7)凡需结出余额的账户,应当定期结出余额,没有余额的账户,应当在"借或贷"栏内写"平"字,并在余额栏内(一般是"元"位)用"0"表示。

(8)账簿记录错误时,应根据错误的情况,按规定的更正方法更正,不得在账页上刮、擦、挖、补和任意涂改。

五、错账的查找及更正方法

(一)错账的查找

错账的查找是指查找账目错误的原因所在,记账、过账过程中,发现账目有差错,就要及时查找,及时更正。

　　错账的查找按其查找的范围可分为两种,一种是全面查找,一种是重点查找。发现错账以后要经过冷静分析,初步确定可能发生错误的范围,在缩小范围以后,再进行重点查找,这种方法比较省时、省力。若错误不易确定范围,则应全面查找。全面查找分两种,顺查法和逆查法。顺查法,又称"正查法",是指顺着会计账务处理的程序,从原始凭证的审计开始,依次审查原始凭证、记账凭证、会计账簿和会计报表的一种审计方法;逆查法,又称"倒查法""溯源法",与顺查法的顺序正好相反,即从审查分析会计报表或发现线索的那部分总账科目入手,逆向地审查总账、明细账、记账凭证和原始凭证。

　　引起账目错误的原因有很多,但总的表现有两种,一种是会影响借贷平衡的错误,一种是不会影响借贷平衡或漏记的错误。第一种错误容易查找,其发生的原因有:借、贷有一方数字颠倒、错位,或有一方记错方向等。这类错误一般都很明显,只要将借贷方之间的差额进行仔细分析,即可找到错误的原因。第二种错误比较难找,可以有多种情况,并且各种错误交织在一起,需根据会计人员的经验,以及在会计处理过程中的一些特点来查找,一般是抓住差错数额进行分析。简单举几例来说明:如果差错正好等于某笔经济业务的发生额,就可能发生重记或漏记;若差错数能被 2 除尽,商数等于某笔经济业务的发生额,就可能是借、贷有一方记错方向等。

　　查错是一项费时、费力又费心的工作,因此,平时记账时应认真、细致,加强复核,防患于未然,尽量做到不错。但在实际操作中难免会发生错误,在查出错误时,应严格按照下述更正错误的方法进行更正。

　　(二)错账的更正方法
　　会计账簿登记过程中发生错误时,应视具体情况,采用以下三种更正方法进行更正。
　　1.划线更正法
　　划线更正法,也称红线更正法,凡在记账当时,即结账以前,发现会计账簿记录有文字或数字错误,而记账凭证没有错误,可采用划线更正法。采用划线更正法更正错误时,先在错误的数字或文字上划一条红线以示注销,但所划线条必须使原有字迹仍可辨认,然后在错误数字或文字上方空白处填写正确的数字或文字,并由记账员和会计机构负责人(会计主管人员)在更正处盖章以示负责。对于文字错误,可只划去错误部分并进行更正;对于数字错误,必须全部划销,不能只划销整个数字中的错误数字,并由会计人员和会计机构负责人(会计主管人员)在更正处盖章,以明确责任。具体做法举例如下:

　　【例 7.1】　记账员李明把 525.80 元误记为 582.50 元,应做如下更正:

525.80

~~582.50~~ 李明

　　【例 7.2】　记账员李明把"购买材料"错记为"购买办公用品",应做如下更正:

材料

以现金购买~~办公用品~~ 李明

　　2.红字更正法
　　红字更正法,也叫红字冲销法,是在记账以后,发现记账错误是由于记账凭证所列会计科目或金额有错误引起的,可采用此种方法。红字在记账中表示减少,起抵销作用。红字更正法,一般适用于两种情况:一种是在记账后发现记账凭证中的应借、应贷的会计科目有错误,可用红字更正法予以更正。更正的方法是,先用红字填制一张与原错误记账凭证完全相同的记账凭证,在摘要栏内注明"冲销某年某月某日第某号记账凭证错误",并据此用红字入账,以冲销原有错误记录,然后,用蓝字填制一张正确的记账凭证,在摘要栏内注明"更正某年某月某日错账",并据此登记入账。另一种情况是记账以后,发现记账凭证和账簿中所记金额大于应记金额,而应借、应贷会计科目并无错误,也应采用红字更正法。更正的方法是,用红字按多记的金额填制一张应借、应贷会计科目,记账凭证与原错误记账凭证相同,在摘要栏内注明"冲销某月某日第某号记账凭证多记金额",并据此用红字登记入账,以冲销多记的金额。更正的记账凭证应由会计人员和会计机构负责人(会计主管人员)盖章以示负责。

【例 7.3】 用银行存款 200 元支付当月房租费,原会计分录如下:

借:应付账款　　　　　　　　　　　　　　　200

　　贷:银行存款　　　　　　　　　　　　　　　　200

更正方法如下:

(1)用红字冲销原有记录

借:应付账款　　　　　　　　　　　　　　　200

　　贷:银行存款　　　　　　　　　　　　　　　　200

(2)用蓝字编制正确的会计分录

借:管理费用　　　　　　　　　　　　　　　200

　　贷:银行存款　　　　　　　　　　　　　　　　200

以上会计分录过账后,有关账户记录如图 7-11 所示。

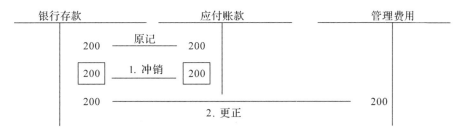

图 7-11　红字更正法账户记录示例 1

记账后发现会计分录应借、应贷账户没有错,但所记金额偏大,则更正方法如下:

【例 7.4】 本月份水电费 1 000 元尚未支付,原会计分录如下,并已登记入账:

借:管理费用　　　　　　　　　　　　　　10 000

　　贷:应付账款　　　　　　　　　　　　　　　10 000

更正如下:

借:管理费用　　　　　　　　　　　　　　9 000

　　贷:应付账款　　　　　　　　　　　　　　　9 000

上述会计分录过账后,如图 7-12 所示。

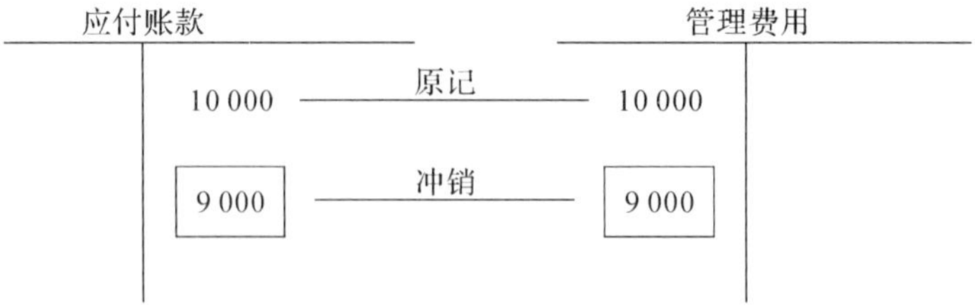

图 7-12　红字更正法账户记录示例 2

3.补充登记法

补充登记法是在记账以后,如果发现记账错误是由记账凭证所列金额小于应记金额而引起的,但记账中所列会计科目及其对应关系均正确,在这种情况下,可以采用补充登记法更正错账。更正时,按照应记金额与错误金额的差额用蓝字编制一张记账凭证补充登记,更正的记账凭证应由会计人员和会计机构负责人(会计主管人员)盖章以明确责任。

【例 7.5】　本月水电费 5 000 元,用银行存款支付。

原会计分录如下:

借:管理费用　　　　　　　　　　　　　　　　　500
　　贷:银行存款　　　　　　　　　　　　　　　　　500

更正方法如下:

借:管理费用　　　　　　　　　　　　　　　　　4 500
　　贷:银行存款　　　　　　　　　　　　　　　　　4 500

以上会计分录过账后,有关账户记录如图 7-13 所示。

图 7-13　补充登记法账户记录示例

六、会计账簿的更换和保管

(一)账簿的更换

总账、日记账和大多数明细账都要每年更换一次,只有变动较小的一部分明细账可不必每年更换新账,如固定资产明细账等。各种账簿在年度终了结账时,都要对旧账封账,即在旧账各账户的年终余额摘要栏内加盖"结转下年"戳记;同时,将账户的余额过入新启用账簿中的余额栏内,并在新账有关账户的第一行摘要栏内注明"上年结转"或"期初余额"等字样,新旧账户间转记余额,无须编制记账凭证,直接过入。

(二)账簿的装订和保管

1.账簿的装订

各种账簿在登记完毕以后,也即封存账之后,凡订本式账簿,将账簿中余留的空白账页,划对角线,并注明"作废"字样后,妥善保管;若为活页账,将原账簿中的空白账页取出,不能取出的,如上述注销,然后连同"启用表"一同加上封面装订,进行保存;若为卡片式账簿,亦应包皮封扎,不得随意丢失;其他有关账簿,如备查簿等,同样也需封扎保存。

2.账簿的保管

会计账簿同会计凭证及会计报表一样,都是重要的经济档案,都须按会计制度规定的保存年限妥善保管,不得丢失和任意销毁。保管期满后,还要按规定的审批程序报经批准以后,才能销毁。

会计账簿在其保管期内,不允许随便翻阅、复印,如确有需要,应经有关主管人员的审批后,如实登记,方可进行。

会计账簿的保管,既要保证安全、完整,又要保证需要时能迅速找到。为此,会计人员必须将装订好的各种账簿统一编号,一起归档保管。

对于新的会计年度建账问题,一般来说,总账、日记账和多数明细账应每年更换一次。但有些财产物资明细账和债权债务明细账,由于材料品种、规格和往来单位较多,更换新账时重抄一遍工作量较大,因此,可以跨年度使用,不必每年更换一次。各种备查簿也可以连续使用。

第四节　对账和结账

一、对　账

会计核算工作,从经济业务发生取得原始凭证并经审核后编制记账凭证,到根据记账凭证及所附原始凭证登记账簿(包括日记账、明细分类账和总分类账)是环环紧扣的,按理不会出现差错。但在实际工作中,由于种种原因,难免发生诸如记账、过账、计算等各种差错以及账款、账实不符的情况。因此,企业在结账之前,就有必要核对各种账簿的记录有无差错。这种结账前对各种账簿记录的核对工作,就称为对账。对账工作,一般地讲,可分为内部对账和外部对账两个方面。内部对账是对本单位内部的账证、账账、账实之间的核对,内部对账通常在规定的时间进行,如月末、季末、年终等时间进行。外部对账则是指凡与本单位有结算关系的单位,彼此进行核对,一般每月核对一次,如银行存款对账。企业对账工作主要包括四方面的内容,即账证核对、账账核对、账实核对和账表核对。

(一)账证核对

账证核对是指各种账簿(总分类账、明细分类账以及日记账)的记录与有关会计凭证(记账凭证及其所附的原始凭证)的核对。这种核对,主要在日常记账过程中进行。月终,如果发现账账不符,应回过头来进行账簿记录与会计凭证的检查、核对,以保证账证相符。核对账证是否相符的主要方法如下:

(1)看总账与记账凭证汇总表是否相符。

(2)看记账凭证汇总表与记账凭证是否相符。

(3)看明细账与记账凭证、所涉及的支票号码及其他结算票据种类等是否相符。

（二）账账核对

账账核对是指各种账簿之间有关记录的核对。账账相符，是指各种账簿之间的核对相符，主要包括本单位各种账簿之间的有关指标应该核对相符，本单位同其他单位的往来账项应该核对相符。

1. 对账方法

（1）看总账资产类科目各种账户与负债、所有者权益类科目各账户的余额合计数是否相符。即：

①总账资产类账户余额 $=\sum$ 总账负债、所有者权益账户余额。

②总账各账户借方发生额（或贷方发生额） $=\sum$ 总账各账户贷方发生额（或借方发生额）。

（2）看总账各账与所辖明细账户的各项目之和是否相符。

①总分类账户与其所属的各个明细分类账户之间本期发生额的合计数应相等。

②总分类账户与其所属的各个明细分类账户之间的期初、期末余额应相等。

（3）看会计部门的总账、明细账与有关职能部门的账、卡之间是否相符。

①会计部门的有关财产物资的明细分类账的余额应该同财产物资保管部门和使用部门经管的明细记录的余额定期核对相符。

②各种有关债权、债务明细账的余额应当经常或定期同有关的债务人、债权人核对相符。

③现金、银行存款日记账余额应该同总分类账有关账户的余额定期核对相符。

④已缴国库的利润、税金以及其他预算缴款应该同征收机关按照规定的时间核对相符。

2. 错账查找方法

在账账核对中，如果发现错账，应立即查明错账原因，并进行必要的账证核对，查明之后再按规定的错账更正方法进行更正。

错账的形式是多种多样的，除了记账凭证发生差错外，大多是记账时发生的差错，如漏记、重记或记反方向，以及数字错位或颠倒等。其中数字错位和数字颠倒更是最常见的错误，例如将 10 元记为 100 元或 0.10 元，把 4 567 元记为 5 467 元，等等。虽然是记账过程中一时疏忽大意所致，但它却是造成错账的主要原因。当发现账目不符时，为了尽快找出差错，实际工作中大多利用两个合计数的差额，采用简捷的"除二法"和"除九法"查找。

（1）除二法

除二法是根据求得的差额除以 2，按所得的商数，在有关的账户和会计凭证中查找有无这个数的一种查账方法。错账差额能被 2 除尽，则错账很可能是一笔分录记错了借贷方向（如本应记入借方而误记入贷方）所致。如差额 4 260 元，用 2 除以后，其商数为 2 130 元，可先查有无 2 130 元这个数字的经济业务，然后再查这个数字的业务记入账户的借贷方向有无错误。

除二法适用于查找记错借贷方向的错误，因为应记入借方的数额误记入贷方（反之亦然），就必然使一方的合计数恰比错记数多出一倍，所以"除二法"是一种寻找错记借贷方向差错的最简便快捷的方法。

（2）除九法

除九法是根据求得的差额除以 9,按所得的商数,去分析和查找错账的一种方法。如果差数能被 9 除尽,则其错误原因就是数字错位或数字颠倒。

①数字错位也称"大小数"错误,就是记账时把数字记错位数,不论是大错小（如千位数记为百位数）还是小错大（如百位数记为千位数）,其发生差错的数额均可被 9 除尽,并可用其商数去寻找记错位数的数字。

②邻位数字颠倒也称"前后数"错误,就是记账时把前后数字记颠倒。其差数能被 9 除尽,这种由于数字中邻近的两位数字颠倒造成的错账,可查邻位数字颠倒便查表。

上面介绍的简捷查找错账的方法,并不是在任何情况下都适用。当只发生个别错误的情况时,方能尽快查出错账所在。

如果发生错账较多,不同性质的错误交织在一起而互相抵消,运用上述方法就难以奏效。在这种情况下,就只能采取账账、账证逐笔全面核对的办法。

（三）账实核对

账实核对是指将各项财产物资的账面余额与实际结存数额核对相符。主要包括：

（1）现金日记账的余额应与实际库存数额逐日核对相符。

（2）银行存款日记账的收付账项及余额,应与银行送来的对账单进行核对,对于月终未达账项应编制调节表,将双方实际结存数调节相符。

（3）各种应收、应付的债权、债务明细账应经常检查,定期或不定期和有关单位（或个人）核对相符。

（4）年终决算前,应采用财产清查办法,对各种财产物资,如原材料、产成品、在产品、库存商品、加工商品、固定资产及其他材料物资等进行盘点,并与各该明细分类账、保管账（卡）和使用登记簿等所登记的实物数量核对相符。会计部门一般可先内部核对相符,再与外部进行核对。

（四）账表核对

账表核对是指将会计账簿记录与会计报表有关内容核对相符。

由于会计报表是根据会计账簿记录及有关资料编制的,两者之间存有相对应的关系,因此,通过检查会计报表各项目的数据与会计账簿相关数据是否相符,可以检查、验证会计账簿记录和会计报表数据是否正确无误,确保会计资料质量和账簿记录的正确性,发现财产物资和货币资金管理中存在的问题。

二、结　账

分期结算账目是会计核算的一项基本原则。所谓结账（会计）,是指本期内在所发生的经济业务全部登记入账的基础上,于会计期末按照规定的方法结算账目,包括结计本期发生额和期末余额,各收入和费用账户的余额都变成零,以便计算下一会计期间的净损益。结账过程包括编制结账分录,将结账分录记入日记账并过账等过程。

（一）结账前的准备工作

企业的经济活动是连续不断的,为了总结某一会计期（月份、季度、年度）的经济活动情况,考核财务成果,编制会计报表,必须在每个会计期间终了时,进行结账。

通常结账工作包括两个部分：

一是对损益类账户进行结账，编制结账分录，并据以确定本期的利润或亏损，把经营成果在账上显示出来。

【例7.6】 顺达实业公司2019年12月末结账分录如下所示：

结(1)借：主营业务收入	60 000	
其他业务收入	15 000	
贷：本年利润		75 000
结(2)借：本年利润	66 000	
贷：销售费用		50 000
管理费用		16 000

二是对资产、负债和所有者权益账户进行结账，分别结出各自总分类账和明细分类账的本期发生额及期末余额，并将期末余额结转为下期的期初余额。

为正确反映本期的经营成果及期末资产、负债、所有者权益的情况，在结账之前应做好以下准备工作：

首先，检查本期内所发生的经济业务事项是否已全部入账，对需要调整的账项及时调整，若发现错账、漏账，应及时更正、补记，不能为了赶编会计报表而提前结账，把本期发生的经济业务延至下期。

其次，按权责发生制进行会计核算的单位，应按照权责发生制的要求进行有关账项调整，以正确确定本期的收入和费用。

再次，计算确定本期的产品或商品销售成本，以便与本期产品或商品销售收入相配比，确定本期经营成果。

最后，进行对账，保证账证、账账、账实、账表相符。

(二)结账方法

结账时，应当根据不同的账户记录、不同时间，分别采用不同的方法。

(1)对不需要按月结计本期发生额的账户，如各项应收、应付款明细账和各项财产物资明细账等。每次记账以后，都要随时结出余额，每月最后一笔余额即月末余额。月末结账时，只需在最后一笔经济业务事项记录之下通栏划红单线，不需再结计一次余额。

(2)现金、银行存款日记账和需要按月结计发生额的收入、费用等明细账，每月结账时，要在最后一笔经济业务事项记录下面通栏划红单线，结出本月发生额和余额，在摘要栏内注明"本月合计"字样，再在下面划红单线。

(3)需要结计本年累计发生额的某些明细账户，每月结账时，应在本月合计行下结出自年初起至本月止的累计发生额，登记在月份发生额下面，在摘要栏内注明"本年累计"字样，并在下面再通栏划红单线，12月末的"本年累计"就是全年累计发生额，应在全年累计发生额下通栏划红双线。

(4)总账账户平时只需结出月末余额。年终结账时，为了总括反映全年各项资金运动情况的全貌，核对账目，要将所有总账账户结出全年发生额和年末余额，在摘要栏内注明"本年合计"字样，并在合计数下通栏划双红线。

(5)年度终了结账时，有余额的账户，要将其余额结转下年。结转的方法是，将有余额的账户的余额直接记入新账余额栏内，不需编制记账凭证，也不必将余额再记入本年账户的借方或贷方,使本年有余额的账户,其余额如实地反映在账户中。否则,容易混淆有余额的账户和没有余额的账户的区别。

课 外 阅 读

一张发票引出的税案

　　浙江省杭州市余杭区地税局稽查局为进一步打击发票违法犯罪行为,巩固发票专项整治成果,对全区的建筑行业进行了一次全面的发票排查工作。检查人员在对杭州市某装饰设计工程有限公司进行发票排查时,发现该公司开具给杭州市某石油化工有限公司的一份建筑安装专用发票中,发票存根联显示金额为 15 万元,而发票记账联却是空白的,这引起了检查人员的注意。检查人员不动声色地将这张发票的号码、金额等详细情况记录在案,一并带回了局里。

　　回局后,检查人员就该公司的这一情况展开了案情研讨和业务分析。检查人员一致认为,近年来,房地产行业异常火爆,高楼大厦林立而起,并带动室内装饰行业的快速发展,而该公司的年均业务收入始终保持在 100 万元左右,这点明显不符合实际,可能存在账外账隐瞒营业收入的情况。检查人员立即将这一可疑情况向局里做了汇报,局里根据检查人员的分析结果和建议,将该案件转为重点检查案件,并要求检查人员查深、查透此案。

　　根据案情,检查人员分头行动,一人到所辖税务分局向有关人员了解企业经营、发票领用、纳税申报等情况,另一人到从事相关行业的企业了解行业特点、行业发展等情况,并从侧面打听该公司的实际经营状况。同时,检查人员为了避免打草惊蛇,在先不惊动该公司的情况下,就该公司开具给杭州市某石油化工有限公司的建筑安装专用发票的真实情况进行外围调查。调查发现,该张发票的发票联金额为 15 万元,与存根联上显示的金额是一致的。检查人员进一步实地调查后发现,装修业务也是真实的,而且该笔装修款确实打入了该公司的账户。那么,发票记账联为什么是空白的呢?

　　通过对以往类似案件的分析研究,结合该公司的实际情况,检查人员认为该公司存在设置账外账隐瞒营业收入情况的可能性仍然很大,只是苦于没有找到案件的突破口而已。于是,检查人员进一步理清检查思路,重新设计检查方案,决定对该公司实施突击式检查。

　　突然出现在该公司财务室里的检查人员,令会计猝不及防。本以为税务部门上次发票排查只是走过场、了解一下情况而已,会计因而放松了警惕,压根儿没有想到检查人员会杀个回马枪。看到会计的这副表情,检查人员心里已有了底。于是,检查人员按照法定程序向会计表明了来意,依法调取了该公司 2006—2008 年的账簿、凭证、发票、会计报表等相关涉税资料。同时,检查人员向其了解了企业经营、收入做账、发票开具等情况,并就该公司开具给杭州市某石油化工有限公司的建筑安装专用发票一事进行了突击性的询问。

　　会计对前面几个问题都一五一十地进行了回答,但对发票开具和收入入账情况却百般搪塞,支支吾吾说不清楚。在旁的出纳有点按捺不住了,自告奋勇地从办公桌右边的抽屉里拿出一本笔记本,照本宣科地向检查人员解释起来。踏破铁鞋无觅处,得来全不费工夫。检查人员感觉到这本笔记本的重要性,立即将其收入调取资料之中。

随后,检查人员对调取的所有资料进行了全面检查。发现该公司在收取杭州市某石油化工有限公司建筑安装工程款时,并未记入该公司营业收入科目,而是挂在"其他应付款——周某(法定代表人)"上,也未进行纳税申报。接着,检查人员查阅了一并调来的那本笔记本,果然那是一本现金收入流水账,清清楚楚地记录着每一笔收入。经逐一核对,发现有多笔收入未入账,确实存在隐瞒营业收入的情况。

此时,检查人员认为询问该公司法定代表人周某的时机到了。开始,周某还百般抵赖,死不承认有设置账外账隐瞒营业收入的情况,但在检查人员拿出笔记本等有力证据之后,周某就瘫坐在椅子上,一一交代了全部违法事实。

——摘自 http://ds.j.yuhang.gov.cn/kjzj/Default.aspx

 ## 本章小结

本章主要介绍了会计循环过程,包括:会计凭证的类型、填制、审核和保管,账簿的种类、设置、登记与保管,会计账项调整,对账结账等内容。会计凭证是记录经济业务、明确经济责任的书面证明,是据以登记账簿的依据;会计账簿是根据会计凭证序时、分类地记录和反映各项经济业务的、具有一定格式的簿籍。通过本章的学习,应了解会计循环的基本程序,理解会计凭证和会计账簿的概念、种类与构成,以及如何进行对账和结账。

 ## 关键词

会计循环 accounting cycle   会计凭证 accounting document
原始凭证 source document   记账凭证 recording voucher
会计账簿 accounting book   序时账簿 chronological book
总分类账 general ledger   明细分类账 subsidiary ledger
结账 closing entries

 ## 思考题

1. 什么是会计循环?一个完整的会计循环包括哪些基本步骤?

2. 什么是会计凭证?会计凭证有哪些种类?

3. 原始凭证与记账凭证的基本内容各有哪些?

4. 设置和登记会计账簿有何意义?

5. 会计账簿有哪些种类?各类账簿各有什么特点?

6. 明细分类账有哪几种格式?如何应用?

7. 什么是账项调整,账项调整有哪些事项?

8. 什么叫结账?结账包括哪些主要内容?

练习题

习题

[目的]练习会计凭证的填制。

[资料]某企业 3 月份发生的部分经济业务如下:

1.向银行取得 3 个月流动资金借款 300 000 元存入银行。

2.从银行提取现金 1 000 元。

3.投资者追加投资 1 000 000 元存入银行。

4.某职工暂借差旅费 1 000 元。

5.购进材料价税合计 113 000 元,其中 30 000 元为预付,其余款项以银行存款支付。

6.结转材料采购成本 140 000 元。

7.销售产品一批,价税合计 226 000 元,货款尚未收到。

8.领用材料一批,其中生产车间领用 50 000 元,管理部门领用 1 000 元。

9.结转本月完工产品成本 100 000 元。

10.预付下季度的租金 9 000 元。

11.结转本月销售产品成本 80 000 元。

12.计算本月应纳所得税 7 000 元。

13.计算本月固定资产折旧费。其中产品成本负担 17 000 元,管理费用负担 13 000 元。

[要求]根据上列经济业务编制会计分录,并说明应填制何种类型记账凭证。

附　录

会计核算程序

　　会计核算程序又叫会计核算形式或财务处理程序,是指会计核算中,会计凭证组织、会计账簿组织、记账程序和方法相互结合的方式。会计账簿组织,是指各自的种类、格式及内部关系;记账程序是指从填制、整理、传递会计凭证,到登记账簿、编制会计报表整个过程的工作步骤和方法。依据不同的会计凭证,会计账簿,会计报表的种类、格式以及记账程序,产生了不同的会计核算形式。

　　当前会计核算形式主要有七种,即记账凭证核算形式、记账凭证汇总表核算形式、多栏式日记账核算形式、汇总记账凭证核算形式、日记总账核算形式、通用日记账核算形式和科目汇总表核算形式。

　　各种账务处理程序的共同点可以归纳为六个方面:

(1)将同类经济业务的原始凭证汇总编制成汇总原始凭证;

(2)根据原始凭证或汇总原始凭证编制记账凭证;

(3)根据记账凭证中的收款凭证和付款凭证登记现金日记账和银行存款日记账;

(4)根据原始凭证、汇总原始凭证和记账凭证登记有关的明细分类账;

(5)定期将日记账和明细分类账同总分类账进行核对;

(6)定期根据总分类账和明细分类账编制会计报表。

各种账务处理程序的不同点:这几种会计核算形式的主要区别是登记总分类账的依据和方法不同。

（一）记账凭证账务处理程序

1.记账凭证账务处理流程（见图7-14）

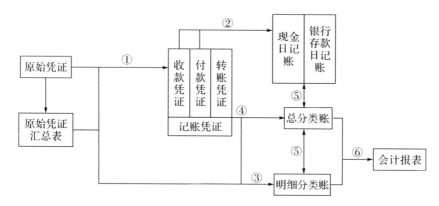

图 7-14　记账凭证账务处理流程

①根据各种原始凭证和原始凭证汇总表填制收款凭证、付款凭证和转账凭证；

②根据收款凭证和付款凭证登记现金日记账和银行存款日记账；

③根据原始凭证、原始凭证汇总表登记明细分类账；

④根据各种记账凭证逐笔登记总分类账；

⑤月末,现金日记账、银行存款日记账和明细分类账分别与总分类账相核对；

⑥根据总分类账和明细分类账编制财务会计报表。

2.优点

直接根据记账凭证登记总分类账,简单明了,易于理解,总分类账可以较详细地反映经济业务的发生情况。

3.缺点

登记总分类账的工作量较大。对于经济业务较多,经营规模较大的企业,总分类账的登记工作过于繁重。

4.适用范围

记账凭证账务处理程序适用于规模较小、经济业务量较少的单位。

（二）科目汇总表账务处理程序

1.科目汇总表账务处理流程（见图7-15）

①根据各种原始凭证和原始凭证汇总表填制收款凭证、付款凭证和转账凭证；

②根据收款凭证和付款凭证登记现金日记账和银行存款日记账；

③根据原始凭证、原始凭证汇总表和记账凭证登记各种明细分类账；

④根据各种日记账汇总编制科目汇总表；

⑤根据科目汇总表登记总分类账；

⑥月末,现金日记账、银行存款日记账和明细分类账分别与总分类账相核对；

⑦根据总分类账和明细分类账的资料编制财务会计报表。

科目汇总表的编制方法:科目汇总表是根据一定时期内的全部记账凭证,按相同科目

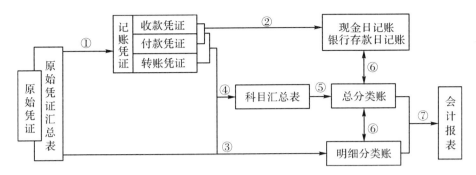

图 7-15 科目汇总表账务处理流程

归类,定期汇总每一个会计科目的借方本期发生额和贷方本期发生额的一种汇总表。在科目汇总表内,借方、贷方发生额的合计数应该相等。科目汇总表可以每月汇总一次,其格式如表 7-11 所示。

表 7-11 科目汇总表

账 户	总账页数	本期发生额	
		借 方	贷 方
合 计			

会计主管: 记账: 审核: 制表:

科目汇总表也可以每旬编制一次,其格式如表 7-12 所示。

表 7-12 科目汇总表

会计科目	1—10 日		11—20 日		21—30 日		合 计		总账页数
	借 方	贷 方	借 方	贷 方	借 方	贷 方	借 方	贷 方	

会计主管: 记账: 审核: 制表:

2.优点

可以简化总分类账的登记工作,减轻登记总分类账的工作量,并可做到试算平衡,简明易懂,方便易学。

3.缺点

科目汇总表不能反映账户对应关系,不便于查对账目。

4.适用范围

科目汇总表账务程序通常适用于经济业务较多的单位。

(三)汇总记账凭证账务处理程序

1.汇总记账凭证账务处理流程

汇总记账凭证账务处理程序是指先定期根据各种记账凭证编制汇总记账凭证,然后再根据汇总记账凭证登记总分类账的核算组织程序。在汇总记账凭证核算程序下,除了设置收款凭证、付款凭证和转账凭证外,还应设置汇总收款凭证、汇总付款凭证和汇总转账凭证,作为登记总分类账的依据。现金日记账、银行存款日记账、总分类账和明细分类账的设置与记账凭证核算程序和科目汇总表的核算程序相同(见图7-16)。

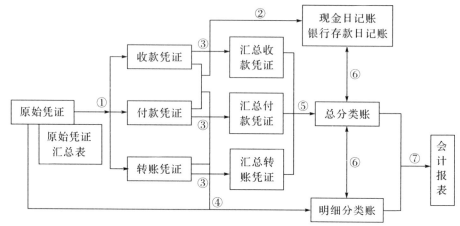

图7-16 汇总记账凭证账务处理流程

汇总记账凭证的编制方法:汇总记账凭证须分为汇总收款凭证、汇总付款凭证和汇总转账凭证三种,并分别根据收款、付款、转账三种记账凭证汇总填制。汇总记账凭证要定期填制,间隔天数视业务量多少而定,一般为每隔5天或10天,每月汇总编制一张,月终结出合计数,据以登记总分类账。

汇总收款凭证的编制方法:汇总收款凭证(简称汇收凭证)是指按"库存现金""银行存款"科目的借方设置,并按与"库存现金""银行存款"账户相对应的贷方账户归类汇总的一种汇总凭证。它是根据一定时期内的现收、银收凭证汇总而成的。如图7-13所示。

表7-13 汇总收款凭证

借方科目:库存现金　　　　　　年　　月　　日　　　　　　　　　第　　号

贷方科目	金　额				总账页数	
	1日至10日凭证1~30号	11日至20日凭证31~60号	21日至30日凭证61~90号	合　计	借　方	贷　方

汇总付款凭证的编制方法:汇总付款凭证(简称汇付凭证)是指按"库存现金""银行存款"科目的贷方设置,并按与"库存现金""银行存款"账户相对应的借方账户归类汇总的一种汇总凭证。它是根据一定时期内现付、银付凭证汇总而成的。如图7-14所示。

表7-14 汇总付款凭证

贷方科目:库存现金　　　　　　年　　月　　日　　　　　　　　　第　　号

借方科目	金　额				总账页数	
	1日至10日凭证1~30号	11日至20日凭证31~60号	21日至30日凭证61~90号	合　计	借　方	贷　方

汇总转账凭证的编制方法:汇总转账凭证(简称汇转凭证)是指按转账凭证中每一贷方科目分别设置,并按与其相对应科目的借方账户归类汇总的一种汇总凭证。如表7-15所示。

表 7-15　汇总转账凭证

贷方科目：　　　　　　　　　　　　年　　月　　日　　　　　　　　　　　　第　号

借方科目	金　额				总账页数	
	1 日至 10 日 凭证 1～30 号	11 日至 20 日 凭证 31～60 号	21 日至 30 日 凭证 61～90 号	合　计	借　方	贷　方

在汇总记账凭证核算组织程序下,为了便于编制汇总转账凭证,所有转账凭证也只能按一个贷方科目与一个借方科目或几个借方科目相对应来编制(即一借一贷,一贷多借),不能填制一个借方科目与几个贷方科目相对应的转账凭证(一借多贷)。

2.优点

减轻了登记总分类账的工作量,便于了解账户之间的对应关系。

3.缺点

按每一贷方科目编制汇总转账凭证,稍早于会计核算的日常分工,当转账凭证较多时,编制汇总转账凭证的工作量较大。

4.适用范围

汇总记账凭证账务处理程序适用于规模较大、经济业务较多的单位。

(四)多栏式日记账核算组织程序

1.特点

(1)设置多栏式现金日记账、银行存款日记账,并根据现金、银行存款日记账的记录登记总账。

(2)对于转账业务,可根据转账凭证逐笔登记总账汇总表,也可以根据转账凭证定期编制转账凭证汇总表,根据转账凭证汇总表登记总账。

2.优缺点及适用范围

(1)优点:可以简化总分类账的登记工作。

(2)缺点:在业务复杂、会计科目设置较多的企业里,日记账专栏次过多,账页庞大,不便于记账。

(3)适用范围:运用于会计科目少,业务量少的经济单位。

(五)日记总账核算组织程序

1.特点

设置日记总账,根据记账凭证逐笔登记总账。

日记总账是日记账和分类账(总账)结合在一起的联合账簿,是将全部科目都集中设置在一张账页上,以记账凭证为依据,对发生的全部经济业务进行序时登记,月末将每个科目借、贷方登记的数字分别合计,并计算出每个科目的月末余额。

日记总账的登记方法是:分别根据收款凭证、付款凭证和转账凭证逐日逐笔登记日记总账,对每一笔经济业务所涉及的各个会计科目的借方发生额和贷方发生额,都应分别登记在同一行的不同科目的借方栏和贷方栏内,并将借贷发生额合计数记录在“发生额”栏内。月末,分别结出各栏的合计数,计算出各科目的月末借方或贷方余额,进行账簿记录的核对工作。它要核对“发生额”栏内本月合计数,与全部科目的借方发生额或贷方发生额的合计数是否相符,各科目的借方余额合计数与贷方合计数是否相符。

在日记总账核算程序下,除需特别开设的日记总账外,与上述核算程序中的其他设置相同。

2. 优缺点及适用范围

(1)优点:可以全面地反映各项经济业务的来龙去脉,有利于对会计核算资料的使用。账务处理程序简单(记账手续简化)。

(2)缺点:如果会计科目多,账页过长,不便于记账和查阅。

(3)适用范围:适用于规模小、业务简单、使用会计科目较小的单位。

第八章　财产清查

学习目标

通过本章学习,要求理解和掌握:

1. 财产清查的含义与种类;
2. 财产物资的盘存制度;
3. 货币资金、实物资产和往来款项的清查方法;
4. 银行存款余额调节表的编制;
5. 财产清查结果的账务处理。

【引例】　2019 年 8 月 7 日 20 时 13 分许,位于浙江省湖州市长兴县的某新材料科技股份有限公司成品仓库发生火灾,经消防救援部门、公安、属地乡镇等单位全力开展火灾扑救、人员疏散等工作,截至 23 时,现场火情已基本扑灭,没有造成人员伤亡,过火面积 1500 平方米左右,造成了一定的财产损失。事后,公司组织人员对财产损失情况进行了清查,以便申请保险赔偿。

第一节　财产清查概述

一、财产清查的含义

(一)概念

财产清查,是指通过对货币资金、实物资产和往来款项等财产物资进行盘点或核对,确定其实存数,查明其账存数与实存数是否相符的一种会计核算的专门方法。财产清查不仅是会计核算的一种重要方法,也是财产物资管理的一项重要制度。

(二)账实不符的原因

通过财产清查,可以发现账实是否相符,明确账实不符的原因,进一步建立健全财产物资的管理制度。导致账实不符的常见原因有:①在财产物资的收、发过程中,工作人员疏忽或计量不准确;②在填制会计凭证、登记账簿时,发生遗漏登记、重复登记、错误登记或计算错误;③实物资产的物理属性导致其在保管过程中发生自然升溢或自然损耗;④管理不善或工作人员失职而使财产物资发生损耗、变质、散失或短缺;⑤贪污、盗窃、营私舞弊等违纪行为造成财产物资损失;⑥发生自然灾害和意外事故导致财产物资灭失或毁损;⑦未达账

项引起暂时性的账实不符。

二、财产清查的作用

财产清查是会计核算的专门方法之一,其作用主要体现在以下几个方面:

(1)保证会计核算资料的真实性。通过财产清查,可以查明各项财产物资的实有数量,确定实有数量与账面数量之间的差异,查明原因与责任,以便采取有效措施,消除差异,及时调整账簿记录,做到账实相符,从而保证会计核算资料的真实可靠,提高会计信息质量。

(2)保障财产物资的安全完整。通过财产清查,可以查明各项财产物资的保管情况是否良好,有无因管理不善造成的霉烂、变质、毁损、短缺或被非法挪用、贪污盗窃等情况,以便及时采取相应措施,改善管理,切实保障各项财产物资的安全完整。

(3)加速资金周转,提高资金使用效益。通过财产清查,可以查明财产物资的储备和使用情况,发现有无超储积压或储备不足等现象,合理安排生产经营活动,充分利用各项财产物资,加速资金周转,提高资金使用效率。

(4)加强法制观念,维护财经纪律。通过财产清查,可以查明企业在相关财经纪律和管理规章制度方面的遵守情况,发现贪污盗窃等犯罪行为,及时进行调查,并采取措施予以纠正或进行相应处理,从而加强人们的法制观念,维护财经纪律。

三、财产清查分类

(一)按清查范围分类

按清查的对象和范围划分,可分为全面清查和局部清查。

1. 全面清查

全面清查是指对所有的财产进行全面的盘点和核对。它涉及企业资产的全部,包括货币资金及有价证券、存货、固定资产、投资和债权债务等。全面清查的范围广、工作量大、清查时间长、涉及人员多。通常在以下几种情况下才进行全面清查:①为确保年终决算会计信息的真实和准确,在年终决算时;②单位撤销、合并或改变其隶属关系时;③按国家规定进行清产核资时;④单位主要负责人调离工作时;⑤企业股份制改造前。

2. 局部清查

局部清查是指根据需要对企业的部分财产进行盘点和核对。其清查的对象主要是流动性较强的财产,如现金、原材料、在产品和库存商品等。局部清查范围小,内容少,涉及的人员也少,但专业性较强,可根据管理需要灵活进行。一般包括下列情况:①对于库存现金,出纳人员应每日清点核对一次;②对于银行存款,要根据银行对账单每月至少核对一次;③对于贵重物资,应每月清查盘点一次;④对于各种往来款项,每年至少同对方企业核对一至两次;⑤通常情况下,对于流动性较大的材料物资,除年终进行全面清查外,年内还要轮流盘点或重点抽查。

(二)按清查时间分类

按清查时间的不同,可分为定期清查和不定期清查。

1. 定期清查

定期清查是指按照预先计划安排的时间对财产进行的盘点和核对。这种清查通常在年末、季末和月末结账时进行。定期清查可以是全面清查(如年终决算前的清查),也可以是局部清查(如月末、季末对货币资金和贵重物资等进行的清查),清查的目的在于保证财务会计资料的真实准确。

2.不定期清查

不定期清查是事先不规定清查时间,根据需要临时对财产物资进行盘点与核对,也称临时清查。不定期清查可以是全面清查,也可以是局部清查,应根据实际需要确定清查的对象和范围。一般是在更换出纳和实物资产的保管人员,单位撤销、合并,发生自然灾害和意外损失,发生贪污、盗窃或营私舞弊等情况时进行,其目的在于分清责任,查明情况。

四、财产清查的准备工作

财产清查涉及管理部门、会计部门、财产物资保管部门,以及与本单位有业务和资金往来的外部有关单位和个人。因此,为了保证财产清查工作有条不紊地进行,财产清查前必须有组织、有领导、有步骤地做好准备工作。

(一)组织准备

财产清查前,应在有关主管和会计负责人的领导下,成立由生产、技术、行政及各有关部门人员参加的财产清查领导小组,具体负责财产清查的领导和组织工作。其主要任务是:

(1)财产清查前,研究制订财产清查计划,确定财产清查的对象、范围和工作进度,安排清查人员及分工,确定清查方法。

(2)清查过程中,做好具体的组织、检查和督促工作,及时研究和处理清查中出现的问题。

(3)清查结束后,将清查结果和处理意见上报领导和有关部门审批。

(二)业务准备

财产清查前,会计部门和有关业务部门要在清查领导小组的指导下,做好各项业务准备工作,主要包括:

(1)会计部门应在财产清查之前将截止到清查日为止的所有经济业务全部登记入账,将有关账簿登记齐全并结出余额,为财产清查提供准确可靠的账簿资料。

(2)财产物资保管部门应将截止到清查日为止的各项财产物资的收入与发出手续办理完毕,登记好所经管的各种财产物资明细账,结出余额。同时,将所保管和使用的财产物资按管理规范进行整理、排列,堆放整齐,挂上标签,标明品种、规格和结存数量,以便盘点核对。

(3)准备好计量器具,按照国家计量标准进行检查和校正,保证计量的准确性。

(4)银行存款、银行借款、结算款项以及债权债务的清查,需要取得对账单、有关合同等重要单据文件,以备清查核对。

(5)印制好各种财产清查登记的有关表册,如现金盘点报告表、盘存表、实存账存对比表等。

第二节　财产物资的盘存制度

财产清查的一个重要环节是盘点财产物资的实存数量,为使盘点工作顺利进行,应建立一定的盘存制度。财产的盘存制度,是指在日常会计核算中采取什么方式来确定各项财产物资的账面结存额的一种制度。一般说来,包括永续盘存制和定期盘存制两种。在不同的盘存制度下,各项财产物资在账簿中的记录方法是不同的,但无论采用哪种盘存制度,对财产物资都必须定期或不定期地进行清查。

一、永续盘存制

永续盘存制,是指在日常会计核算中,对各项财产物资的增加数和减少数,根据会计凭证,按其发生的顺序,逐笔、连续地在有关财产物资明细账中进行登记,并随时结出账面结存数的一种方法,亦称账面盘存制。其计算公式为:

期初结存数＋本期增加数－本期减少数＝期末结存数

【例8.1】　顺达实业公司 2019 年 6 月甲材料的期初结存、本期购进和领用的资料如下:

6 月 1 日,期初结存 100 千克,单价 10 元,金额 1 000 元。

6 月 3 日,生产领用 50 千克,单价 10 元,金额 500 元。

6 月 10 日,购进 200 千克,单价 10 元,金额 2 000 元。

6 月 16 日,购进 300 千克,单价 10 元,金额 3 000 元。

6 月 24 日,生产领用 400 千克,单价 10 元,金额 500 元。

在永续盘存制下,该种材料明细分类账的登记如表 8-1 所示。

表 8-1　原材料明细分类账

部类:　　　　　产地:　　　　　　　　　　规格:　　　　　　　品名:甲材料

2019 年		凭证	摘要	借方			贷方			余额		
月	日	字号		数量/千克	单价/元	金额/元	数量/千克	单价/元	金额/元	数量/千克	单价/元	金额/元
6	1		月初结存							100	10	1 000
	3		领用				50	10	500	50	10	500
	10		购进	200	10	2 000				250	10	2 500
	16		购进	300	10	3 000				550	10	5 500
	24		领用				400	10	4 000	150	10	1 500
	30		本月发生额及余额	500	10	5 000	450	10	4 500	150	10	1 500

采用永续盘存制具有以下优点:①可以在存货明细账上随时反映存货的收入、发出、结存的动态情况,并从数量和金额两个方面进行管理控制;②可以将账存数与实存数相核对,

能够发现存货管理中存在的漏洞,从而改进存货的管理。因此,永续盘存制在企业实际工作中的应用较为普遍。其不足之处是,存货明细分类核算的工作量较大。

值得注意的是,在永续盘存制下,各种财产物资虽然能在各自的明细账中计算出账面结存数,而实际结存数为多少,仍有待于清查盘点来确定。因此,永续盘存制下也要进行存货的实地清查盘点,并将存货的账面数与实地盘点数进行核对,以确定账实是否相符。若不相符,则需要进一步追查不相符的原因,并依据原因做出相应处理。

二、实地盘存制

实地盘存制是指对各项财产物资,平时在账簿上只登记其增加数,不登记其减少数,期末根据实地盘点数倒挤出本期减少数的一种方法,又称定期盘存制。在这种盘存制度下,以期末盘点的财产物资的实际结存数作为账面结存数。其计算公式为:

$$本期减少数＝期初结存数＋本期增加数－期末结存数$$

【例 8.2】　沿用前例,期末盘点甲材料的结存数量为 140 千克。采用实地盘存制,甲材料明细分类账登记如表 8-2 所示。

表 8-2　原材料明细分类账

部类:　　　　产地:　　　　　　　　　　　　规格:　　　　　　品名:甲材料

2019 年		凭证	摘要	借方			贷方			余额		
月	日	字号		数量/千克	单价/元	金额/元	数量/千克	单价/元	金额/元	数量/千克	单价/元	金额/元
6	1		月初结存							100	10	1 000
	10		购进	200	10	2 000				300	10	3 000
	16		购进	300	10	3 000				600	10	6 000
	30		盘点							140	10	1 400
	30		本月发出				460	10	4 600			
	30		本月发生额及余额	500	10	5 000	460	10	4 600	140	10	1 400

在实地盘存制下,企业对各种财产物资进行实地盘点,其主要目的是核算财产物资的减少数,并作为账簿中减少数的登记依据。由于平时只记录增加数,不记录减少数,因此,实地盘存制的优点主要是简化了财产物资的日常登记工作,工作量少,工作简单。但其缺点也十分明显,主要表现在:①不能随时反映存货收入、发出和结存动态,不便于管理人员掌握情况;②将非正常的人为损耗、贪污、盗窃等倒挤入发货成本,不利于保护企业财产物资的安全与完整;③采用这种方法只能到期末盘点时结转耗用或销货成本,而不能随时结转成本。因此,实地盘存制的实用性较差,主要适用于大宗材料以及商品购销企业的价值低、品种杂的商品和一些自然损耗大、价格不稳定的鲜活商品。

第三节 财产清查的方法

由于财产物资的种类较多,各有其特点,为了达到财产清查工作的目的,针对不同的清查对象应采取不同的清查方法。

一、货币资金的清查方法

货币资金的清查包括对库存现金的清查、对银行存款的清查和对其他货币资金的清查。下面主要对库存现金的清查和银行存款的清查进行说明。

(一)库存现金的清查

库存现金的清查,是通过实地盘点法确定库存现金的实存数,然后与库存现金日记账的账面余额相核对,查明账实是否相符以及长余或短缺情况。

盘点之前,出纳人员应将现金收款凭证和现金付款凭证全部登记入账,并结出余额。盘点时,出纳人员必须在场,并配合清查人员逐一清点现金实存数。清查时应注意有无白条顶库、挪用现金和超限额库存现金等违反现金管理规定的情况。盘点结束后,应根据盘点结果填制"库存现金盘点报告表",并由盘点人员、出纳人员及有关负责人签字盖章。"库存现金盘点报告表"是反映库存现金实有数额和调整账簿记录的重要原始凭证。库存现金盘点报告表的一般格式见表8-3。

表8-3 库存现金盘点报告表

单位名称: 年 月 日

实存金额	账存金额	对比结果		备注
		盘盈	盘亏	

负责人: 盘点人: 出纳人员:

(二)银行存款的清查

银行存款的清查采用核对法,即将本单位银行存款日记账的账簿记录与开户银行的对账单逐笔进行核对,以查明账实是否相符。银行存款的清查一般在月末进行。

1. 银行存款日记账与银行对账单不一致的原因

在正式清查之前先检查本单位银行存款日记账的正确性和完整性,发现有错记或漏记,应及时更正、补记,然后与银行对账单逐笔核对,若发现有错记或漏记,应及时查清更正。尽管银行对账单与本单位银行存款日记账所记录的内容相同,但由于办理结算手续和凭证传递时间的原因,即使企业和银行双方记账过程都没有错误,企业银行存款日记账的余额和银行对账单的余额也可能不一致,产生这种不一致的原因是双方存在未达账项。

未达账项,是指企业和开户银行之间由于结算凭证传递的时间不同,导致一方已经登记入账,而另一方尚未入账的款项。未达账项有两大类型,一是企业已经入账而银行尚未入账的款项,二是银行已经入账而企业尚未入账的款项。具体来讲有以下四种情况:

(1)企业已收款入账,银行尚未收款入账的款项,简称"企收银未收"。如,企业将销售产品收到的支票送存银行,根据银行盖章退回的"进账单"回单联登记收款入账;而银行要等款项收妥后才能记账,此时银行尚未收款入账。

(2)企业已付款入账,银行尚未付款入账的款项,简称"企付银未付"。如,企业开出一张转账支票采购材料,企业会计部门根据支票存根、发票及入库单等凭证,登记付款入账;但持票人尚未到银行办理转账手续,因而此时银行尚未登记付款入账。

(3)银行已收款入账,企业尚未收款入账的款项,简称"银收企未收"。如,外地某单位给企业汇来货款,银行收到汇款后登记入账,而企业尚未收到汇款凭证,因而尚未登记入账。

(4)银行已付款入账,企业尚未付款入账的款项,简称"银付企未付"。如,银行在期末将企业借款利息划出,已付款入账,而企业尚未接到付款通知,因而尚未登记付款入账。

上述任何一种情况发生,都会导致企业和银行的账簿记录不一致。因此,在与银行对账时首先应查明是否存在未达账项,如果发现有未达账项,应编制"银行存款余额调节表",对未达账项进行调整后,再确定企业与银行双方记账是否一致,双方的账面余额是否相等。如果相等,表明企业与银行的账目没有差错。否则,说明记账有错误,应进一步查明原因,予以更正。

2.银行存款余额调节表的编制

凡有多个银行存款户头的单位,应分别按存款户头开设"银行存款日记账"。每月月底,应分别将各户头的"银行存款日记账"与各户头的"银行对账单"进行核对,并分别编制各户头的"银行存款余额调节表"。银行存款余额调节表的编制方法是,以双方(开户行和企业各为一方)现有银行存款账面余额为基础,各自分别加上对方已收款入账而己方尚未入账的数额,减去对方已付款入账而己方尚未入账的数额。其计算公式如下:

企业银行存款日记账余额+银行已收企业未收款-银行已付企业未付款

=银行对账单存款余额+企业已收银行未收款-企业已付银行未付款

具体而言,编制银行存款余额调节表按以下四个步骤进行:

(1)以结算凭证的种类、号码和金额为依据,将企业银行存款日记账与银行对账单逐日逐笔核对。凡双方都有记录的,用铅笔在金额旁打上记号"√"。

(2)找出未达账项(即银行存款日记账和银行对账单中没有打"√"的款项)。

(3)将日记账和银行对账单的月末余额及找出的未达账项填入"银行存款余额调节表",并计算出调整后的余额。

(4)经主管会计签章后,将调整平衡的"银行存款余额调节表"呈报开户银行。

【例8.3】　顺达实业公司2019年6月30日的银行存款日记账余额为120 000元,银行对账单余额为124 000元。经逐笔核对,发现有以下未达账项:

(1)6月28日,将从某单位收到的一张转账支票2 000元存入银行,公司已入账,但银行尚未办理有关手续而未入账;

(2)6月29日,开出转账支票一张1 000元,持票人尚未向银行办理转账手续,公司已入

账,但银行尚未收到支票而未入账;

(3)6月29日,委托银行代收销货款8 000元,银行已收入账,但公司尚未接到银行的收款通知;

(4)6月30日,委托银行代付水电费3 000元,银行已付入账,但公司尚未接到银行的付款通知。

根据以上资料,编制"银行存款余额调节表",如表8-4所示。

表8-4　银行存款余额调节表
2019年6月30日
单位:元

项目	金额	项目	金额
企业银行存款日记账余额	120 000	银行对账单余额	124 000
加:银行已收入账企业尚未入账	8 000	加:企业已收入账银行尚未入账	2 000
减:银行已付入账企业尚未入账	3 000	减:企业已付入账银行尚未入账	1 000
调节后余额	125 000	调节后余额	125 000

上表所列双方余额经调节后是相等的,表明双方的账簿记录正确,调节前之所以不相符,是由于未达账项所致。需要注意的是,调节后余额既不等于本单位银行存款账面余额,也不等于银行账面余额,而是银行存款的真正实有数,即企业实际可动用的银行存款数额。同时,应当指出,"银行存款余额调节表"是核对银行存款记录正确与否的工具,它不是原始凭证,更不是记账凭证,所以不得按照余额调节表中的未达账项来调整银行存款账面数额。各项未达账项只有在收到有关结算凭证后才能进行账务处理。

上述银行存款的清查方法也适用于其他货币资金的清查。

二、实物资产的清查方法

实物资产主要包括固定资产、存货等。实物资产的清查就是对实物资产在数量和质量上所进行的清查。不同品种的实物资产,由于其存在形态、体积重量、堆放方式等方面各有不同,因而对其进行清查所采用的方法也有所不同。对实物资产的清查通常有以下几种方法:

(1)实地盘点法。实地盘点法是指到实地现场逐一清点财产物资数量或用计量器具确定实存数量的一种方法。这种方法适用范围较广,大多数财产物资的清查都可采用。

(2)技术推算法。技术推算法是指利用量方、计尺等技术方法来推算财产物资的实存数量。这种方法一般适用于大量成堆、难以逐一清点的财产物资,如煤炭、沙石等。

(3)抽样盘点法。对于数量多、重量均匀的实物财产,可以采用抽样盘点的方法,确定财产物资的实存数额。这种方法适用于单位价值较低、已经包装好的材料和产成品物资等。

为了明确经济责任和便于查询,进行财产物资的盘点时,有关实物保管人员与盘点人员必须同时在场清查。清查盘点的结果,应及时登记在"盘存单"上,由盘点人和实物保管人同时签章。盘存单的格式见表8-5。

表 8-5 盘存单

单位名称：　　　　　　　　　　　盘点时间：

财产类别：　　　　　　　　　　　存放地点：　　　　　　　　　编号：

序号	名称	规格型号	计量单位	账面结存数量	实际盘点			备注
					数量	单价	金额	

盘点人：　　　　　　　　　　　　　　　　　　　　实物保管人：

盘存单既是记录实物盘点结果的书面文件，也是反映资产实有数的原始凭证。为了进一步查明盘点结果和账面余额是否一致，确定盘盈或盘亏情况，还应根据"盘存单"和有关账簿记录，编制"实存账存对比表"（又称"盘盈盘亏报告表"）。该表是一种非常重要的原始凭证，既是调整账簿记录的原始凭证，也是分析差异的原因，明确经济责任的重要依据。"实存账存对比表"的一般格式见表 8-6。

表 8-6 实存账存对比表

单位名称：　　　　　　　　　　年　　月　　日　　　　　　　　编号：

序号	名称	规格型号	计量单位	单价	实存		账存		实存账存对比				备注
					数量	金额	数量	金额	盘亏		盘盈		
									数量	金额	数量	金额	

主管人员：　　　　　　　　　　会计：　　　　　　　　　制表：

对于委托外单位加工、保管的财产物资，可通过信件询证的办法来证实。对代其他单位保管的物资和受托加工的物资，应认真履行受托和代管责任。在清查盘点后，对发生盘盈、盘亏的情况，应分清责任，分别处理。如属于本单位造成的损失，应由本单位负责处理和赔偿；如属于对方交货时数量不实或属于自然损耗，应通知对方核实，并在有关账簿中做出相应的记录，调整有关数字，保证账实相符。

三、往来款项的清查方法

往来款项包括应收账款、其他应收款、应付账款、其他应付款及预收账款、预付账款等。往来款项的清查一般采用发函询证的方法进行，即在各种往来款项记录正确、完整的基础上，编制"往来款项对账单"，寄发或派人送交对方单位，与债务人或债权人进行核对。"往来款项对账单"的一般格式和内容见表 8-7。

表 8-7　往来款项对账单

××单位：

　　你单位××××年××月××日购入我公司××产品××件,已付货款××元,尚有××元货款未付,请核对后将回联单寄回。

清查单位：(盖章)
××××年××月××日

沿此虚线裁开,将以下回联单寄回!

往来款项对账单(回联)

××单位：

　　你单位寄来的"往来款项对账单"已经收到,经核对相符无误。

××单位：(盖章)

××××年××月××日

　　发出"往来款项对账单"的单位收到对方的回单联后,对其中不符或错误的账目应及时查明原因,并按规定的手续和方法进行更正。对于本单位同对方单位或个人有争议的款项、收回希望较小和无法支付的款项,应当在报告中尽可能详细说明,以便有关部门及时采取措施,避免或减少坏账损失。最后再根据清查的结果编制"往来款项清查报告表"。其一般格式见表 8-8。

表 8-8　往来款项清查报告表

单位名称：　　　　　　　　年　　月　　日　　　　　　　　编号：

明细账户名称	账面结存余额	清查结果		发生日期	核对不符原因分析					备注
		核对相符金额	核对不符金额		错误账项	未达账项	拒付账项	异议账项	其他	

清查人员：　　　　　　　　　　　　　　　　　　主管人员：

第四节　财产清查结果的处理

　　财产清查的结果不外乎三种情况:①实存数等于账存数,即账实相符;②实存数大于账存数,即盘盈;③实存数小于账存数,即盘亏。财产清查结果的处理一般是指对账实不符——盘盈、盘亏情况的处理,但也可以指对账实相符但财产物资发生变质、霉烂及毁损的情况进行的处理。

一、财产清查结果处理的程序

　　对财产清查结果的处理首先应查明差异,分析原因。首先,对于财产清查中发现的管理和核算方面的问题,财产清查小组应当根据财产清查中取得的各种资料,如实反映账实不符的情况,彻底查明发生差异的性质,认真分析其原因,明确经济责任,按照国家有关政策、法令和规定,严肃认真地做出相应处理。其次,对于财产清查中发现的物资储备方面的问题,要及时进行调整处理。对于多余积压物资,除在本单位内部设法充分利用外,还应积极向外推销,以加速资金周转。对于储备不足的物资,要及时组织购进,以满足生产经营需要。对于长期拖欠及有争议的往来款项,则应指定专人负责,查明原因,通过有效途径解决,以减少坏账损失。最后,及时调整账簿记录,做到账实相符。

会计上对账实不符的差异的账务处理分两步进行:

第一步,在审批之前,根据有关盘存结果调账,使账实相符。即根据已查明属实的财产盘盈、盘亏或毁损的数字,编制"实存账存对比表",填制记账凭证,据以登记账簿,调整账簿记录,使各项财产物资的账存数与实存数一致。在做好上述账簿调整工作后,根据权限将处理建议报送有关领导和部门批准。

第二步,在审批之后,根据有关领导和部门批复的意见进行账务处理,编制记账凭证,登记有关账簿,并追回由责任者承担的财产损失。

期末结账前,如果企业清查的各种财产损溢尚未经批准,在对外提供财务会计报告时,先按上述规定进行会计处理,并在会计报表附注中做出说明;其后批准处理的金额与已处理的金额不一致的,应按其差额调整会计报表相关项目的年初数。

二、财产清查结果的账务处理

(一)账户设置

为了核算和监督企业在财产清查过程中查明的各种财产物资的盘盈、盈亏、毁损及其处理情况,应设置"待处理财产损溢"账户(但固定资产盘盈要通过"以前年度损益调整"账户核算)。该账户属于双重性质的资产类账户,下设"待处理流动资产损溢"和"待处理非流动资产损溢"两个明细分类账户进行明细分类核算。

该账户的借方登记待处理财产物资的盘亏数、毁损数和批准转销的财产物资盘盈数;贷方登记待处理财产物资的盘盈数以及批准转销的盘亏、毁损财产批准后的转销数。处理前的借方余额为尚待处理的各种财产物资的净损失;处理前的贷方余额为尚待处理的各种财产物资的净溢余。"待处理财产损溢"账户的结构可表示如下:

借方	待处理财产损溢	贷方
(1)清查时发现的盘亏数 (2)经批准后盘盈的转销数		(1)清查时发现的盘盈数 (2)经批准后盘亏的转销数
期末余额:尚未批准处理的各种待处理财产物资净损失额		期末余额:尚未批准处理的各种待处理财产物资净溢余额

(二)库存现金清查结果的账务处理

库存现金清查过程中发现的长款(盘盈)或短款(盘亏),应根据"现金盘点报告表"以及有关的批准文件进行批准前和批准后的账务处理。现金长、短款通过"待处理财产损溢——待处理流动资产损溢"账户进行核算。

（1）库存现金盘盈的账务处理。当库存现金盘盈时，增加现金账户的记录，以保证账实相符，即按盘盈的金额借记"库存现金"科目，贷记"待处理财产损溢——待处理流动资产损溢"科目，等待批准处理。

对于盘盈的库存现金，应及时查明原因，按管理权限报经批准后进行会计处理。对于无法查明原因的现金长款，其批准后的处理是增加营业外收入，即借记"待处理财产损溢——待处理流动资产损溢"科目，贷记"营业外收入"科目；对于应付其他单位或个人的长款，借记"待处理财产损溢——待处理流动资产损溢"科目，贷记"其他应付款——××单位或个人"科目。

（2）库存现金盘亏的账务处理。库存现金盘亏时，应及时办理盘亏的确认手续，调整库存现金账簿记录，即按盘亏的金额借记"待处理财产损溢——待处理流动资产损溢"科目，贷记"库存现金"科目。

对于盘亏的库存现金，应及时查明原因，按管理权限报经批准后进行会计处理。一般来说，对于现金短款，如果是应由责任人赔偿或由保险公司赔偿的，应记入"其他应收款——××赔偿人"或"其他应收款——应收保险赔款"账户；如果是由于经营管理不善造成非常损失或无法查明原因的，应增加企业的管理费用。

【例8.4】 顺达实业公司在财产清查中，发现现金短缺600元。经查明，300元应由出纳人员赔偿，应由保险公司赔偿的为100元，还有200元属于无法查明原因的，经领导批准，作为管理费用处理。

在查明原因前，编制会计分录如下：

借：待处理财产损溢——待处理流动资产损溢　　600
　　贷：库存现金　　　　　　　　　　　　　　　　　　600

在查明原因后，经领导批准，编制会计分录如下：

借：其他应收款——应收现金短缺款（××个人）　300
　　　　　　　　——应收保险赔款　　　　　　　100
　　管理费用　　　　　　　　　　　　　　　　　200
　　贷：待处理财产损溢——待处理流动资产损溢　　600

【例8.5】 顺达实业公司在财产清查中，发现现金溢余300元。经查明，其中200元应支付给某客户，还有100元属无法查明原因，经领导批准，转为营业外收入处理。

在查明原因前，编制会计分录如下：

借：库存现金　　　　　　　　　　　　　　　　300
　　贷：待处理财产损溢——待处理流动资产损溢　　300

在查明原因后，经领导批准，编制会计分录如下：

借：待处理财产损溢——待处理流动资产损溢　　300
　　贷：其他应付款——应付现金溢余（××单位）　200
　　　　营业外收入　　　　　　　　　　　　　100

（三）存货清查结果的账务处理

（1）存货盘盈的会计处理。企业在财产清查过程中发现存货盘盈，一般是由于收发计量不准或自然升溢等原因造成的，故应相应地冲减管理费用。存货盘盈时应根据"实存账存对比表"，借记"原材料""库存商品"等有关存货科目，贷记"待处理财产损溢——待处理流动资产损溢"科目。按管理权限报经批准后,冲减管理费用,即借记"待处理财产损溢——待处理流动资产损溢"科目,贷记"管理费用"科目。

（2）存货盘亏的会计处理。对于盘亏的存货,借记"待处理财产损溢——待处理流动资产损溢"科目,贷记"原材料""库存商品"等有关存货科目。报经有关部门批准之后,根据不同的情况进行相应的处理。批准后一般的处理办法是:属于管理不善、收发计量不准确、自然损耗而产生的定额内的损耗,记入"管理费用"账户;属于过失人责任造成的损失,应由过失人负责赔偿,记入"其他应收款"账户;应向保险公司收取赔偿金的,记入"其他应收款——保险公司"账户;属于自然灾害或意外事故等非常损失造成的短缺毁损,扣除保险公司的赔偿和残料价值后的净损失,列作营业外支出。

【例 8.6】 顺达实业公司进行存货清查时,盘盈账外甲材料 500 吨,价值 5 000 元。报经批准前,根据实存账存对比表的记录,编制会计分录如下:

借:原材料——甲材料　　　　　　　　　　5 000
　　贷:待处理财产损溢——待处理流动资产损溢　　5 000

经查明,这项盘盈材料,是由于收发计量的差错造成的。经批准冲减本月份管理费用,编制会计分录如下:

借:待处理财产损溢——待处理流动资产损溢　5 000
　　贷:管理费用　　　　　　　　　　　　　　5 000

【例 8.7】 顺达实业公司在财产清查中,发现乙材料实际库存较账面库存短缺 10 000 元。经查明,其中 200 元属于定额内合理损耗,其余 8 800 元是由保管人员李明的过失造成毁损,残值估计 100 元,经批准由保管人员赔偿 7 000 元。

报批前,编制会计分录如下:

借:待处理财产损溢——待处理流动资产损溢　11 700
　　贷:原材料——乙材料　　　　　　　　　　10 000
　　　　应交税费——应交增值税（进项税额转出）　1 700

报批后,编制会计分录如下:

①定额内合理损耗,计入管理费用。

借:管理费用　　　　　　　　　　　　　　200
　　贷:待处理财产损溢——待处理流动资产损溢　　200

②应由保管人员赔偿的,计入其他应收款。

借:其他应收款——李明　　　　　　　　　7 000
　　贷:待处理财产损溢——待处理流动资产损溢　7 000

③残料作价入库。

借:原材料　　　　　　　　　　　　　　　100
　　贷:待处理财产损溢——待处理流动资产损溢　　100

④扣除过失人赔偿和残值后,计入管理费用。

借:管理费用　　　　　　　　　　　　　　4 400
　　贷:待处理财产损溢——待处理流动资产损溢　4 400

【例 8.8】 顺达实业公司盘亏丙材料 5 000 元,增值税 850 元。经查明,属于非常事故造成。

报批前,编制会计分录如下:

借:待处理财产损溢——待处理流动资产损溢　5 850
　　贷:原材料——丙材料　　　　　　　　　　　　 5 000
　　　　应交税费——应交增值税(进项税额转出)　　 850

报批后,编制会计分录如下:

借:营业外支出　　　　　　　　　　　　　　 5 850
　　贷:待处理财产损溢——待处理流动资产损溢　 5 850

(四)固定资产清查结果的账务处理

(1)固定资产盘盈的财务处理。企业在财产清查中盘盈的固定资产,作为前期差错处理。按管理权限报经批准处理前应通过"以前年度损益调整"科目核算,该科目核算企业本年度发生的调整以前年度损益的事项,以及本年度对重要前期差错的更正涉及的调整以前年度损益的事项,结转后应无余额。企业盘盈的固定资产,企业应按有关规定确定其入账价值,借记"固定资产"科目,贷记"以前年度损益调整"科目。

(2)固定资产盘亏的财务处理。企业在财产清查中对盘亏、毁损的固定资产,应先通过"待处理财产损溢"账户核算,同时要及时查明原因,写出书面报告,并根据管理权限,经有关领导或部门批准后,在期末结账前处理完毕。盘亏的固定资产,按盘亏固定资产的账面价值借记"待处理财产损溢——待处理固定资产损溢"科目;按已计提的累计折旧,借记"累计折旧"科目;按固定资产原价,贷记"固定资产"科目。按管理权限报经批准后处理时,按可收回的保险赔偿或过失人赔偿,借记"其他应收款"科目;按应计入营业外支出的金额,借记"营业外支出"科目,贷记"待处理财产损溢"科目。

【例8.9】　顺达实业公司在财产清查中,发现账外设备一台,重置价值20 000元,按其新旧程度估计已提折旧8 000元,净值为12 000元,假定与其计税基础不存在差异。

编制会计分录如下:

借:固定资产　　　　　　　　　　　　　　　 12 000
　　贷:以前年度损益调整　　　　　　　　　　　 12 000

【例8.10】　顺达实业公司在财产清查中,发现盘亏设备一台,其原值为100 000元,已提折旧80 000元。

报批前,编制会计分录如下:

借:待处理财产损溢——待处理固定资产损溢　20 000
　　累计折旧　　　　　　　　　　　　　　　 80 000
　　贷:固定资产　　　　　　　　　　　　　　　 100 000

经查明,损失是由非常事故引起的,东江保险公司同意赔偿10 000元,由过失人李四赔偿3 000元。

报批后,编制会计分录如下:

借:其他应收款——东江保险公司　　　　　　 10 000
　　　　　　　　——李四　　　　　　　　　　 3 000
　　营业外支出——非常损失　　　　　　　　　 7 000
　　贷:待处理财产损溢——待处理固定资产损溢　 20 000

(五)往来款项清查结果的账务处理

企业在财产清查中,对于错误往来款项,应立即查明予以更正。对于长期挂账的往来款项应及时清理。对于经查明确实无法收回的应收款项或无法支付的应付款项,按规定程序报经批准后,分不同情况进行核销,但不通过"待处理财产损溢"账户处理。

(1)应收账款的处理。经查明确实无法收回的应收账款,采用备抵法进行账务处理。即平时按规定的计提比例计提坏账准备,计提时借记"资产减值损失"科目,贷记"坏账准备"科目,待发生坏账时,将其金额冲减坏账准备。

【例 8.11】 顺达实业公司在财产清查中,查明应收安华公司货款 7 000 元,经催收收回 5 000 元,存入银行,余款因故无法收回,转作坏账损失。

收回部分应收账款时,编制会计分录如下:

借:银行存款　　　　　　　　　　　　　　5 000
　　贷:应收账款——安华公司　　　　　　　　5 000

将无法收回的应收账款作为坏账损失,编制会计分录如下:

借:坏账准备　　　　　　　　　　　　　　2 000
　　贷:应收账款——安华公司　　　　　　　　2 000

(2)应付账款的处理。对于在财产清查中,经查明确实无法偿还的应付款项,在按规定的程序报经批准后,转作营业外收入。

【例 8.12】 顺达实业公司在往来款项清查中,经查实,应付永信公司的货款 5 000 元,因为对方单位已撤销,确定无法偿还,经批准,作为营业外收入处理。

编制会计分录如下:

借:应付账款——永信公司　　　　　　　　5 000
　　贷:营业外收入　　　　　　　　　　　　　5 000

案 例

顺安公司的副经理王××,将企业正在使用的一台设备借给其朋友使用,未办理任何手续。清查人员在年底盘点时发现盘亏了一台设备,原值为 20 万元,已提折旧 5 万元,净值为 15 万元。经查,属王副经理所为,于是,派人向借方追索。但借方声称,该设备已被人偷走。当问及王副经理对此的处理意见时,王××建议按正常报废处理。

思考与讨论:

(1)盘亏的设备按正常报废处理是否符合会计制度要求?

(2)企业应怎样正确处理盘亏的固定资产?

提示:顺安公司对盘亏的固定资产的处理是不合适的,清查人员应向当事人索赔,如果当事人不能按期偿还,王××应承担赔偿责任。

本章小结

财产清查是会计核算的专门方法之一。财产清查按清查对象和范围可分为全面清查和局部清查,按清查时间可分为定期清查和不定期清查。财产物资的盘存制度有永续盘存制和实地盘存制。财产清查主要包括货币资金清查、实物资产清查和往来款项清查,其中货币资金清查中的银行存款的清查是重点内容之一。对在银行存款清查时出现的未达账项,可编制银行存款余额调节表来调整。需要注意的是,银行存款余额调节表只起到对账作用,不能作为调节账面余额的原始凭证。

会计上对账实不符的账务处理分两个步骤进行:第一步,在审批之前,根据已查明属实的财产盘盈、盘亏或毁损的结果编制记账凭证,据以登记账簿,调整账簿记录,使各项财产物资的账存数与实存数一致。第二步,在审批之后,根据有关领导和部门批复的意见进行账务处理,编制记账凭证,登记有关账簿。

关键词

财产清查 property checking

永续盘存制 perpetual inventory system

实地盘存制 periodic inventory system

实地盘点法 actual physical count

技术推算法 technical deduction approach

抽样盘点法 sampling stocktaking approach

未达账项 deposit in transit

银行存款余额调节表 bank reconciliation

思考题

1. 什么是财产清查?财产清查有什么作用?

2. 什么是永续盘存制和实地盘存制?其优缺点及适用范围各是什么?

3. 财产清查的方法主要有哪些?各自的适用范围是什么?

4. 什么是未达账项?未达账项产生的原因是什么?

5. 如何编制"银行存款余额调节表"?

6. 财产清查需设置的主要账户是什么?其结构是怎样的?

7. 对有差异的财产清查结果,怎样进行账务处理?

练习题

习题一

[目的]练习银行存款余额调节表的编制。

[资料]顺达实业公司 2019 年 6 月 30 日银行存款日记账的余额为 53 000 元,银行转来的对账单上的余额为 36 000 元,经逐笔核对,发现有以下未达账项:

1. 6 月 28 日,公司委托银行代收款项 20 000 元,银行已经收妥入账,公司尚未接到银行的收款通知,尚未记账;

2. 6 月 29 日,公司开出转账支票 4 000 元,持票人尚未到银行办理转账,银行尚未登记入账;

3.6 月 29 日,银行接受公司委托代付电费 1 000 元,公司尚未接到银行付款通知,尚未记账;

4.6 月 30 日,公司收到客户购买产品的转账支票 40 000 元已入账,银行尚未记入公司存款户。

[要求]根据上述资料编制该公司"银行存款余额调节表"。

习题二

[目的]练习财产清查结果的会计处理。

[资料]顺达实业公司在年终进行财产清查,其结果如下:

1.现金短缺 100 元,经查明属出纳员王英责任,经批准应由其赔偿。

2.有一笔应收陈氏公司货款 15 000 元已超过三年,经批准作为坏账损失处理,该企业采用备抵法核算坏账损失。

3.盘盈 A 产品 850 元,经查明属于收发计量差错造成,经批准冲减管理费用。

4.盘盈甲材料 9 000 元,经查明属于收发计量差错造成,经批准转账。

5.盘亏乙材料 80 000 元,经查明,其中有 1 000 元属于定额内损耗;有 20 000 元属于收发计量差错;有 30 000 元属于保管人员王超责任,决定由其赔偿;其余为非常损失,应由保险公司赔偿 12 000 元,经批准转账。

6.盘盈机器设备一台,重置价格为 4 000 元,假定与其计税基础不存在差异。根据《企业会计准则》规定,该盘盈固定资产作为前期差错进行处理。

7.盘盈机器设备一台,同类机器市场价格为 4 000 元,估计已提折旧 1 500 元,经查明系账外资产,经批准转账。

8.盘亏机器设备一台,原价为 6 200 元,账面已提折旧 1 800 元,经查明为管理不善丢失,经批准作为营业外支出处理。

9.应付光华公司账款 6 000 元,因光华公司破产解散无法支付,经批准注销。

[要求]根据以上资料,编制批准前和批准后的会计分录。

第九章 会计报表编制与分析

学习目标

通过本章学习,要求理解和掌握:

1.会计报表的意义及种类;

2.会计报表的内容、结构;

3.资产负债表、利润表的编制方法;

4.会计报表分析的基本原理与方法。

【引例】 如何反映一个企业的财务状况和经营成果? 企业的财务报表反映的财务状况和经营成果是真的还是假的,企业的经营成绩是变好了还是变差了,持有某个企业的股票或者债权风险有多大,如何才能使用好企业财务报表,如何阅读审计意见? 这一章值得期待!

第一节 会计报表概述

企业编制会计报表是用"会计特有的语言"描述企业的基本财务状况、经营成果和现金流动状况。会计报表是企业经理人及其他会计信息使用者理解企业经营管理过程及其结果的重要载体。本章将具体介绍会计报表的组成及其所包含的基本内容,并简要讨论会计报表分析的基本原理与方法。

一、编制会计报表的必要性及意义

(一)编制会计报表的必要性

在会计核算工作中,通过填制会计凭证、登记账簿,对各单位日常所发生的经济业务事项进行连续、系统、全面地记录和计算,提供有关资产、负债、所有者权益、收入、费用、成本、经营成果、财务状况和现金流量等方面的核算资料,这对于加强日常经营管理是很有必要的。但是,这些日常核算资料比较分散,不能集中、概括地反映各单位的经济活动的全貌及其经营成果。为了使各单位管理当局利用会计核算资料来加强经济管理,使单位外部会计报表使用者能够利用会计核算资料进行相应的决策,就必须把日常核算资料定期地加以归类、整理、汇总,编制会计报表。

会计报表是以货币为主要计量单位,以日常核算资料为依据,按照规定的格式和要求

编制并对外提供的,总括反映企业、行政事业等单位某一特定日期的财务状况、某一会计期间的经营成果以及现金流量等会计信息的书面文件。编制会计报表,是会计核算的又一种专门方法,也是会计工作的一项重要内容。

（二）编制会计报表的意义

会计报表是提供会计信息的一种重要手段,各单位编制会计报表对于加强经济管理、提高经济效益具有重要意义。

1.会计报表可为投资者提供企业财务状况和经营成果等信息

投资者(包括国家、个人、其他经济单位和外商等)非常关心投资报酬、投资风险和企业管理层受托责任履行情况。在投资前需了解企业的财务状况和经济活动情况,以做出正确的投资决策;投资后需了解单位的经营成果、资金使用状况以及投资报酬的情况等资料,以便进行资金去留的决策。会计报表通过全面、系统地向投资者提供企业财务状况、经营成果和现金流量等有关的会计信息,满足其投资决策的需要。

2.会计报表为债权人提供企业资金运转情况和偿付能力等信息

银行、非银行金融机构,债券购买者等都可能成为企业的重要债权人,他们在放贷前需要企业提供财务状况、盈利能力、现金流量等有关偿债能力的资料,以便分析其按期还本付息的能力。而会计报表正好可以为企业的各种债权人提供以上这些信息,供债权人做出信贷和赊销的决策。

3.会计报表为企业管理者进行日常经营管理提供必要信息

企业的管理者需要经常不断地考核、分析企业的财务状况,评价企业的经济工作,查明存在的问题及原因,总结经验,不断改进经营管理工作、提高管理水平。会计报表可以为管理者提供管理活动过程及结果的全面、完整、系统的数据资料,帮助其预测经济远景、进行经营决策,以便做出正确的结论,使生产经营活动良性发展。

4.会计报表为政府监管部门提供对企业实施管理和监督的各项信息资料

企业的会计报表是政府部门进行宏观经济管理的重要依据。财政、工商、税务等行政管理部门,通过会计报表检查企业资金的使用情况、成本的计算情况、利润(或亏损)的形成和分配(弥补)情况、税收的计算和解交情况;检查单位财经纪律的遵守情况。通过编制会计报表,可以为上述各部门提供必要的数据资料,以便其对单位实施管理和监督。

5.会计报表为外部审计师检查监督企业的生产经营活动提供必要的信息资料

外部审计师的审计工作是从会计报表审计开始的,会计报表为审计工作提供详尽、全面的数据资料,并为凭证和账簿的进一步审计指明方向。

▲会计报表是对企业财务状况、经营成果和现金流量的结构性表述。

▲在一定程度上,读懂了企业的会计报表,就读懂了公司的秘密。

二、会计报表的组成和分类

（一）会计报表的组成

会计报表是对企业财务状况、经营成果和现金流量的结构性表述。一套完整的会计报表至少应当包括以下组成部分:①资产负债表;②利润表;③现金流量表;④所有者权益(股东权益)变动表;⑤附注。

资产负债表、利润表和现金流量表分别从不同角度反映企业的财务状况、经营成果和现金流量。资产负债表反映企业在某一特定日期所拥有的资产、需偿还的债务以及股东（投资者）拥有的净资产情况；利润表反映企业在一定会计期间的经营成果，即利润或亏损的情况，表明企业运用所拥有的资产的获利能力；现金流量表反映企业在一定会计期间现金和现金等价物流入和流出的情况。

所有者权益变动表反映构成所有者权益的各组成部分当期的增减变动情况。企业的净利润及其分配情况是所有者权益变动的组成部分，相关信息已经在所有者权益变动表及其附注中反映，企业不需要再单独编制利润分配表。

附注是会计报表不可或缺的组成部分，是对在资产负债表、利润表、现金流量表和所有者权益变动表等报表中列示项目的文字描述或明细资料，以及对未能在这些报表中列示项目的说明等。

▲资产负债表、利润表和现金流量表是外部信息使用者主要关注的三张报表。分别披露了企业的财务状况、盈利能力和现金流情况。

（二）会计报表的分类

会计报表可以按照不同的标准进行分类。

1. 按会计报表编报期间的不同，可以分为中期会计报表和年度会计报表

中期会计报表是以短于一个完整会计年度的报告期间为基础编制的会计报表，包括月报、季报和半年报等。中期会计报表至少应当包括资产负债表、利润表、现金流量表和附注，其中，中期资产负债表、利润表和现金流量表应当是完整报表，其格式和内容应当与年度会计报表相一致。与年度会计报表相比，中期会计报表中的附注披露可适当简略。

2. 按会计报表编报主体的不同，可以分为个别会计报表和合并会计报表

个别会计报表是由企业在自身会计核算基础上对账簿记录进行加工而编制的会计报表，它主要用以反映企业自身的财务状况、经营成果和现金流量情况。合并会计报表是以母公司和子公司组成的企业集团为会计主体，根据母公司和所属子公司的会计报表，由母公司编制的综合反映企业集团财务状况、经营成果及现金流量的会计报表。

三、会计报表的报送

单位应当按照规定的时间编报并向外部会计报表使用者提供会计报表，以便于与企业有财务关系的单位及政府部门及时了解单位财务状况、经营成果和现金流量，据此做出相应决策。按照国家统一会计制度的规定，月度会计报表应当于月份终了后6天内（节假日顺延，下同）对外提供，季度会计报表应当于季度终了后15日内对外提供，半年度会计报表应当于中期结束后60天内对外提供，年度会计报表应当于年度终了后4个月内对外提供。在对外提供的会计报表上签章是明确责任的重要程序。《会计法》规定，会计报表应当由企业负责人和主管会计工作的负责人、会计机构负责人（会计主管人员）签名并盖章；设置总会计师的单位，还须由总会计师签名并盖章。凡是法律、行政法规规定会计报表、会计报表附注和财务情况说明书应当经过注册会计师审计的企业，该企业在提供会计报表时，应将注

册会计师及其所在的会计师事务所出具的审计报告①,随同会计报表一并提供。

第二节 会计报表的编制

根据我国《企业会计准则第 30 号——会计报表列报》的定义,会计报表是对企业财务状况、经营成果和现金流量的结构性表述。会计报表包括资产负债表、利润表、现金流量表、所有者权益(股东权益)变动表、附注这五个部分。下文将对主要的三张报表即资产负债表、利润表和现金流量表的结构、内容及编制方法逐一详细介绍。

一、资产负债表的结构、内容及编制方法

资产负债表是指反映企业在某一特定日期的财务状况的报表,属于静态报表。资产负债表可以提供企业在某一特定日期资产的总额及其结构,表明企业拥有或控制的资源及其分布情况;可以提供企业在某一特定日期的负债总额及其结构,表明企业未来需要用多少资产或劳务清偿债务以及清偿时间;可以反映企业所有者在某一特定日期所拥有的权益,据以判断资本保值、增值的情况以及对负债的保障程度。编制资产负债表具有如下作用:

(1)提供了企业所掌握的经济资源及其分布的情况,报表使用者据此可以分析企业资产结构分布是否合理。

(2)总括反映了企业资金的来源渠道和构成情况,投资者和债权人据此可以分析企业资本结构的合理性及其所面临的财务风险。

(3)通过对资产负债表的分析,可以了解企业的财务实力、偿债能力和支付能力,投资者和债权人据此可以做出相应的决策。

(4)通过对前后期资产负债表的对比分析,可以了解企业资金结构的变化情况,经营者、投资者和债权人据此可以掌握企业财务状况的变化情况和变化趋势。

(一)资产负债表的结构

资产负债表的格式一般有表首、正表两部分。其中表首概括地说明报表名称、编制单位、编制日期、报表编号、货币名称、计量单位等。正表是资产负债表的主体,列示了用以说明企业财务状况的各个项目。资产负债表正表的格式一般有两种:报告式资产负债表和账户式资产负债表。报告式资产负债表是上下结构,上半部列示资产,下半部列示负债和所有者权益。具体排列形式又有两种:一是按"资产=负债+所有者权益"的原理排列,二是按"资产-负债=所有者权益"的原理排列。账户式资产负债表是左右结构,左边列示资产,右边列示负债和所有者权益。我国企业的资产负债表采用账户式结构。不管采取什么格式,资产各项目的合计等于负债和所有者权益各项目的合计这一等式不变。

---

① 年度审计报告是会计师事务所根据《中国注册会计师审计准则》在实施审计工作的基础上对企业一个会计年度的财务报表的合法性和公允性发表审计意见的书面文件。审计意见是注册会计师应当针对财务报表在所有重大方面是否符合适当的财务报表编制基础,以书面报告的形式发表的能够提供合理保证程度的意见。意见类型一般包括无保留意见、保留意见、否定意见和无法表示意见。审计意见必须由会计师事务所和注册会计师盖章、签名(应提交审计意见原件,不得复印)。

账户式资产负债表分左右两方,左方为资产项目,大体按资产的流动性大小排列,流动性大的资产如"货币资金""交易性金融资产"等排在前面,流动性小的资产如"长期股权投资""固定资产"等排在后面。右方为负债及所有者权益项目,一般按要求清偿时间的先后顺序排列:"短期借款""应付票据""应付账款"等需要在一年以内或者长于一年的一个正常营业周期内偿还的流动负债排在前面,"长期借款"等在一年以上才需偿还的非流动负债排在中间,在企业清算之前不需要偿还的所有者权益项目排在后面。

(二)资产负债表的内容

现行会计制度规定的资产负债表是按"资产＝负债＋所有者权益"的会计方程式所反映的经济内容设计的。它的内容包括企业的全部资产、全部负债及所有者权益。其构成的大类项目和具体内容如表 9-1 所示。

表 9-1　资产负债表内容

资产方:	负债及所有者权益方:
流动资产	流动负债
非流动资产	非流动负债
	所有者权益

现将资产负债表中各个大类项目的内容说明如下。

1.资产

流动资产是指预计在一个正常营业周期中变现、出售或耗用,或者主要为交易目的而持有,或者预计在资产负债表日起一年内(含一年)变现的资产,或者自资产负债表日起一年内交换其他资产或清偿负债的能力不受限制的现金或现金等价物。

资产负债表中列示的流动资产项目通常包括:货币资金、交易性金融资产、应收票据、应收账款、预付款项、其他应收款、存货和一年内到期的非流动资产等。

非流动资产是指流动资产以外的资产。资产负债表中列示的非流动资产项目通常包括:长期股权投资、固定资产、在建工程、无形资产、开发支出、长期待摊费用以及其他非流动资产等。

2.负债

流动负债是指预计在一个正常营业周期中清偿,或者主要为交易目的而持有,或者自资产负债表日起一年内(含一年)到期应予以清偿,或者企业无权自主地将清偿推迟至资产负债表日后一年以上的负债。资产负债表中列示的流动负债项目通常包括:短期借款、应付票据、应付账款、预收款项、应付职工薪酬、应交税费、其他应付款、一年内到期的非流动负债等。

非流动负债是指流动负债以外的负债。非流动负债项目通常包括:长期借款、应付债券和其他非流动负债等。

3.所有者权益

所有者权益,是企业资产扣除负债后的剩余权益,反映企业在某一特定日期股东(投资者)拥有的净资产的总额,它一般按照实收资本、资本公积、盈余公积和未分配利润等分项列示。

（三）资产负债表的编制方法

1. 资产负债表的"年初数"和"期末数"

《企业会计准则》规定：会计报表至少应当反映相关两个期间的比较数据，所以，资产负债表各项目需要分为"年初数"和"期末数"两栏分别填列。

表中的"年初数"栏内的各项数字，应该根据上年年末资产负债表"期末数"栏内所列数字填列。如果本年度资产负债表规定的各个项目的名称和内容同上一年度不相一致，应对上年年末资产负债表各项目的名称和数字按照本年度的规定进行调整后填列。"期末数"是指某一会计期末的数字，即月末、季末、半年末或年末的数字。

2. 资产负债表的编制

由于每一项资产金额和负债及所有者权益金额都是以各有关账户的余额来表示的，因此，作为总括反映资产、负债及所有者权益相等关系的资产负债表的项目，原则上都可以直接根据总分类账户的期末余额直接填列。但是，为了满足会计信息使用者的特殊需要和如实反映财务状况的要求，资产负债表的某些项目就需要根据总分类账和明细分类账的记录分析、计算后填列。

（1）根据总账科目的余额填列。资产负债表中的许多项目都采用此种方法填列，如"交易性金融资产""短期借款""应付票据""应付职工薪酬"等项目，根据"交易性金融资产""短期借款""应付票据""应付职工薪酬"各总账的余额直接填列；有些项目则根据几个总账科目的期末余额计算填列，如"货币资金"项目，需根据"库存现金""银行存款""其他货币资金"三个总账科目的期末余额合计数填列。

（2）根据明细账科目余额计算填列。如"应付账款"项目，需要根据"应付账款"和"预付账款"两个科目所属的相关明细账科目的期末贷方余额计算填列；"应收账款"项目，需要根据"应收账款"和"预收账款"两个科目所属的相关明细账科目的期末借方余额计算填列。

（3）根据总账科目和明细账科目余额分析计算填列。如"长期借款"项目，需要根据"长期借款"总账科目余额扣除"长期借款"科目所属的明细账科目中将在一年内到期且企业不能自主地将清偿义务展期的长期借款后的金额计算填列。

（4）根据有关科目余额减去其备抵科目余额后的净额填列。如资产负债表中的"应收票据""应收账款""长期股权投资""在建工程"等项目，应当根据"应收票据""应收账款""长期股权投资""在建工程"等项目的期末余额减去"坏账准备""长期股权投资减值准备""在建工程减值准备"等科目余额后的净额填列。"固定资产"项目，应当根据"固定资产"科目的期末余额减去"累计折旧""固定资产减值准备"备抵科目余额后的净额填列；"无形资产"项目，应当根据"无形资产"科目的期末余额减去"累计摊销""无形资产减值准备"备抵科目余额后的净额填列。

（5）综合运用上述填列方法分析填列。如资产负债表中的"存货"项目，需要根据"原材料""委托加工物资""周转材料""材料采购""在途物资""发出商品""材料成本差异"等总账科目期末余额的分析汇总数，再减去"存货跌价准备"科目余额后的净额填列。

3. 资产负债表编制示例

顺达实业公司为增值税一般纳税人，适用的增值税税率为13%，适用的所得税税率为25%。该公司2018年12月31日的资产负债表及2019年12月31日的科目余额表分别如表9-2和表9-3所示。

表 9-2　资产负债表　　　　　　　　　　　　　　　　会企 01 表

编制单位:顺达实业公司　　　　　　　2018 年 12 月 31 日　　　　　　　　单位:万元

资　产	年末余额	期初余额	负债及股东权益	年末余额	期初余额
流动资产:			流动负债:		
货币资金	50		短期借款	90	
交易性金融资产	24		交易性金融负债		
衍生金融资产			衍生金融负债		
应收票据	22		应付票据	8	
应收账款	398		应付账款	218	
应收账款融资			预收账款	8	
预付账款	8		合同负债	8	
其他应收款	44		应付职工薪酬		
存货	652		应交税费	8	
合同资产			其他应付款	88	
持有待售资产			持有待售负债		
一年内到期的非流动资产	22		一年内到期的非流动负债		
其他流动资产			其他流动负债	10	
流动资产合计	1 220		流动负债合计	438	
非流动资产:			非流动负债:		
债券投资			长期借款	490	
其他债券投资			应付债券	520	
长期应收款			其中:优先股		
长期股权投资	90		永续债		
其他权益工具投资			长期应付款	120	
其他非流动金融资产			预计负债		
投资性房地产			递延收益		
固定资产	1 902		递延所得税负债		
在建工程	70		其他非流动负债		
生产性生物资产			非流动负债合计	1 130	
油气资产			负债合计	1 568	
无形资产	16		所有者权益(或股东权益):		
开发支出			实收资本(或股本)	200	
商誉			其他权益工具		
长期待摊费用	30		其中:优先股		
递延所得税资产			永续债		
其他非流动资产			资本公积	20	
非流动资产合计	2 108		减:库存股		
			其他综合收益		
			专项储备		
			盈余公积	80	
			未分配利润	1 460	
			股东权益合计	1 760	
资产总计	3 328		负债和股东权益总计	3 328	

表 9-3 科目余额表

2019 年 12 月 31 日 单位:万元

科目名称	借方余额	科目名称	贷方余额
库存现金	20	短期借款	120
银行存款	56	应付票据	10
其他货币资金	24	应付账款	200
交易性金融资产	12	预收账款	20
应收票据	16	合同负债	4
应收账款	800	应付职工薪酬	4
坏账准备	4	应交税费	10
预付账款	44	应付利息	24
其他应收款	24	应付股利	56
材料采购	24	其他应付款	46
原材料	120	一年内到期的非流动负债	100
周转材料	14	其他流动负债	6
库存商品	64	长期借款	900
材料成本差异	16	应付债券	480
一年内到期的非流动资产	154	长期应付款	100
其他流动资产	16	股本	200
长期股权投资	60	资本公积	20
固定资产	2 500	盈余公积	200
累计折旧	24	利润分配(未分配利润)	1 500
在建工程	36		
无形资产	12		
长期待摊费用	10		
递延所得税资产	0		
其他非流动资产	6		
合 计	4 000	合 计	4 000

该公司据此编制 2019 年的资产负债表,如表 9-4 所示。

表 9-4　资产负债表

会企 01 表

编制单位:顺达实业公司　　　　　　　　2019 年 12 月 31 日　　　　　　　　单位:万元

资　产	年末余额	期初余额	负债及股东权益	年末余额	期初余额
流动资产:			流动负债:		
货币资金	100	50	短期借款	120	90
交易性金融资产	12	24	交易性金融负债		
衍生金融资产			衍生金融负债		
应收票据	16	22	应付票据	10	8
应收账款	796	398	应付账款	200	218
应收账款融资			预收账款	20	8
预付账款	44	8	合同负债	4	8
其他应收款	24	44	应付职工薪酬	4	
存货	238	652	应交税费	10	8
合同资产			其他应付款	126	88
持有待售资产			持有待售负债		
一年内到期的非流动资产	154	22	一年内到期的非流动负债	100	
其他流动资产	16		其他流动负债	6	10
流动资产合计	1 400	1 220	流动负债合计	600	438
非流动资产:			非流动负债:		
债券投资			长期借款	900	490
其他债券投资			应付债券	480	520
长期应收款			其中:优先股		
长期股权投资	60	90	永续债		
其他权益工具投资			长期应付款	100	120
其他非流动金融资产			预计负债		
投资性房地产			递延收益		
固定资产	2 476	1 902	递延所得税负债		
在建工程	36	70	其他非流动负债		
生产性生物资产			非流动负债合计	1 480	1 130
油气资产			负债合计	2 080	1 568
无形资产	12	16	所有者权益(或股东权益):		
开发支出			实收资本(或股本)	200	200
商誉			其他权益工具		
长期待摊费用	10	30	其中:优先股		
递延所得税资产			永续债		
其他非流动资产	6		资本公积	20	20
非流动资产合计	2 600	2 108	减:库存股		
			其他综合收益		
			专项储备		
			盈余公积	200	80
			未分配利润	1 500	1 460
			股东权益合计	1 920	1 760
资产总计	4 000	3 328	负债和股东权益总计	4 000	3 328

二、利润表的结构、内容及编制方法

(一)利润表的结构和内容

利润表是反映企业在一定时期(如年度、季度、月份)内经营成果的报表。利润表是把同一时期的营业收入与其相关的费用进行配比,以计算出企业一定时期的净利润(即经营成果),并通过其附表"利润分配表"来反映净利润的分配情况。由于利润是企业经营业绩的综合体现,又是进行利润分配的主要依据,因此,利润表是会计报表中第二张主要报表。常见的利润表结构主要有单步式和多步式两种。在我国,企业利润表采用的基本是多步式结构,如表9-5所示。即通过对当期的收入、费用、支出项目按性质加以归类,按利润形成的主要环节列示一些中间性利润指标,分步计算当期净损益。

表 9-5 利润表

编制单位:顺达实业公司　　　　　　2019 年　　月　　　　　　会企 02 表 / 单位:万元

项　目	本期金额	上期金额
一、营业收入	6 000	5 700
减:营业成本	5 288	5 006
税金及附加	56	56
销售费用	44	40
管理费用	92	80
研发费用		
财务费用	220	192
其中:利息费用		
利息收入		
资产减值损失		
信用减值损失		
加:其他收益		
投资收益(损失以"-"号填列)	12	
其中:对联营企业和合营企业的投资收益	12	
净敞口套期收益(损失以"-"号填列)		
公允价值变动收益(损失以"-"号填列)		
资产处置收益(损失以"-"号填列)		
二、营业利润(亏损以"-"号填列)	312	326
加:营业外收入	90	144
减:营业外支出	2	0
三、利润总额(亏损总额以"-"号填列)	400	470
减:所得税费用	128	150

项　目	本期金额	上期金额
四、净利润(净亏损以"－"号填列)	272	320
(一)持续经营净利润(净亏损以"－"号填列)		
(二)终止经营净利润(净亏损以"－"号填列)		
五、其他综合收益的税后净额	略	略
(一)不能重分类进损益的其他综合收益		
1.重新计量设定受益计划变动额		
2.权益法下不能重分类转损益的其他综合收益		
3.其他权益工具投资公允价值变动		
4.企业自身信用风险公允价值变动		
……		
(二)将重分类进损益的其他综合收益		
1.权益法下可转损益的其他综合收益		
2.其他债权投资公允价值变动		
3.金融资产重分类计入其他综合收益的金额		
4.其他债权投资信用减值准备		
5.现金流量套期储备		
6.外币财务报表折算差额		
……		
六、综合收益总额	略	略
七、每股收益:	略	略
(一)基本每股收益		
(二)稀释每股收益		

利润表主要反映以下几个方面的内容:①营业收入,由主营业务收入和其他业务收入组成。②营业利润,以营业收入为基础,减去营业成本(主营业务成本、其他业务成本)、税金及附加、销售费用、管理费用、研发费用、财务费用、资产减值损失、信用减值损失,加上其他收益、投资收益(减去投资损失)、净敞口套期收益(减去净敞口套期损失)、公允价值变动收益(减去公允价值变动损失)、资产处置收益(减去资产处置损失)。③利润总额,营业利润加上营业外收入,减去营业外支出。④利润净额,利润总额减去所得税费用,计算出净利润(或净损失)。⑤每股收益,普通股或潜在普通股已公开交易的企业,以及正处于公开发行普通股或潜在普通股发行过程中的企业,还应当在利润表中列示每股收益信息,包括基本每股收益和稀释每股收益两项指标。⑥其他综合收益。⑦综合收益总额。

此外,为了使报表使用者通过比较不同期间利润的实现情况,判断企业经营成果的未来发展趋势,企业需要提供利润表各项目的"本期金额"和"上期金额"。

（二）利润表的编制方法

利润表中"上期金额"栏内各项数字,应根据上年该期利润表的"本期金额"栏内所列数字填列。"本期金额"栏内各项数字,除"基本每股收益"和"稀释每股收益"项目外,应当按照相关科目的发生额分析填列。如"营业收入"项目,根据"主营业务收入""其他业务收入"科目的发生额分析填列;"营业成本"项目,根据"主营业务成本""其他业务成本"科目的发生额分析填列。其他科目均按照各该科目的发生额分析填列。

企业应当根据编制利润表的多步式步骤,确定利润表中各主要项目的金额,相关计算公式如下:

①营业利润＝营业收入－营业成本－税金及附加－销售费用－管理费用－研发费用－财务费用－资产减值损失－信用减值损失＋其他收益＋投资收益(－投资损失)＋净敞口套期收益(－净敞口套期损失)＋公允价值变动收益(－公允价值变动损失)＋资产处置收益(－资产处置损失)

其中,

营业收入＝主营业务收入＋其他业务收入

营业成本＝主营业务成本＋其他业务成本

②利润总额＝营业利润＋营业外收入－营业外支出

③净利润＝利润总额－所得税费用

（三）利润表编制示例

A 公司 2019 年度有关损益类科目本年累计发生净额如表 9-6 所示。

表 9-6　2019 年度有关损益类科目本年累计发生净额　　　　　　单位:元

科目名称	借方发生额	贷方发生额
主营业务收入		1 250 000
主营业务成本	750 000	
税金及附加	2 000	
销售费用	20 000	
管理费用	157 100	
财务费用	41 500	
资产减值损失	30 900	
投资收益	31 500	
营业外收入	50 000	
营业外支出	19 700	
所得税费用	112 596	

根据上述资料,编制 A 公司 2019 年度利润表,见表 9-7。

表 9-7　利润表

编制单位:A 公司　　　　　　　　　　　　2019 年　　　　　　　　　　　　　　单位:元

项　目	本期金额	上期金额(略)
一、营业收入	1 250 000	
减:营业成本	750 000	
税金及附加	2 000	
销售费用	20 000	
管理费用	157 100	
研发费用		
财务费用	41 500	
其中:利息费用		
利息收入		
资产减值损失	30 900	
信用减值损失		
加:其他收益		
投资收益(损失以"—"号填列)	31 500	
其中:对联营企业和合营企业的投资收益		
净敞口套期收益(损失以"—"号填列)		
公允价值变动收益(损失以"—"号填列)		
资产处置收益(损失以"—"号填列)		
二、营业利润(亏损以"—"号填列)	280 000	
加:营业外收入	50 000	
减:营业外支出	19 700	
三、利润总额(亏损总额以"—"号填列)	310 300	
减:所得税费用	112 596	
四、净利润(净亏损以"—"号填列)	197 704	
(一)持续经营净利润(净亏损以"—"号填列)		
(二)终止经营净利润(净亏损以"—"号填列)		
五、其他综合收益的税后净额		
(一)不能重分类进损益的其他综合收益		
1.重新计量设定受益计划变动额		
2.权益法下不能重分类转损益的其他综合收益		
3.其他权益工具投资公允价值变动		
4.企业自身信用风险公允价值变动		
……		

续　表

项　目	本期金额	上期金额（略）
（二）将重分类进损益的其他综合收益		
1.权益法下可转损益的其他综合收益		
2.其他债权投资公允价值变动		
3.金融资产重分类计入其他综合收益的金额		
4.其他债权投资信用减值准备		
5.现金流量套期储备		
6.外币财务报表折算差额		
……		
六、综合收益总额		
七、每股收益：		
（一）基本每股收益		
（二）稀释每股收益		

三、现金流量表的结构、内容和编制基础

（一）现金流量表的意义

现金流量表是指反映企业在一定会计期间现金和现金等价物流入和流出的报表。企业的生存和发展离不开"现金"的正常流转，而高额的账面资产和利润并不能代表企业实际可运作支配的资金，正基于此，现金流量表的重要性日益突出。现金流量表通常按照企业经营业务发生的性质将其归纳为经营活动产生的现金流量、投资活动产生的现金流量和筹资活动产生的现金流量三类，以现金的流入和流出反映企业在一定期间内的经营活动、投资活动和筹资活动的动态情况。

（1）现金流量表可以提供企业的现金流量信息，从而对企业的整体财务状况做出客观的评价。从现金流量表中反映的信息，可以初步判断企业的经营周转是否正常、顺畅。

（2）投资者和债权人通过现金流量表，可以对企业的支付能力和偿债能力，以及企业外部资金的需求情况做出较为可靠的判断。

（3）通过现金流量，一方面可以了解企业当前的财务状况，另一方面还可以据此预测企业未来的发展情况。如果现金流量表中各部分现金流量结构合理，现金流入和流出没有重大异常变动，通常说明企业的财务状况基本良好。

（4）编制现金流量表，便于和国际惯例相协调。根据国际会计准则，目前世界许多国家都要求公司编制现金流量表，因此要求公司编报现金流量表，对开展跨国经营、境外筹资，加强国际经济合作能够起到积极的作用。

（二）现金流量表的编制基础

1.现金的概念

现金流量表是以现金为基础编制的。这里的现金是指企业库存现金以及可以随时用于支付的存款，包括库存现金、银行存款和其他货币资金（如外埠存款、银行汇票存款、银行

本票存款等)等以及现金等价物。不能随时用于支付的存款不属于现金。

现金等价物,是指企业持有的期限短、流动性强、易于转换为已知金额现金、价值变动风险很小的投资。期限短,一般是指从购买日起三个月内到期。现金等价物通常包括三个月内到期的债券投资等。权益性投资变现的金额通常不确定,因而不属于现金等价物。企业应当根据具体情况,确定现金等价物的范围,一经确定不得随意变更。

(三)现金流量的分类

企业产生的现金流量分为三类。

1. 经营活动产生的现金流量

经营活动,是指企业投资活动和筹资活动以外的所有交易和事项。经营活动产生的现金流量主要包括销售商品或提供劳务、购买商品、接受劳务、支付工资和交纳税款等流入和流出的现金和现金等价物。

2. 投资活动产生的现金流量

投资活动,是指企业长期资产的购建和不包括在现金等价物范围内的投资及其处置活动。投资活动产生的现金流量主要包括购建固定资产、处置子公司及其他营业单位等流入和流出的现金和现金等价物。

3. 筹资活动产生的现金流量

筹资活动,是指导致企业资本及债务规模和构成发生变化的活动。筹资活动产生的现金流量主要包括吸收投资、发行股票、分配利润、发行债券、偿还债务等流入和流出的现金和现金等价物。偿付应付账款、应付票据等商业应付款等属于经营活动,不属于筹资活动。

(四)现金流量表的结构

我国企业现金流量表采用报告式结构,分类反映经营活动产生的现金流量、投资活动产生的现金流量和筹资活动产生的现金流量,最后汇总反映企业某一期间现金及现金等价物的净增加额。

表 9-8 为顺达实业公司 2019 年度现金流量表。

表 9-8　现金流量表

编制单位:顺达实业公司　　　　　　　2019 年度　　　　　　　单位:万元

项　目	金　额
一、经营活动产生的现金流量:	
销售商品、提供劳务收到的现金	5 620
收到的税费返还	
收到其他与经营活动有关的现金	20
经营活动现金流入小计	5 640
购买商品、接受劳务支付的现金	4 726
支付给职工以及为职工支付的现金	58
支付的各项税费	182
支付其他与经营活动有关的现金支出	28
经营活动现金流出小计	4 994

续　表

项　　目	金　额
经营活动产生的现金流量净额	646
二、投资活动产生的现金流量：	
收回投资收到的现金	8
取得投资收益收到的现金	12
处置固定资产、无形资产和其他长期资产收回的现金净额	24
处置子公司及其他营业单位收到的现金净额	
收到其他与投资活动有关的现金	
投资活动现金流入小计	44
购置固定资产、无形资产和其他长期资产支付的现金	738
投资支付的现金	60
支付其他与投资活动有关的现金	
投资活动现金流出小计	798
投资活动产生的现金流量净额	－754
三、筹资活动产生的现金流量：	
吸收投资收到的现金	
取得借款收到的现金	540
收到其他与筹资活动有关的现金	
筹资活动现金流入小计	540
偿还债务支付的现金	40
分配股利、利润或偿付利息支付的现金	304
支付其他与筹资活动有关的现金	50
筹资活动现金流出小计	394
筹资活动产生的现金流量净额	146
四、汇率变动对现金及现金等价物的影响	
五、现金及现金等价物净增加额	38
加：期初现金及现金等价物余额	74
六、期末现金及现金等价物余额	112

现金流量表（续）

补充资料

1.将净利润调节为经营活动现金流量：	
净利润	272
加：资产减值准备	
固定资产折旧、油气资产折耗、生产性生物资产折旧	200

补充资料	
无形资产摊销	4
长期待摊费用摊销	－22
处置固定资产、无形资产和其他长期资产的损失（收益以"－"号填列）	
固定资产报废损失（收益以"－"号填列）	
公允价值变动损失（收益以"－"号填列）	
财务费用（收益以"－"号填列）	220
投资损失（收益以"－"号填列）	－12
递延所得税资产减少（增加以"－"号填列）	
递延所得税负债增加（减少以"－"号填列）	
存货的减少（增加以"－"号填列）	414
经营性应收项目的减少（增加以"－"号填列）	－424
经营性应付项目的增加（减少以"－"号填列）	－6
其他	
经营活动产生的现金流量净额	646
2.不涉及现金收支的投资和筹资活动：	
债务转为资本	
一年内到期的可转换公司债券	
融资租入固定资产	
3.现金及现金等价物净增加情况：	
现金的期末余额	112
减：现金的期初余额	74
加：现金等价物的期末余额	
减：现金等价物的期初余额	
现金及现金等价物净增加额	38

四、基本会计报表之间的关系

按照《企业会计准则第30号——会计报表列报》，我国的财务报告包括会计报表和其他应当在财务报告中披露的相关信息和资料。会计报表，在我国也称为财务报表，包括资产负债表、利润表、现金流量表、所有者权益变动表和附注等内容，是财务报告的主要部分；其中，资产负债表、利润表、现金流量表、所有者权益变动表也称为基本会计报表。

基本会计报表之间不是相互独立的，而是具有经济内容上的密切联系和数据上的钩稽关系。在基本会计报表中，资产负债表是最基本的报表，其他基本会计报表则进一步解释了资产负债表中相应项目金额的形成与变动及其结果。基本会计报表之间的关系如图 9-1 所示。

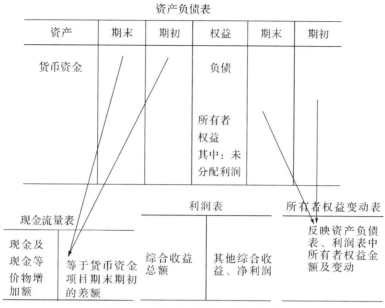

图 9-1　基本会计报表之间的关系

　　现金流量表反映了资产负债表中货币资金项目和现金及现金等价物由期初余额到期末余额的变动以及引起这种变动的各种经济活动对变动金额的影响数额,其钩稽关系是现金流量表中的期末现金及现金等价物项目余额等于资产负债表中的货币资金和现金及现金等价物期末余额。所有者权益变动表则详细地披露了资产负债表中所有者权益项目由期初金额到期末金额的变动及其结果,其中,其他综合收益和未分配利润项本年增减变动金额应同利润表中本年其他综合收益和净利润相等。

课 外 阅 读

会计报表:一元钱的故事

　　那年,我从学校毕业,被分配到县粮油加工厂工作。报到的第一天,因工作需要厂原主办会计调离,领导就把会计工作移交给了我,碰巧那时是月末,要产生会计报表。第二天出纳和相关人员就将一大堆原始发票和各车间原材料的消耗、产成品的生产记录等资料摆上了我的办公桌。面对这一大摞的原始资料,我满不在乎地想:自己是会计专业毕业的高才生,编制几张会计报表不成问题。从原始凭证的分类到编制会计分录,从会计分录的汇总到明细分类账的登记,一切进行得还算顺当。"利润表""产品销售利润明细表""产品成本明细表""车间经费和企业管理费明细表"等 10 余种报表的编制也是水到渠成。就在自鸣得意之时,我发现"资金平衡表"(现称资产负债表)却出了问题。资金来源方的期末余额和资金占用方的期末余额不平衡,资金来源方比资金占用方少了一元钱。

　　吃罢晚饭,我又一头扎进了办公室。面对桌上那张不平衡的"资金平衡表"我心想:问题出在何方? 我将平衡表左右两方会计科目的余额反复进行了几次加总,又将总账与明细账的增减发生额进行了一次复核,但是,这一元钱的差错还是没有水落石出。

时针已指向深夜12点。按规定本月的会计报表必须在明天报送市粮食局,否则,将会影响全市粮食工业报表的汇总。这时,一个"坏"点子涌上我的心头,社会上不是流行这么一句话:"会计没法,全靠其他。"不就是一元钱而不平衡,何必把自己折腾得死去活来,管他呢! 不如在"其他应付款"(属资金来源方)科目的增方随意增加一元钱,不就了事又平衡了吗? 但这个念头在我脑海中一闪即息。因为老师在给我们上第一堂会计专业课时讲的话又在耳边响起:"会计工作是一项非常神圣和严肃的工作。每一个会计工作者都要讲诚信,工作要一丝不苟,产生的会计报表,信息必须准确、客观、实在,不能有半点水分。"如果第一次自己做会计报表就这样马虎了事,今后还怎么能搞好会计工作呢? 至此,我耳根发热,内心好似有一种犯罪感。

通过苦思冥想,一位老会计传授的错账查找方法提醒了我,从审核分析会计分录入手。于是,我对自己所编制的100多笔会计分录逐笔进行了复核,终于发现了问题所在。

虽然忙了一个通宵,但自己感到非常欣慰和自豪,因为迈出了会计人生的第一步,自己编制的第一份会计报表没有差错;同时,通过这么一件小事还使我明白了一个道理:做人要实,做事更要认真! 做会计工作尤其如此!

—— 摘自 http://blog.sina.com.cn/s/blog_55400a80010005eq.html

第三节　会计报表分析

会计报表分析是一种"高级"信息生产活动,是在会计报表及其使用者之间架起的一座桥梁。由于会计报表信息高度浓缩,内在关系复杂,且本身存在一定的局限性,使大多数信息使用者难以有效地加以利用。要解决上述问题,必须进行会计报表分析。会计报表分析就是运用一定的方法和手段,对会计报表及其相关资料提供的数据进行系统和深入的分析研究,揭示有关指标之间的关系及变化趋势,以便为企业的财务活动和有关经济活动做出经济决策提供更加直接、相关的信息和更具体、有效的帮助。

一、会计报表分析的意义与目的

会计报表分析的目的就是帮助会计报表的使用者进一步理解企业会计报表。由于会计报表的使用者多种多样,不同的使用者有着不同的需求。会计报表分析目的随分析主体的不同而不同,具体有以下几个不同的目的。

(一)企业投资者的财务分析目的

这里的投资者是指企业的所有者,也就是企业的出资者、股东,当然也包括资本市场上的潜在投资者。他们最关心的利益(资本保值增值)与企业的财务成果有着密切的关系。他们进行财务分析的根本目的是衡量企业的盈利能力状况,因为盈利能力是保证其投入资本的保值与增值的关键所在。但是投资者不会仅关心当前的盈利能力,为了确保其资本保值增值的长远利益,他们还会关心企业生产经营的前景和投资风险、企业的权益结构、支付能力及营运状况等。只有当投资者认为企业有着良好的发展前景,才会保持或增加对企业的投资,潜在投资者也才会踊跃地把大量的资金投入该企业;否则,企业所有者将会尽可能抛售股权、收回投资,潜在投资者也不会选择该企业作为投资对象。另外,企业所有者通过财务分析,可以评价企业经营者的经营业绩,为制定合理又有激励作用的薪酬制度提供依据。同时还能发现经营过程中存在的问题,通过行使股东权力,及时加以纠正。

(二)企业债权人的财务分析目的

企业债权人包括贷款给企业的银行、非银行金融机构和供应商企业以及企业债券的持有人等。企业的债权人与企业之间存在的是借贷关系,他们与企业的投资者不同。债权人一方面从各自经营或收益的目的出发,愿意将资金借给某企业;另一方面又要非常谨慎地观察和分析该企业有无违约或破产清算的可能性,考虑企业拖欠或破产的不良后果。一般来说,债权人既要求能及时地收回本金,又要得到相应的利息报酬,而报酬的大小又与其承担的风险程度相适应。通常偿还期越长,风险越大,所要求的收益也就越高。因此,债权人进行财务分析,既要看其债权是否能及时、足额地收回,也就是分析企业的偿债能力,又要看其收益状况与风险程度是否相适应,为此,还要延伸分析企业的盈利能力。

(三)企业经营管理者的财务分析目的

企业的经营管理者主要是指受股东委托对企业法人资产进行经营管理的企业管理当局。他们有责任保证企业的全部资产合理使用,并得到保值增值。在生产经营活动中,他们既要保持企业良好的偿债能力、现金流动能力和资金营运能力,又要关心企业的盈利能力,为投资者创造更多的财富。因此,企业经营管理者所承担的经营管理责任决定了他们进行财务分析的目的与要求是综合的、全面的。

(四)其他主体的财务分析目的

财务分析的其他主体或服务对象主要包括企业内部职工、与企业经营有关的供应商和顾客、中介机构(如注册会计师和其他审计人员、财务分析师等)、国家行政管理与监督部门等。企业职工,包括职工个人和他们的工会组织,需要通过财务分析了解企业的稳定性和获利能力,并以此评价企业提供劳动报酬、福利待遇和就业机会的能力;与企业经营有关的供应商和顾客进行财务分析,主要是出于保护自身利益的需要,弄清往来企业的信用状况(包括商业上的信用和财务上的信用,前者指按时、按质完成交易行为,后者指及时支付各种款项),以帮助决策是否要与该企业长期合作、是否应对企业延长付款期等;企业的会计报表需经过注册会计师或其他审计人员依法审计后才能对外提供,财务分析是注册会计师或其他审计人员确定审计重点、完成审计任务必不可少的途径。咨询业的发展更使财务分析师成为专门职业,他们为各类报表使用人提供专业咨询时,必须进行财务分析;工商、物价、财政、税务及审计等国家行政管理与监督部门进行财务分析的主要目的,一是监督和检查企业单位对国家有关经济法规、政策、制度的执行情况,确保国家财政税收;二是保证企业财务会计信息和财务分析报告的真实性、准确性,以便为宏观调控提供可靠信息,为微观经济创造公平竞争的市场环境。

虽然不同的分析主体或分析的服务对象进行财务分析的侧重点不同,但这些不同方面的目的是相互联系的,不同方面的分析要相互联系起来才能进行正确而全面的评价。综合起来,会计报表分析的目的可以概括为:企业的偿债能力分析、盈利能力分析、资金营运能力分析和现金流动能力分析等方面。

二、会计报表分析的基本依据

从上述介绍可知,会计报表分析是以会计报表及其他相关资料为基础,对企业财务活动的过程和结果进行的分析评价过程,企业提供的会计报表及其相关资料是会计报表分析的基本依据。

(一)会计报表

会计报表包括资产负债表、利润表、现金流量表、所有者权益(股东权益)变动表、附注这五部分。

1.资产负债表

资产负债表提供了企业在某一特定时日资产、负债、所有者权益及其相互关系的静态信息。它在反映企业经营活动的基础上,同时又反映了企业的规模和发展潜力,其提供的信息是评价企业短期偿债能力、财务结构、长期偿债能力的重要依据,也为预测将来的财务状况提供了基础资料。

2.利润表

利润表是反映企业在一定时期(如年度、季度、月份)内的经营成果的报表。它可以为所有者了解和评价企业管理人员的经营绩效,为投资者和债权人等信息使用者分析企业获利能力、预测企业未来盈利趋势,为管理者分析企业损益的形成原因以做出合理的经营决策等提供重要的信息。资产负债表和利润表中的有关信息结合起来,可以分析企业资金的营运能力。

3.现金流量表

现金流量表能够反映企业在一定会计期间现金的流入和流出情况。通过现金流量表,能够说明企业一定会计期间内现金流入和流出的原因,即现金从哪里来,又流到哪里去;现金流量表以现金的收支为编制基础,消除了会计核算采用的权责发生制、配比原则等所含估计因素对企业获利能力和支付能力的影响,能够说明企业实际的偿债能力和支付能力;现金流量表能够分析企业投资活动和理财活动对经营成果和财务状况的影响,其表内信息反映了企业现金流入和流出的全貌,而附注则提供了不涉及现金的投资和筹资方面的信息,能够说明资产负债、净资产的变动原因,对资产负债表和利润表起补充说明作用,同时也可将其看作是两张主要报表的桥梁。

4.所有者权益变动表

所有者权益变动表反映构成所有者权益的各组成部分当期的增减变动情况。它列示了当期损益、直接计入所有者权益的利得和损失以及与所有者的资本交易所导致的所有者权益的变动。

5.附注

附注是为帮助信息使用者更好地理解与使用高度浓缩的基本会计报表,以括号或脚注等形式,对基本会计报表的有关内容做进一步的说明、补充或解释。与基本会计报表相比,附注在提供信息方面比较灵活,它可以提供的信息有:有关会计报表编制基础等方面的定性信息,如重要会计政策及会计政策变更的说明;报表项目的性质,如某些资产项目已抵押;比报表正文更详细的信息,如无形资产的构成项目、应收账款的明细项目等;其他重要信息,如或有和承诺事项、资产负债表日后非调整事项等。目前,在会计实务中,报表附注中的内容和分量日益增多,在会计报表中起着越来越重要的作用。

（二）其他财务资料

基本会计报表及其附表、附注之外的,披露不确定性、解释性、预测性等辅助性信息的其他财务信息也是进行财务分析的重要依据。其他财务信息既提供货币性的定量信息,又提供非货币性的定性信息;既提供历史信息,又提供预测性信息;既提供事实性信息,又提供分析性信息。其他财务信息包括企业财务情况说明书,上市公司有招股说明书、上市公告、临时公告（包括重大事件报告、公司收购公告）等。其他财务信息和会计报表相互配合,共同提供对决策者有用的信息。而且,其他财务信息的有些内容是管理当局的分析与说明、财务评论、预测报告和社会责任报告等。由于管理当局比投资者、债权人或其他外部信息使用者更熟悉企业及其业务,掌握的信息更充分,因此其他财务信息有时对财务分析而言更有用。除此之外,宏观经济信息和企业的其他经营方面的信息资料,也是财务分析有用的依据。

三、财务比率分析法

一般来说,会计报表分析通常包括定性分析和定量分析两种类型。定性分析是指分析人员根据自己的知识、经验以及对企业内部情况、外部环境的了解程度所做出的非量化的财务分析和评价;而定量分析则是分析人员运用一定的分析工具、分析方法对有关指标所做的定量化财务分析。分析人员应根据财务分析的具体目的和要求,以定性分析为基础和前提,以定量分析为工具和手段,透过数字看本质,正确评价企业的财务状况和经营得失。不过,因为定性分析更多地要依靠分析人员的主观判断,本节将介绍反映定量分析方面的一个基本技术方法——财务比率分析。

财务比率分析法的一个突出特点就是可用一些简单的财务比率来总结和评价企业的财务状况和经营成果。下文将介绍偿债能力分析指标、资金营运能力（资产利用效率）分析指标和盈利能力分析指标这三大类指标的应用。下面以顺达实业公司的基本会计报表资料（表9-4、表9-5、表9-8）为例,结合其他必需的资料,具体说明这些指标的计算和分析。

（一）偿债能力分析指标

企业出于维持日常经营活动和进行长期发展的需要,以及对财务杠杆的应用考虑,一般会采用向外举债的方式筹集资金,从而形成企业负债。一般情况下,一年以上需要偿还的债务叫长期负债,一年以内需要偿还的债务叫短期负债（流动负债）。长期负债在一定时期内会逐步转化为短期负债,并通过减少企业的流动资产来进行债务清偿。因此,企业在一定时期内的资产结构状况和变现能力,特别是流动资产的结构和变现能力,决定着企业对债务（特别是短期债务）的清偿能力。

1. 短期偿债能力分析

短期偿债能力是指企业流动资产对流动负债及时、足额偿还的保证程度,是衡量企业当前的财务能力,特别是流动资产变现能力的重要标志。企业能否及时偿付到期的流动负债,是反映企业财务状况好坏的重要标志,对企业的经营、发展以至生存至关重要。如果企业短期偿债能力弱,就意味着企业的流动资产对流动负债偿还的保障能力弱,企业的信用因此会受到损害,会削弱企业短期筹资能力,增大筹资成本和进货成本,从而对企业的投资能力和获利能力产生重大影响。

短期偿债能力也是企业债权人、投资者、材料供应单位等所关心的重要问题。对债权人来说，企业只有具备较强的偿债能力才能保证其债权的安全，才能保证其按期取得利息和到期收回本金。对投资者来说，如果企业短期偿债能力发生问题，不仅会牵扯企业经营管理人员大量的精力去筹措资金，以偿还债务，难以集中精力于企业的经营管理，而且会增加企业筹资的难度和加大临时性紧急筹资的成本，影响企业的盈利能力。对供应单位来说，企业短期偿债能力发生问题，则可能影响到应收账款的收回。因此企业短期偿债能力是企业自身及外部利益相关各方都很关心的重要问题。

分析评价企业短期偿债能力的指标主要有流动比率、速动比率。

(1)流动比率(current ratio)

流动比率指的是企业流动资产与流动负债的比率，它表明企业每一元流动负债有多少流动资产作为偿还的保证，反映企业用可在短期内转变为现金的流动资产偿还到期流动负债的能力。其计算公式如下：

$$流动比率＝流动资产÷流动负债 \tag{9.1}$$

一般来说，流动比率越高，表明企业短期偿债能力越强，债权人的权益就越有保证。它表明企业财务状况稳定可靠，除了满足日常生产经营的流动资金需要外，还有足够的财力偿付到期的短期债务。如果比率过低，则表明企业难以如期偿还到期债务。但是，对企业自身而言流动比率也不能过高。从理财的角度看，流动性越高的资产，其资产报酬率相应也就较低。过高流动比率意味着企业资金过多地滞留在流动资产上，从而影响这部分占用资金运用的效率，丧失良好的获利机会；流动比率过高，还可能是由于应收账款占用过多，以及在产品、产成品滞压的结果。因此，分析流动比率还需注重流动资产的结构、流动资产的周转情况、流动负债的数量与结构等情况。

不存在统一的、标准的流动比率数值。不同行业的流动比率，通常有明显的差别。营业周期越短的行业，合理的流动比率越低。过去很长时期，人们认为生产型企业合理的最低流动比率为2。这是因为，流动资产中变现能力最差的存货，其金额约占流动资产总额的一半，剩下的流动性较强的流动资产至少应等于流动负债，企业的短期偿债能力才有保障。这种认识一直未能从理论上证明。最近几十年，企业的经营方式和金融环境发生了很大变化，流动比率有降低的趋势，许多成功企业的流动比率都低于2。

【例9.1】 根据表9-4的资料，顺达实业公司2019年的流动比率可计算如下：

年初流动比率＝1 220÷438＝2.77

年末流动比率＝1 400÷600＝2.33

该公司2019年年末的流动负债比率比年初降低了，反映为流动负债提供的流动资产保障减少了。

(2)速动比率(quick ratio)

速动比率是指企业速动资产与流动负债的比率。所谓速动资产，是指可以在较短时间内变现的资产，包括货币资金、交易性金融资产和各种应收、预付款项等。另外的流动资产包括存货、一年内到期的非流动资产及其他流动资产等，称为非速动资产。由于剔除了存货等变现能力较弱且不稳定的资产，因此，速动比率比流动比率能够更加准确、可靠地评价企业资产的流动性和偿还短期债务的能力，所以速动比率亦称酸性测试比率(acid test ratio)。其计算公式为:

$$速动比率＝速动资产÷流动负债 \qquad (9.2)$$

速动比率可用作流动比率的辅助指标。有时企业流动比率虽然较高,但流动资产中易于变现、可用于立即支付的资产很少,则企业的短期偿债能力仍然较差。因此,速动比率能更直接、准确地反映企业的短期偿债能力。一般情况下,速动比率越高,表明企业偿还流动负债的能力越强。如果速动比率过低,说明企业的短期偿债能力存在问题;但如果速动比率过高,尽管债务偿还的安全性很高,但却会因企业现金及应收账款资金占用过多而大大增加企业的机会成本。影响速动比率可信度的重要因素是应收账款的变现能力。账面上的应收账款不一定都能变成现金,实际坏账可能比计提的坏账准备要多;季节性的变化可能使报表的应收账款数额不能反映平均水平。

在分析时需注意的是,尽管速动比率比流动比率更能反映出流动负债偿还的安全性和稳定性,但并不能认为速动比率较低的企业的流动负债到期绝对不能偿还。实际上,如果企业存货流转顺畅,变现能力较强,即使速动比率较低,只要流动比率高,企业仍然有望偿还到期的债务。

如同流动比率一样,不同行业的速动比率有很大差别。例如,采用大量现金销售的商店,几乎没有应收账款,速动比率大大低于1是正常的。相反,一些应收账款较多的企业,速动比率可能要大于1。

【例9.2】　根据表9-4的资料,顺达实业公司2019年的速动比率可计算如下:

年初速动比率＝(1 220－652－22)÷440＝1.24

年末速动比率＝(1 400－238－154－16)÷600＝1.65

顺达实业公司年末流动比率比年初有所降低,而速动比率有所提高,是因为该企业流动负债增加的同时,速动资产增加的幅度更大(存货水平降低了),表明企业为流动负债提供的速动资产保障增加了,短期偿债能力增强了。

以上流动比率和速动比率都是根据会计报表资料计算而来的,还有一些表外因素也会影响企业的变现能力或短期偿债能力,甚至影响很大。如可动用的银行贷款指标、准备很快变现的长期资产以及偿债能力的声誉等会增强企业的偿债能力;未做记录的或有负债、担保责任引起的负债、经营租赁合同中承诺的付款等则会减弱企业的偿债能力。会计报表的使用人应尽可能了解这方面的信息,以便做出正确的判断。

2.长期偿债能力分析

长期偿债能力是指企业偿还长期债务的能力。从偿债的义务来看,它应包括按期支付利息和到期偿还本金两个方面;从偿债的资金来源来看,则主要应是企业经营所得的利润。在企业生产经营正常的情况下,企业不会依靠变卖资产来偿还长期债务,而是通过实现利润来偿还长期债务,因此,企业的长期偿债能力是和企业的获利能力密切相关的。由于长期的现金流量受很多不确定因素的影响而难以估计,因此长期偿债能力分析侧重于对资本结构的分析,即企业资产对其债务的保障程度的分析。分析评价企业长期偿债能力常用的主要指标有:资产负债比率、权益乘数、利息保障倍数。前两者一般是静态比率,后者是动态比率。

(1)资产负债比率

资产负债比率又称负债比率,是指负债总额与资产总额的比率。它表明在企业资产总额中债权人提供的资金所占的比重，以及企业资产对债权人权益的保障程度。计算公式如下：

$$资产负债率＝（负债总额÷资产总额）×100\%\qquad(9.3)$$

公式中的负债总额不仅包括长期负债，还包括短期负债。这是因为，短期负债作为一个整体，企业总是长期占用着，例如，一个具体的应付账款项目可能是短期的，但企业总是长期性地保持一个相对稳定的应付账款水平，这部分应付账款可以视为长期性资本来源的一部分。因此，计算资产负债率的负债总额中应包括企业的短期债务。

一般地说，负债比率越小，企业资产中债权人提供的资金越少，所有者投入的资金越多，资产对债权人的保障程度就越高，表明企业的长期偿债能力越强；反之，负债比率越大，企业长期偿债能力越差，债权人收回债权的保障程度就越低，债权人面临的风险就越大。如果负债比率大于100%，则表明企业已资不抵债，面临破产的危险，债权人将蒙受损失。另一方面，资产负债率是用以衡量举债经营是否有利的重要比率。资产负债率越高，意味着举债经营程度越高，在投资收益率高于借债利率的前提下，带给企业的财务杠杆利益越大，但筹资风险也增大。分析与评价企业的资产负债率时，应注意这样几个问题：①不同的评价主体，他们各自的利益有所不同，对资产负债率有不同的认识。债权人最关心其债权的安全程度，他们希望资产负债率越低越好，以降低贷款风险；股东所关心的是资金利润率是否超过借入款项的利率，在企业所得的全部资金利润率超过因借款而支付的利息率时，股东所得的报酬就会加大，如果相反，则对股东不利；而对管理者来说，举债越多，风险越大，再筹资会更困难，不举债或少举债会显得畏缩不前，利用债务资金能力差则会丧失杠杆利益，因此，资产负债率是评价经营者理财能力和进取心的一个重要指标。②不同行业的平均资产负债率不完全相同，企业应根据自己的行业特征和需求确定适当的负债比率。从财务管理的角度来看，企业在利用资产负债率制定筹资、投资策略时，必须充分估计预期的利润和增加的风险，并权衡两者的利弊得失。这也是前面专门讨论过的资本结构问题。

【例9.3】 根据表9-4的资料，顺达实业公司2019年的资产负债率可计算如下：

年初资产负债率＝（1 568÷3 328）×100%＝47.12%

年末资产负债率＝（2 080÷4 000）×100%＝52%

顺达实业公司年末资产负债率比年初有所提高，说明公司长期偿债能力略有降低，而且在50%左右，长期偿债能力不是很强。

通常，资产在破产拍卖时的售价不到账面价值的50%，因此资产负债率高于50%，则债权人的利益就缺乏保障。各类资产变现能力有显著区别，房地产变现损失较小，专用设备则难以变现。不同企业的资产负债率不同，与其持有的资产类别有关。

（2）权益乘数

权益乘数也称权益总资产率，表明一单位所有者权益拥有多少单位的总资产。这一比例越大，说明所有者投入的资本越少，企业的负债比率越大。权益乘数与产权比率是两种常用的财务杠杆计量，可以反映特定情况下资产利润率和权益利润率之间的倍数关系。

$$权益乘数＝（资产总额÷所有者权益总额）×100\%$$
$$＝1＋产权比率＝1÷（1－资产负债率）\qquad(9.4)$$

计算权益乘数时，也可以用资产平均总额和所有者权益平均总额代替。此时计算出来的权益乘数是一项动态比率。

【例 9.4】 根据表 9-4 的资料，顺达实业公司 2019 年的权益乘数可计算如下：

年初权益乘数＝（3 328÷1 760）×100％＝189.09％

年末权益乘数＝（4 000÷1 920）×100％＝208.33％

顺达实业公司年末产权比率和权益乘数均比年初数有所提高，同资产负债率的计算结果可相印证，表明企业长期偿债能力略有下降。

（3）利息保障倍数

利息保障倍数是指企业一定时期息税前利润与利息费用的比率，反映获利能力对债务偿付的保证程度，也叫已获利息倍数。其计算公式如下：

利息保障倍数＝息税前利润÷利息费用

＝（净利润＋利息费用＋所得税费用）÷利息费用　　　　（9.5）

通常，可以用财务费用的数额作为利息费用，也可以根据报表附注资料确定更准确的利息费用数额。

利息保障倍数表明一单位的债务利息有多少倍的息税前收益做保障，它可以反映债务政策的风险大小。如果企业一直保持按时付息的信誉，则长期债务可以延续，举借新债比较容易。利息保障倍数越大，利息支付越有保障。如果利息支付缺乏保障，归还本金就难指望。因此，利息保障倍数可以反映长期偿债能力。从长期来看，若要维持正常偿债能力，利息保障倍数至少应当大于1，如果利息保障倍数过小，企业将面临亏损及偿债的安全性与稳定性下降的风险。但要合理判断企业利息保障倍数的高低，需将本企业指标与其他企业，特别是本行业平均水平进行比较。同时从稳健性角度出发，最好比较本企业连续几年（一般在 5 年以上）的该项指标，并选择最低年度的数据作为标准。这是因为，企业在经营好的年份要偿债，在经营不好的年份也要偿还大约等量的债务。某一年度利润很高，利息保障倍数也会很高，但不会年年如此。采用指标最低年度的数据，可以保证最低的偿债能力，确定其偿债能力的稳定性。

【例 9.5】 根据表 9-5 的资料，顺达实业公司 2018 年度和 2019 年度的利息保障倍数为：

2018 年度利息保障倍数＝（320＋150＋192）÷192＝3.45

2019 年度利息保障倍数＝（272＋128＋220）÷220＝2.82

从以上计算来看，顺达实业公司 2019 年度的利息保障倍数比 2018 年度有所降低，表明公司偿付利息的能力有所下降，进一步分析还要结合企业以往情况和行业特点进行判断。

除了以上因素影响企业的长期偿债能力外，还有一些会计报表以外的因素也会影响企业的长期偿债能力，如长期租赁、担保责任、未决诉讼等。

（二）资金营运能力分析指标

营运能力是指企业基于外部市场环境的约束，通过内部人力资源和生产资料的配置组合而对财务目标所产生作用的大小。营运能力的分析包括人力资源营运能力分析和生产资料营运能力分析，通常我们进行生产资料营运能力分析。企业拥有或控制的生产资料表现为各项资产占用，其营运能力实际上就是指对企业的总资产及其各个组成要素等有限资源的配置和利用的能力。从价值的角度看，就是企业资金的利用效率，也表明企业管理人员经营管理、运用资金的能力。资产营运能力的强弱取决于资产的周转速度。一般来说，周转速度越快，表明企业资金利用的效果越好，效率越高，资产营运能力越强；反之，营运能力就越差。

资产周转速度通常用周转率(次数)和周转期(周转天数)表示。某种资金的周转次数等于一定时期内的周转额除以周转一次所需的资金量;周转期是指某种资金周转一次所需要的时间。两者的计算公式分别为:

$$周转率(周转次数)=周转额÷平均资产余额 \tag{9.6}$$

$$周转期(周转天数)=计算期天数÷周转次数 \tag{9.7}$$

资产营运能力分析主要包括以下几个指标。

1. 应收账款周转率

应收账款周转率是指企业一定时期内营业收入与平均应收账款余额的比率,是反映企业应收账款周转速度和管理效率的指标。用时间表示的周转速度是应收账款周转天数,它表示企业从取得应收账款的权利到收回款项、转换为现金所需要的时间。计算公式如下:

$$应收账款周转率(周转次数)=营业收入÷应收账款平均余额 \tag{9.8}$$

$$应收账款周转期(周转天数)=360÷应收账款周转率 \tag{9.9}$$

应收账款是因赊销产生的,因此,从理论上说,其分子应按赊销收入净额计算。但对外部使用者来说,难以得到确切的赊销收入数据,而且会计报表的内部使用人也未必容易取得该数据,因此,把"现金销售"视为收账时间为零的赊销也是可以的。只要现金销售与赊销的比例是稳定的,不妨碍与上期数据的可比性,只是一贯高估了周转次数。问题是与其他企业比较时,不知道可比企业的赊销比例,也就无从知道应收账款是否可比。分母的应收账款平均余额应包括应收账款和应收票据,因为应收账款、应收票据都是由销售产生的,只不过应收账款是挂账信用,应收票据是票据信用。

【例9.6】 根据表9-4、表9-5,顺达实业公司2019年度的应收账款周转率为:

应收账款周转率=6 000÷[(398+796)÷2]=10.05(次)

应收账款周转天数=360÷10.05≈35.8(天)

在分析应收账款周转率时应注意以下问题:

(1)应收账款年末余额的可靠性问题。应收账款是特定时点的存量,容易受季节性、偶然性和人为因素影响。在应收账款周转率用于业绩评价时,最好使用多个时点的平均数,以减少这些因素的影响。

(2)应收账款的减值准备问题。统一会计报表上列示的应收账款是已经提取减值准备后的净额,而销售收入并没有相应减少。其结果是,提取的减值准备越多,应收账款周转天数越少。这种周转天数的减少不是好的业绩,反而说明应收账款管理欠佳。如果减值准备的数额较大,就应进行调整,使用未提取坏账准备的应收账款计算周转天数。报表附注中应披露应收账款减值的信息,可作为调整的依据。

(3)应收账款周转天数是否越少越好。应收账款是由赊销引起的,如果赊销有可能比现金销售更有利,周转天数就不会越少越好。收现时间的长短与企业的信用政策有关。例如,甲企业的应收账款周转天数是18天,信用期是20天;乙企业的应收账款周转天数是15天,信用期是10天。前者的收款业绩优于后者,尽管其周转天数较多。改变信用政策,通常会引起企业应收账款周转天数的变化。信用政策的评价涉及多种因素,不能仅仅考虑周转天数的缩短。

(4)应收账款分析应与销售额分析、现金分析联系起来。应收账款的起点是销售,终点是现金。正常的情况是销售增加引起应收账款增加,现金的存量和经营现金流量也会随之增加。如果一个企业应收账款日益增加,而销售和现金日益减少,则可能是销售出了比较严重的问题,促使放宽信用政策,甚至随意发货,而现金收不回来。

总之,应当深入应收账款的内部,并且要注意应收账款与其他问题的联系,才能正确评价应收账款周转率。

2. 存货周转率

存货周转率,也叫存货周转次数,指的是企业在一定期间的营业成本与存货平均余额的比率,是反映企业流动资产流动性的一个指标,也是衡量企业生产经营各环节中存货运营效率的一个综合性指标。其计算公式如下:

$$存货周转率(周转次数) = 营业成本 \div 平均存货余额 \tag{9.10}$$

$$存货周转期(周转天数) = 360 \div 存货周转率 \tag{9.11}$$

【例 9.7】 根据表 9-4、表 9-5,顺达实业公司 2019 年度的存货周转率为:

$$存货周转率 = 5\,288 \div [(652 + 238) \div 2] = 11.88(次)$$

$$存货周转天数 = 360 \div 11.88 \approx 30.3(天)$$

一般而言,存货在流动资产中所占比重较大。存货周转率高,表明存货周转速度快,企业存货资金管理有效率,存货转换为现金或应收账款的能力强,存货占用水平低,资产使用效率高,存货积压的风险也相对降低。但存货周转率并非越高越好,过高的存货周转率可能表明该企业的存货管理出现问题,从而导致经常缺货并影响正常生产经营活动的进行,或由于采购次数过于频繁,每次订量过小而增加存货采购成本。所以存货周转率指标的好坏反映存货管理水平,它不仅影响企业的短期偿债能力,也是整个企业管理的重要内容。

报表使用者分析评价存货周转率时,除了考虑不同行业、不同经营方式等因素的影响之外,还应注意:

(1)应付款项、存货和应收账款(或销售)之间的关系。一般来说,销售增加会拉动应收账款、存货、应付账款增加,不会引起存货周转率的明显变化。但是,当企业接受一个大的订单时,先要增加采购,然后依次推动存货和应收账款增加,最后才引起收入上升。因此,在该订单没有实现销售以前,先表现为存货等周转天数增加。这种周转天数的增加,没有什么不好。与此相反,预见到销售会萎缩时,先行减少采购,依次引起存货周转天数等下降。这种周转天数下降不是什么好事,并非资产管理的改善。因此,任何财务分析都以认识经营活动的本来面目为目的,不可根据数据的高低做简单结论。

(2)应关注构成存货的产成品、自制半成品、原材料、在产品和低值易耗品之间的比例关系。各类存货的明细资料以及存货重大变动的解释,在报表附注中应有披露。正常情况下,它们之间存在某种比例关系。如果产成品大量增加,其他项目减少,很可能是销售不畅,放慢了生产节奏。此时,总的存货金额可能并没有显著变动,甚至尚未引起存货周转率的显著变化。因此,在分析时既要重点关注变化大的项目,也不能完全忽视变化不大的项目,其内部可能隐藏着重要问题。

3. 流动资产周转率

流动资产周转率是流动资产在一定时期所完成的周转额与流动资产的平均占用额之间的比率,也是反映企业流动资产流动性的一个指标。其计算公式为:

流动资产周转率(周转次数)＝营业收入÷流动资产平均余额　　　　　(9.12)

流动资产周转期(周转天数)＝360÷流动资产周转率　　　　　　　(9.13)

【例9.8】　根据表9-4、表9-5,顺达实业公司2019年流动资产周转率为:

流动资产周转率＝6 000÷[(1 220＋1 400)÷2]＝4.58(次)

流动资产周转天数＝360÷4.58≈78.6(天)

通常认为,在正常经营情况下,流动资产周转速度越快,相对越节约流动资金,等于相对扩大了资产投入,增强了企业的盈利能力;而延缓周转速度,需要补充流动资产参加周转,造成资金浪费,降低了企业的盈利能力。为查明流动资产周转率加速或延缓的原因,还可进一步分析流动资产平均余额构成项目变动的影响,主要分析应收账款和存货的周转情况。流动资产中应收账款和存货占绝大部分,因此它们的周转状况对流动资产周转具有决定性影响。

4.总资产周转率

总资产周转率是营业收入净额与平均资产总额的比率,反映企业对其所拥有的全部资产的有效利用程度。其计算公式如下:

总资产周转率(周转次数)＝营业收入÷平均资产总额　　　　　　(9.14)

总资产周转期(周转天数)＝360÷总资产周转率　　　　　　　　(9.15)

【例9.9】　根据表9-4、表9-5,顺达实业公司2019年总资产周转率为:

总资产周转率＝6 000÷[(3 328＋4 000)÷2]＝1.64(次)

总资产周转天数＝360÷1.63≈220.9(天)

总资产周转率指标反映资产总额的周转速度。如果这个比率较高,则说明企业利用全部资产进行经营的效率较高,最终会影响企业的获利能力。一般而言,在其他条件不变的情况下,营业收入上升时,资产周转率也上升,表明企业各项资产的运用效率提高,企业管理水平较高;反之则管理水平较低。当然,这项比率还需与营业净利率等指标综合加以考察,因为较高的收入只是盈利的基础,企业能否获利、获利多少,最终还与营业净利率的高低等密切相关。

需要说明的是,上述指标的计算均以年度为计算期,在实际中,计算期应视分析的需要而定,但应保持分子与分母在时间口径上的一致。如果资金占用的波动性较大,应采用更详细的资料进行计算;如果各期占用额比较稳定,季度、年度的平均资金占用额可以直接用(期初数＋期末数)/2的公式来计算。

(三)盈利能力分析指标

盈利能力是企业资金增值的能力,它通常体现为企业收益数额的大小与水平的高低。无论是投资者、债权人还是企业经营管理者,都十分重视和关心企业的盈利能力。利润是投资者取得投资收益、债权人收取本息的来源,是经营者经营业绩和管理效率的集中表现,也是职工集体福利设施不断完善的重要保障。因此,对企业的盈利能力进行分析十分重要。

企业盈利能力分析可以从一般企业盈利能力基本分析和上市公司盈利能力分析两方面考虑。

1.盈利能力基本分析

(1)营业毛利率

营业毛利率是指企业一定时期毛利与营业收入的比率,表示一单位的营业收入扣除营业成本后,还有多少单位可以用于各项费用额扣除,形成利润。其计算公式为:

$$营业毛利率 = \frac{营业收入 - 营业成本}{营业收入} \times 100\% \tag{9.16}$$

【例9.10】　根据表9-5,顺达实业公司2018年度和2019年度的营业毛利率如下:

$$2018年度营业毛利率 = \frac{5\,700 - 5\,006}{5\,700} \times 100\% = 12.18\%$$

$$2019年度营业毛利率 = \frac{6\,000 - 5\,288}{6\,000} \times 100\% = 11.87\%$$

该公司2019年度营业毛利率比2018年度略有上升,其原因主要是营业收入的增长率(5.26%)略高于营业成本的增长率(5.63%)。

(2)营业净利率

营业净利率是指企业在一定时期净利润与营业收入的比率,反映一单位营业收入与其成本费用之间可以"挣"出的净利润。其计算公式为:

$$营业净利率 = 净利润 \div 营业收入 \times 100\% \tag{9.17}$$

【例9.11】　根据表9-5,顺达实业公司2018年度和2019年度的营业净利率如下:

$$2018年度营业净利率 = \frac{320}{5\,700} \times 100\% = 5.61\%$$

$$2019年度营业净利率 = \frac{272}{6\,000} \times 100\% = 4.53\%$$

营业净利率越大,则企业的盈利能力越强。顺达实业公司2019年度营业净利率比2018年度有所下降,应进一步分析影响营业净利率的驱动因素。营业净利率的变动是由利润表的各个项目金额变动引起的,进一步分析应重点注意金额变动和结构百分比变动较大的项目。如需要进一步深入分析,则需要依靠报表附注提供的信息,如财务费用、资产公允价值变动损益、资产减值损失、投资收益、营业外收入等明细资料。

(3)净资产收益率

净资产收益率也称自有资金利润率、股东权益报酬率、净值报酬率,它是企业一定时期内的净利润与净资产(所有者权益)平均总额的比率,它反映企业所有者权益的投资收益水平。其计算公式如下:

$$净资产收益率 = \frac{净利润}{平均净资产} \times 100\% \tag{9.18}$$

企业从事财务活动的目标是实现所有者财富最大化,从静态角度来讲,首先就要最大限度地提高自有资金利润率,净资产收益率是评价企业自有资本及其积累获取报酬水平的最具综合性的指标,它反映企业资本运营的综合效益。该指标通用性强,适用范围广,不受行业局限,在国际上的企业综合评价中使用率非常高。一般认为,净资产收益率越高,企业自有资本获取收益的能力越强,投资盈利水平越高,对企业投资人和债权人的保障程度越高。

【例9.12】　根据表9-5,顺达实业公司2019年度平均净资产为1 840万元,净资产收益率为:

净资产收益率＝(272÷1 840)×100％＝14.78％

2.上市公司盈利能力分析

上市公司公开披露的财务信息很多,投资者要想通过众多的信息正确把握企业的财务现状和未来,正确使用财务比率显得尤为重要。除上述企业盈利能力基本分析外,上市公司盈利能力分析还要注重以下指标。

(1)每股收益(earnings per share,EPS)

每股收益,也称每股盈余、每股利润等,反映公司普通股股东持有的每一股份所能享有的企业利润和承担的企业亏损,是衡量上市公司盈利能力最常用的财务分析指标。其计算公式如下:

每股收益＝(净利润－优先股股利)÷发行在外的普通股平均股数   (9.19)

【例9.13】 假设甲公司是一个上市公司,本年利润分配和年末股东权益的有关资料见表9-9。

表9-9 本年利润分配和年末股东权益的有关资料   单位:万元

本年利润分配资料:	
净利润	1 500
加:年初未分配利润	600
可分配利润	2 100
减:提取法定盈余公积金	225
可供股东分配的利润	1 875
减:已分配优先股股利	0
提取任意盈余公积金	75
已分配普通股股利	1 000
未分配利润	800
年末股东权益资料:	
股本(每股面值1元、市价6元)	2 500
资本公积	2 600
盈余公积	1 400
未分配利润	800
所有者权益合计	7 300

该公司当年净利润1 500万元,发行在外的普通股为2 500万股。所以:

甲公司每股收益＝1 500÷2 500＝0.60(元/股)

每股盈余是资本市场上非常重要的一项指标,它是影响股票价格的一个重要因素。在其他条件一定的前提下,该比率越大,表明企业的获利能力就越强,股票市价相应越高。这一指标成为股票市场比较企业业绩,股东比较各企业股票潜在价值的重要依据。

(2)市盈率(price earnings ratio)

市盈率亦称价格与收益比率,是上市公司普通股每股市价与普通股每股收益的倍数,其计算公式如下：

$$市盈率＝普通股每股市价÷普通股每股收益 \qquad (9.20)$$

【例 9.14】续前例,甲公司的普通股每股收益为 0.60 元,每股市价为 6 元,依上式计算:甲公司市盈率＝6÷0.60＝10

市盈率表示投资者从某种股票获得 1 元的利润所愿意支付的价格,反映投资者对上市公司每元净利润愿意支付的价格,可以用来估计股票的投资报酬和风险。投资者对这个比率十分重视,这一比率是投资者做出投资决策的重要参考因素之一。一般来说,市盈率越高,说明企业获利的潜力越大,投资者对该公司的发展前景看好,愿意付出较高的价格购买该公司股票;反之,则说明企业的前景不乐观。但市盈率过高,也说明该股票的投资风险较高。在投资分析中,市盈率是用以判断股票是否有吸引力、测算股票发行价格是否合理的重要依据。

在分析该指标时要注意:市盈率高低受净利润的影响,而净利润受可选择的会计政策的影响,从而使得公司间比较受到限制;市盈率高低受市价的影响,市价变动的影响因素很多,包括投机炒作等,因此观察市盈率的长期趋势很重要。通常,投资者要结合其他有关信息,才能运用市盈率指标判断股票的价值。

四、杜邦财务分析体系

杜邦财务分析体系是财务综合分析法中的一种。它由美国杜邦公司在 20 世纪 20 年代首创,经过多次改进,逐渐把各种财务指标结合成一个体系,故又称杜邦系统(the Du Pont system)或杜邦分析法。杜邦财务分析体系的基本原理就是利用各财务比率指标之间的内在联系,把企业偿债能力分析、营运能力分析和盈利能力分析等单方面的财务分析纳入一个有机的分析系统之中,全面地对企业财务状况、经营状况进行解剖和分析,从而对企业经济效益做出较为准确的综合评价与判断。该体系以净资产收益率为核心,将其分解为若干财务指标,通过分析各指标的变动对净资产收益率的影响来揭示企业获利能力及其变动原因。杜邦财务分析体系各主要指标之间的关系为:

$$净资产收益率＝总资产净利率×权益乘数$$
$$＝营业净利率×总资产周转率×权益乘数$$

其中:

营业净利率＝净利润/营业收入

总资产周转率＝营业收入/平均资产总额

权益乘数＝资产总额/所有者权益总额＝1/(1－资产负债率)

下面我们仍以顺达实业公司为例,根据杜邦系统原理,把上文计算而得的各种财务指标的关系绘制成杜邦分析图,说明其主要内容,如图 9-2 所示。

杜邦财务分析体系的基本特点是系统、简明、清晰。在杜邦财务分析体系的左边部分,主要评价企业的营运能力和盈利能力,并展示企业营运能力和盈利能力之间的内在联系;杜邦财务分析体系的右边部分,主要评价企业的偿债能力、投资结构和筹资结构等财务结构,并展示其内在的关系。其共同作用的结果是导致净资产收益率的变动,因此,净资产收益率是杜邦财务分析体系的核心,是所有财务比率中综合性最强、最具有代表性的一个指标。

杜邦财务分析体系的作用在于通过自上而下的分析,可以了解企业财务情况全貌以及

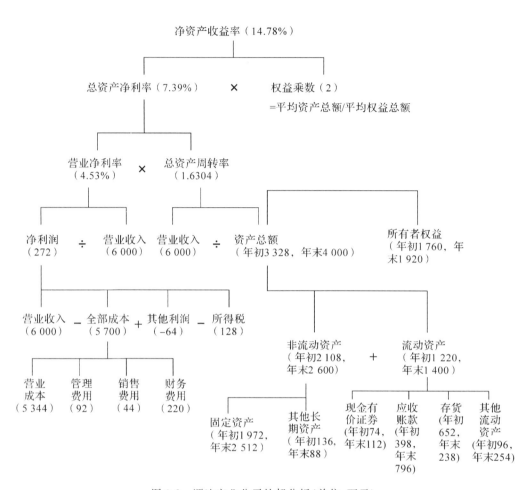

图 9-2 顺达实业公司杜邦分析(单位:万元)

各项指标之间的内在联系,财务情况变动的因素及其存在的主要问题,为决策者提供解决财务问题的思路。从公式中看,决定净资产收益率高低的因素有三个方面:营业净利率、资产周转率和权益乘数。这样分解之后,可以把净资产收益率这样一个综合性指标发生升、降变化的原因具体化,比只用一项综合性指标更能说明问题。

权益乘数主要受资产负债比率的影响。负债比例大,权益乘数就高,说明企业有较高的负债程度,能给企业带来较大的杠杆利益,同时也给企业带来较大的财务风险。

营业净利率高低的因素分析,需要我们从营业收入、营业成本、期间费用等方面进行。这方面的分析可以参见有关盈利能力指标的分析。当然经理人员还可以根据企业的一系列内部报表和资料进行更详细的分析,而企业外部会计报表使用人不具备这个条件。

总资产周转率是反映企业总资产营运效率的指标。对资产周转率的分析,需对影响周转的各因素进行分析。除了对资产的各构成部分从占用量(投资结构)上是否合理进行分析外,还可以通过对流动资产周转率、存货周转率、应收账款周转率等有关各资产组成部分使用效率的分析,判明影响资产周转的主要问题出在哪里。

由于杜邦财务分析体系是以最具综合性、代表性的净资产收益率指标为核心,它表明了企业财务管理的目标。净资产收益率的高低反映了股东投入资本的获利能力,而这取决于企业销售规模、成本费用水平、资产营运效率、筹资和投资结构状况等各项财务活动的效率和效益,它们与净资产收益率指标都有因果关系。杜邦财务分析体系就是将企业的各项财务活动看作一个大系统,把系统内相互联系、相互作用的各项财务指标间的关系制成杜邦分析图,以全面、直观地反映影响净资产收益率的各因素。此外,通过与本行业平均指标或同类企业对比,杜邦财务分析体系有助于解释变动的趋势。

案 例

2019 年的几个案例

1. 康得新(ST 康得新 002450)

康得新是江苏一家从事先进高分子材料研发、生产和销售的公司,其前董事长及实际控制人为钟玉。

三宗罪:虚假信息披露被立案调查、账上 122 亿元现金不翼而飞、财务造假嫌疑。股民损失:自 2017 年 12 月到 2019 年 6 月,股价从 26 元跌至 3 元,波及股东人数 9 万～15 万人。

财务指标:①利润增长常年保持 30% 以上,投资者对其增长的预期较高;公司估值较高,常年在 30 倍以上,如果从现金流角度来估值,公司的估值高得离谱。②毛利高于同行但季度不稳定;近几年累计净现比远小于 1,且不稳定;近几年应收账款周转率稳步下降,应付账款周转率稳步上升,且应付账款周转率远大于应收账款周转率(对比格力,恰恰相反)。③大存大贷,利息收入远低于利息支出。④大股东高比例质押。

其他非财务信号:①董事长自 2014 年开始鼓吹 3 年 3000 亿市值;②2017 年开始鼓吹 7 年赶超美国 3M 公司;③几年来多次声称"裸眼 3D 的狼"(大品牌)来了;④年报中大篇幅说明公司的增长前景和成长驱动,尤其是 2016 年年报声称公司未来几年业务将爆发,预计未来能够维持高速稳健增长;⑤公司业务向热门概念靠,但业务进展慢;⑥号称中国最具创新企业之一,但研发占营收比例一直不高(6% 左右)。

2. 康美药业(ST 康美 600518)

康美药业是一家从事医药生物生产、经营和批发销售的公司,董事长为马兴田。

三宗罪:2019 年 5 月,证监会已初步查明,康美药业披露的 2016 年至 2018 年财务报告存在重大虚假,涉嫌违反《中华人民共和国证券法》第 63 条等相关规定。一是使用虚假银行单据虚增存款,二是通过伪造业务凭证进行收入造假,三是将部分资金转入关联方账户买卖本公司股票。

股民损失:从 2018 年 10 月至 2019 年 5 月,公司被质疑年报会计问题坐实造假、公司主动申请被 ST(被进行退市风险警告的股票),股价由 21 元跌到 11 元,最后跌至 5 元。被质疑时,一些资深投资人士竟然也出现错判。

财务指标:①利润增长常年保持 20% 以上(且刚刚好 20% 左右),估值较高(30 倍左右);②近几年累计净现比远小于 1,约 0.5;③近几年应收账款周转率和存货周转率稳步下降,存货高得离谱;④大存大贷,利息收入远低于利息支出;⑤大股东高比例质押。

康美药业的这些财务指标跟康得新非常相似,当然,它们的结局也很相似,值得我们深思。

—— 摘自 https://www.sohu.com/a/324566508_100034414

本章小结

　　会计报表是综合反映企业特定日期财务状况、经营成果和现金流量的书面文件。企业对外报送的会计报表包括资产负债表、利润表、现金流量表、所有者权益变动表、附注五个部分。其中,资产负债表是反映企业在某一特定日期财务状况的静态报表。它的格式有报告式和账户式两种,我国常采用账户式资产负债表。利润表是反映企业一定期间经营成果的动态报表。利润表常见的格式有单步式和多步式两种,我国常见的是多步式利润表。现金流量表是基于收付实现制反映企业一定期间现金流入和流出情况的报表,通常分为经营活动产生的现金流量、投资活动产生的现金流量和筹资活动产生的现金流量三类。

　　会计报表分析是指运用一定的方法和手段,对会计报表及其相关资料提供的数据进行系统和深入的分析研究,揭示有关指标之间的关系及变化趋势,以便为公司的财务活动和有关经济活动做出经济决策提供更加直接、相关的信息和更具体、更有效的帮助。在财务方面本章重点介绍财务比率分析法,分析企业的流动性与偿债能力、资产的营运能力以及企业综合的财务情况等。

 关键词

会计报表 financial statements	资产负债表 balance sheet
利润表 income statements	现金 cash
现金等价物 cash equivalents	现金流量表 statement of cash flow
会计报表分析 financial statements analysis	比率分析法 ratio analysis
流动比率 current ratio	速动比率 quick ratio
存货周转率 inventory turnover	应收账款周转率 receivable turnover
权益比率 equity debt ratio	市盈率 price earning ratio

 思考题

　　1.会计报表有什么作用?为什么要编制会计报表?

　　2.会计报表由哪些内容组成?会计报表编制的依据与方法有哪些?

　　3.会计报表分析的目的是什么?

　　4.会计报表分析有哪些基本方法?

　　5.什么是净资产报酬率?为什么它被证券管理部门选定作为公司业绩考核的综合指标?

　　6.实证会计研究发现,由于证券管理部门过于重视净资产报酬率,使得各上市公司为"改善"这一指标而进行各种诸如资产重组等行为。请结合会计报表的基本内容,说明如何判断一家公司的净资产报酬率是否经过刻意"改善"。

 练习题

习题一

　　[资料]甲股份有限公司 2019 年度有关损益类科目本年累计发生净额如表 9-10 所示。

表 9-10　甲股份有限公司 2019 年度损益类科目累计发生额　　　　单位:元

科目名称	借方发生额	贷方发生额
主营业务收入		1 250 000
主营业务成本	950 000	
税金及附加	3 000	
销售费用	30 000	
管理费用	150 000	
财务费用	51 500	
资产减值损失	30 000	
投资收益		30 000
营业外收入		20 000
营业外支出	19 500	
所得税费用	5 000	

[要求]根据上述资料,编制甲股份有限公司 2019 年度利润表。

习题二

[资料]某公司 2019 年会计报表主要资料如表 9-11、表 9-12 所示。

表 9-11　资产负债表

2019 年 12 月 31 日　　　　单位:千元

资　产	金　额		负债及所有者权益	金　额
	年　初	年　末		
现金	764	310	应付账款	516
应收账款	1 156	1 344	应付票据	336
存货	700	966	其他流动负债	468
固定资产净值	1 170	1 170	长期负债	1 026
			实收资本	1 444
资产合计	3 790	3 790	负债及所有者权益合计	3 790

表 9-12　利润表

2019 年度　　　　单位:千元

项　目	金　额
营业收入	8 430
营业成本	6 570
管理费用	980
利息费用	498

项　目	金　额
税前利润	382
所得税	152.8
净利润	229.2

[要求]

(1)计算该公司有关的财务比率(按表中列出指标计算),填入表9-13中。

(2)与行业平均水平比较,说明该公司可能存在的问题。

表 9-13　某公司有关的财务比率

财务比率	本公司	行业平均水平
1. 流动比率		2
2. 速动比率		1
3. 资产负债率		50%
4. 存货周转率		6 次
5. 应收账款周转率		9 次
6. 销售净利率		8%
8. 权益净利率		10%
9. 已获利息倍数		4 倍

附　录

会计报表列报的基本要求

(一)遵循各项会计准则进行确认和计量

企业应当根据实际发生的交易和事项,遵循各项具体会计准则的规定进行确认和计量,并在此基础上编制会计报表。企业应当在附注中对遵循《企业会计准则》编制的会计报表做出声明,只有遵循了《企业会计准则》的所有规定,会计报表才应当被称为"遵循了企业会计准则"。

(二)列报基础

在编制会计报表的过程中,企业管理层应当对企业持续经营的能力进行评价,需要考虑的因素包括市场经营风险、企业目前或长期的盈利能力、偿债能力、财务弹性以及企业管理层改变经营政策的意向等。评价后对企业持续经营的能力产生严重怀疑的,应当在附注中披露导致对持续经营能力产生重大怀疑的重要的不确定因素。

非持续经营是企业在极端情况下出现的一种情况,非持续经营往往取决于企业所处的环境以及企业管理部门的判断。一般而言,企业存在以下情况之一的,通常表明企业处于非持续经营状态:①企业已在当期进行清算或停止营业;②企业已经正式决定在下一个会计期间进行清算或停止营业;③企业已确定在当期或下一个会计期间没有其他可供选择的方案而将被迫进行清算或停止营业。企业处于非持续经营状态时,应当采用其他基础编制会计报表,比如破产企业的资产应当采用可变现净值计量、负债应当按照其预计的结算金额计量等。在非持续经营情况下,企业应当在附注中声明会计报表未以持续经营为基础列报,披露未以持续经营为基础的原因以及会计报表的编制基础。

(三)重要性和项目列报

关于项目在会计报表中是单独列报还是合并列报,应当依据重要性原则来判断。具体而言:

(1)性质或功能不同的项目,一般应当在会计报表中单独列报,但是不具有重要性的项目可以合并列报。

(2)性质或功能类似的项目,一般可以合并列报,但是对其具有重要性的类别应该单独列报。

(3)项目单独列报的原则不仅适用于报表,还适用于附注。

(4)无论是《企业会计准则第 30 号——会计报表列报》规定的单独列报项目,还是其他具体会计准则规定的单独列报项目,企业都应该单独列报。

(5)企业在进行重要性判断时,应当根据所处的环境,从项目的性质和金额大小两方面予以判断。

(四)列报的一致性

可比性是会计信息质量的一项重要要求,目的是使同一企业不同期间和同一期间不同企业的会计报表相互可比。为此,在一般情况下,会计报表项目的列报应当在各个会计期间保持一致,不得随意变更,这一要求不仅只针对会计报表中的项目名称,还包括会计报表项目的分类、排列顺序等方面。

在以下规定的特殊情况下,会计报表项目的列报是可以改变的:①会计准则要求改变;②企业经营业务的性质发生重大变化后,变更会计报表项目的列报能够提供更可靠、更相关的会计信息。

(五)会计报表项目金额间的相互抵销

会计报表项目应当以总额列报,资产和负债、收入和费用不能相互抵销,即不得以净额列报,但《企业会计准则》另有规定的除外,比如,企业欠客户的应付款不得与其他客户欠本企业的应收款相抵销,如果相互抵销就掩盖了交易的实质。

下列两种情况不属于抵销,可以以净额列示:

其一,资产项目按扣除减值准备后的净额列示,不属于抵销。对资产计提减值准备,表明资产的价值确实已经发生减损,按扣除减值准备后的净额列示,才反映了资产当时的真实价值。

其二,非日常活动的发生具有偶然性,并非企业主要的业务,从重要性来讲,非日常活动产生的损益以收入扣减费用后的净额列示,更有利于报表使用者的理解,也不属于抵销。

(六)比较信息的列报

企业在列报当期会计报表时,至少应当提供所有列报项目、上一可比会计期间的比较数据,以及与理解当期会计报表相关的说明。

(七)会计报表表首的列报要求

会计报表一般分为表首、正表两部分,其中,在表首部分企业应当概括地说明下列基本信息：①编报企业的名称。②对资产负债表而言，须披露资产负债表日；对利润表、现金流量表、所有者权益变动表而言，须披露报表涵盖的会计期间。③货币名称和单位。④会计报表是合并会计报表的，应当予以标明。

（八）报告期间

企业至少应当编制年度会计报表，会计年度自公历 1 月 1 日起至 12 月 31 日止。可能存在年度会计报表涵盖的期间短于一年的情况。企业应当披露年度会计报表的实际涵盖期间及其短于一年的原因，并应当说明由此引起会计报表项目与比较数据不具可比性这一事实。

参考文献

[1] 陈今池.西方现代会计理论[M].上海:立信会计出版社,2007.

[2] 陈信元.会计学[M].5 版.上海:上海财经大学出版社,2018.

[3] 戴德明,林钢,赵西卜.财务会计学[M].12 版.北京:中国人民大学出版社,2019.

[4] 葛家澍,刘峰.中国会计大典——会计理论[M].北京:中国财政经济出版社,1999.

[5] 郭道扬.会计史研究(第 1 卷、第 2 卷、第 3 卷)[M].北京:中国财政经济出版社,2008.

[6] 郭道扬.郭道扬文集[M].北京:经济科学出版社,2009.

[7] 简·J.威廉姆斯,等.会计学:企业决策的基础(财务会计分册)[M].17 版.北京:机械工业出版社,2019.

[8] 克里斯托弗·诺比斯.比较国际会计[M].11 版.大连:东北财经大学出版社,2011.

[9] 李海波.会计学原理[M].18 版.上海:立信会计出版社,2017.

[10] 威廉·R.斯科特.财务会计理论[M].7 版.北京:中国人民大学出版社,2018.

[11] 夏冬林,秦玉熙.会计学——原理与方法[M].2 版.北京:中国人民大学出版社,2017.

[12] 徐经长,孙蔓莉,周华.会计学[M].6 版.北京:中国人民大学出版社,2019.

[13] 阎达五,于玉林.会计学[M].5 版.北京:中国人民大学出版社,2014.

[14] 约翰·J.怀尔德,等.会计学原理(英文版)[M].23 版.北京:中国人民大学出版社,2019.

[15] 中华人民共和国财政部.企业会计准则[M].上海:立信会计出版社,2020.

[16] 中华人民共和国财政部.企业会计准则应用指南[M].上海:立信会计出版社,2020.

[17] 中华人民共和国财政部.小企业会计准则[M].上海:立信会计出版社,2020.